U0920216

CCIEE

国家高端智库

中国国际经济交流中心 | 智库丛书

China Center for International Economic Exchanges

E国际贸易

——下一代贸易方式的理论内涵与基础框架

中国国际经济交流中心课题组 

中国经济出版社
CHINA ECONOMIC PUBLISHING HOUSE

·北 京·

图书在版编目（CIP）数据

E 国际贸易:下一代贸易方式的理论内涵与基础框架/中国国际经济交流中心课题组著.
北京：中国经济出版社，2018.3
ISBN 978-7-5136-5036-6

Ⅰ.①E… Ⅱ.①中… Ⅲ.①互联网络—应用—国际贸易—研究 Ⅳ.①F74-39

中国版本图书馆 CIP 数据核字（2017）第 314169 号

责任编辑　严　莉
责任印制　马小宾
封面设计　任燕飞

出版发行　中国经济出版社
印 刷 者　北京力信诚印刷有限公司
经 销 者　各地新华书店
开　　本　710mm×1000mm　1/16
印　　张　22.5
字　　数　300 千字
版　　次　2018 年 3 月第 1 版
印　　次　2018 年 3 月第 1 次
定　　价　68.00 元
广告经营许可证　京西工商广字第 8179 号

中国经济出版社 **网址** www.economyph.com **社址** 北京市西城区百万庄北街 3 号 **邮编** 100037
本版图书如存在印装质量问题，请与本社发行中心联系调换（联系电话：010-68330607）

课题组组成

课题负责人

张大卫　国经中心副理事长、秘书长，河南省原副省长

课题组组长

陈文玲　国经中心总经济师、执行局副主任、学术委员会副主任，国务院研究室原司长

课题组副组长

徐长春　国经中心战略研究部副研究员、博士

课题组成员

张茉楠　国经中心战略研究部研究员、博士
李　锋　国经中心产业规划部副研究员、博士
张影强　国经中心产业规划部副研究员、博士
颜少君　国经中心战略研究部副教授、博士
梅冠群　国经中心战略研究部助理研究员、博士

序　言

(一)

国际贸易是经济全球化深入推进的发动机和稳定器，它所带来的繁荣与发展，使国际社会分享了巨大的全球化红利。但2008年国际金融危机爆发以来，受周期性、结构性矛盾和问题的拖累，国际贸易出现了持续的低速增长。近年来，它又经历着两个严峻的挑战。

一是逆全球化潮流涌起和贸易保护主义明显抬头，严重干扰了自由贸易和公平贸易的秩序，并意图改变经济全球化的方向和进程。

二是以互联网为基础的信息革命，在深刻改变人们生产生活方式的同时，正推动国际贸易方式发生深刻变革。网络使消费者与楼下唱着"小夜曲"的制造商和销售商推窗而见、两情相悦。数字化信息将贸易标的、渠道和手段集成在网络平台上，实现了商品和服务交易流程的再造。而现有的全球贸易治理体系和国际贸易制度却对这一切准备不足。

对第一个挑战，我们应当相信市场和道义的力量，也应信任有全球眼光和宽广胸怀的政治家与战略家。在科技革命面前，在消费者主权意识日益觉醒的时代，谁也挡不住贸易自由化、便利化的历史潮流。

对第二个挑战，如果缺乏能够解决问题的战略设计和制度创新，就必然会错失全球贸易变革与发展的重大机遇，甚至会影响全球经济的增长与繁荣。因为：

——如今的消费者主权不再仅仅是简单地向商品投出"货币选票"，他们更注重选择的多样性和选择体验，注重交易的时效性和愉悦感。

——传统的全球市场网络，是靠产业分工和交易所形成的供应链连接的。而现代化的信息网络，已将单一分散的生产商、供应商、采购商、物流商、销售商和消费者集合成统一高效的系统，形成了新的全球供应链和产业布局。

——这种集合不断催生新的消费意愿，并不断改变贸易方向。海量的碎片化的信息能体现出不容忽视的贸易价值，无数细小的、更加个性化的交易组合在一起，汇聚成巨大的贸易市场和贸易流量，影响了全球贸易的规模、流量、流向、方式和发展趋势。

——这一变化使贸易福利由大企业和中间商更多地转向中小企业及消费者。它推动国际贸易朝着普惠、公平、自由、便利、共享的方向发展，有利于全球价值链重塑和各国在新的平台上发挥比较优势，有利于中小企业和消费者的价值确认。这种由新科技革命对传统贸易方式的改造正在形成下一代贸易方式，它所带来的贸易红利，将成为推动下一轮经济增长的新引擎。

下一代贸易方式应如何概括，它的特征、理论内涵和基础框架是什么，它的产业场景和运行规则、标准是什么，它的监管体系如何构建。面对这一“无人区”，理论界有人开始思考探索这些问题。以陈文玲同志为组长的中国国际经济交流中心课题组的研究，走在了前面。

值得称道的是，国家管理部门以问题为导向，积极推动国际贸易新业态新模式的创新实践，为理论研究提供了充满活力的现实条件和丰富的实践样板。这省去了不少条件假设和逻辑推演的过程。更值得称道的是对互联网时代大量涌现的新技术、新业态、新模式，党中央、国务院见事早、立意高，倡导包容审慎的监管制度，用创新发展、共享发展等新发展理念，支持、鼓励发展“互联网 +”和“大众创业、万众创新”，对很多非鹿非马“四不像”的新经济业态，没有鄙视和简单地一巴掌拍死，而是把它们看作是促进经济转型的新动能，为新生幼芽的成长撑起了一把遮风挡雨的伞。

(二)

我因为工作原因，见证了“跨境电商”这一业态坎坷而又幸运的成长过程。

进入本世纪以来，互联网技术开始在我国广泛应用于跨境B2B贸易，使信息撮合、交易、支付、物流方式都发生了深刻变化，促进了贸易的便利化，引领了传统贸易的转型升级，也形成了敦煌网、阿里巴巴网等一些有影响的跨境贸易互联网平台。与此同时，致力于跨境零售业务的eBay、亚马逊等国际电商和国内的天猫国际等电商，开始瞄准中国迅速成长的B2C或C2C市场。

随着我国中等收入群体的扩大和出境旅游人数的大幅增加，我国游客在境外购物消费的规模越来越大，互联网技术催生的网上跨境购物加剧了国内消费的外溢。消费者购买的国外商品或由行李携带，或由“海淘代购”包裹邮寄，或由边境以“蚂蚁搬家”的走私方式进入境内。这些都冲击了正常的贸易秩序，造成了国家税收的流失。国际网购商品虽可按万国邮联规定合法入境，但在邮局按重量收费情况下，海关却无法按额度收税。所设10%的行邮税，由于海关难以对数以亿计的包裹一一查验，其综合征收率只能达到0.1%。这就形成了人们所说的“灰色清关”。

这种状况同时损害、耗散了国家、企业和消费者的利益与权益。它集中体现在三个方面的“难”上。

国家层面，主要是政府监管难：征税难、贸易统计难、关务压力大、质量风险无法追溯。

企业层面，主要是经营发展难：一是清关难，企业以“海外仓”模式进口无法缴纳增值税，违反了相关法律；B2C出口企业面临着退税、结汇和物流组织难的问题，这是那些规范经营的互联网企业和从事国际贸易的公司所不愿做的。二是融资难，无法纳入贸易统计，金融机构缺乏支持的依据。三是交易成本高，企业在获取平台流量、实现外汇回流等方面付出的成本，通常高达总成本的40%左右。四是交易商品的价值低，万国邮联的免税政策导向，致使B2C模式下每单平均价格超不过300元人民币，也致使这种巨大的贸易规模更加碎片化。

消费者层面，主要是维权难。由于交易过程不可控、信息不透明，就产生了社会上所议论的“海淘”假货多的现象。消费者要想维权，还需面对周期长、成本高的难题。

制度的滞后和爆发式增长的需求，成了一对尖锐的矛盾。正是在这种背景下，国家发改委会同有关部门于2012年启动了“跨境贸易电子商务”试点工作，选择郑州、杭州、上海、宁波、重庆5个城市先行先试，后又扩大到广州、深圳等市。在商务部、海关总署等部门的支持下，2015年3月，国务院批准设立中国（杭州）跨境电子商务综合试验区，后又将上述郑州等6城市及成都、天津、合肥、大连、青岛、苏州等城市批准为跨境电商综试区。

以此为契机，各地在打通跨境电商操作流程、建设信息化通关查验和分拨平台等方面积极探索，特别是在监管体系、监管标准、监管流程上进行了大胆的创新。这里要特别强调一下由河南保税物流中心总经理徐平与海关、检验检疫部门通力合作，首创的跨境购物“保税备货进口模式”。这一模式的海关监管代码为“1210”，它与同为2014年被海关确认的集货进口“9610”模式一起，成为我国跨境电商规范运营的两大主导模式。而“1210”模式将海关、检验检疫与其他政府部门及企业运营服务放在一个信息化平台上，交易、支付、物流单“三单比对”，商流、物流、信息流、资金流同步实现高效流通，可查验、可追溯，采购商、物流商和关务服务商为商品的安全背书，货物整批进关，网上零售后纳税清关。其便利性、可靠性大大超出“9610”模式，有效解决了前文所说的政府、企业、消费者三个层面的难题。后来，人们将这一创新称为“B2（B）2C”模式。中间的B，指的就是政府的简约监管和快速通关等综合服务。

基层的创造创新活动，始终受到党和国家领导人的重视。2014年5月10日，习近平总书记在郑州视察时，认真听取了有关汇报，考察了河南保税物流中心的跨境电商查验平台。那时这一业务流程刚刚打通，大的跨境电商企业还未入驻，现场还有几分清冷，但总书记却给了现场同志以极大的信任，鼓励大家要对跨境电子商务不断探索，争取真正实现“买全球、卖全球”的目标。也就是在这次视察后的座谈中，总书记第一次提出了中国经济进入新常态的重要论断。

2015年9月24日，李克强总理视察人声鼎沸的河南保税物流中心跨境电商试点平台。那时，随着聚美优品、小红书等跨境电商的入驻运营，区内已有数百家企业运营、数万年轻人创业就业。区内的信息化平台上，海关、国检和综合服务商做到了一次申报、一次查验、一次放行，当时系统的处理能力是一秒钟2单。总理敏锐地把这一“三合一”创新称之为“秒通关”，而现在该平台系统的查验能力已达到每秒钟1000单。在一次会议上，他兴奋地讲郑州创新的B2（B）2C跨境电商模式是制度高地而不是政策洼地。在杭州的一次视察中，他强调跨境电商综试区是一件牵一发而动全身的事，是中国未来新的发动机。在国务院会议上，他又指出，这项改革对我国外贸更好适应新形势、赢得新优势，具有重要意义。

张德江、汪洋等领导同志也先后视察了郑州、杭州、上海的跨境电商企业和监管平台。张德江同志要求发展跨境电商要把重点放在倒逼国内产业升级上。汪洋同志称跨境电子商务的发展，是创新驱动发展的重要引擎。他对我国跨境电子商务业态迅速发展下的监管制度创新，说过一句既风趣大度又充满睿智的话：“塌鼻子也比没鼻子强！”

2016年4月，当时有关部门出于善意和责任感，出台了一份规范跨境电商发展的文件，业内称之为“新政”。但由于对规律的把握和对业态发展的内涵与前景预判不够，跨境电商一时“风声鹤唳”。但党中央、国务院从大局考量，有关部门也积极反思，及时中止了这份文件部分政策的实行，给了跨境电商及相关部门一个调整的机会，也给了理论界及时跟进、登高望远，对新业态昭示的新趋势进行研判和建构基础理论框架的重要机会。

真的要感谢海关、商检和商务部门的同志，感谢试点城市政府和众多企业的同志，当很多人对跨境贸易的世界级难题一筹莫展而深陷“此山中”时，他们的创新实践已经步入了“云深不知处”的新境界。否则，怎么能有今天的中国声音、中国方案、中国标准?!

(三)

我和陈文玲同志在这一研究领域的合作，始于 2016 年的那个“新政”后。当时我写了份报告请她过目。她为文章增加了些内容，扩充了理论的张力，建议将标题改为“不能用旧思维约束新经济的发展”，火药味足，针对性和冲击力也很强（后发表于《全球化》杂志 2016 年第 9 期）。陈文玲同志是我国宏观经济、国际经贸、流通、互联网经济等领域很有影响力的大家，理论著作颇丰，对新技术、新业态、新模式这些新动能的发展清醒而敏锐。她一语击中要害并点醒了我。她认为跨境电商的进一步发展，将形成下一代贸易方式——E 国际贸易。新贸易方式为我国带来了重大的战略机遇，支持跨境电商等新业态的发展，将有利于我国抢占国际现代流通的主导权或规则制定权，有利于在新一轮全球竞争中塑造我们的核心竞争力。

原来，她早已开展了对“E 国际贸易”的研究。由她任组长的 2015 年课题“互联网革命与中国业态变革”中，已经深刻分析了互联网革命对新一代贸易体系和流通业的影响。我邀请她去给从事跨境电商的同志讲一讲。在此之前，河南保税物流中心的徐平同志曾于 2011 年提出了“E 贸易”的概念，陈文玲一提出“E 国际贸易”的概念，大家就欣然接受了。这一概念当然还会有争议。敦煌网王树彤同志提出了在全球范围内推动跨境电子商务向“数字贸易”升级的观点。中国国际经济交流中心张茉楠同志在她主编的《数字经济与数字治理》白皮书中，提出了数字贸易的治理与规划问题。美国等西方国家着重提出了基于贸易品类的“数字贸易”概念。徐平同志也在思考，是不是应将“E国际贸易”特指为跨境B2C贸易。有争论是好事，但无论如何，新的国际贸易方式线上线下结合，深刻改变了传统的贸易方式，它应该是“E化”和“平台化”的，这一点理论界没什么争论。

在曾培炎理事长的支持下，中国国际经济交流中心把“E国际贸易——下一代贸易方式的理论内涵和基础框架研究”作为重大课题。一些有探索精神的年轻优秀的研究人员组成了高质量的研究团队。研究还得到了海关总署、质检总局、商务部、贸促会等部门和河南、广东、浙江等地方政府的大力支持，徐平、王树彤、阿里研究院、河南EWTO研究院等给予研究工作以全力的帮助。在研究工作结题和付梓之际，我有点兴奋地想和愿意读这本书的人分享对其内容的几点体会。

比如，E国际贸易，简而言之就是基于互联网等新一代信息技术的新贸易形态，也就是国际贸易的E化，是一种高度信息化、智能化、国际化的线下线上一体化的贸易形式。

针对E国际贸易的内涵与跨境电子商务、eWTP、数字贸易等概念经常混用，本课题对此进行了辨析。对理论界引用较多的“跨境电子商务是指分属不同关境的交易主体，通过电子商务平台达成交易、进行支付结算，并通过跨境物流送达商品、完成交易的一种国际商业活动”的提法，课题研究认为E国际贸易是互联网革命引发国际贸易业态变革的产物，是下一代的主要贸易方式。而跨境电了商务是E国际贸易的现行表现形式，会逐渐转化为下一代贸易方式，其与E国际贸易的关系，就是现在与未来的关系。

这就把跨境电子商务、E国际贸易和其之间的相互关系说清楚了。

课题研究认为，数字贸易是指以互联网为基础，以数字交换技术为手段，为供求双方提供互动所需的数字化电子信息产品（如数字信息、流媒体、电子书刊、数字服务），实现以数字化信息为贸易标的的创新商业模式，是关于数字品的交易，是通过互联网传递的产品和服务。对于E国际贸易来说，数字化是其特征之一，但E国际贸易却不局限于此。E国际贸易中的信息作为一种独特的资源而存在，可以生成数字产品成为贸易标的。同时，它也可以是规范贸易行为的贸易标准。更重要的是，它作为贸易载体，与资金流、物流汇聚在一起进行跨境贸易，具有鲜明的流量经济特征。它是一种新型的贸易方式，是贸易形态的变革，与数字贸易是贸易方式与贸易内容的关系。

这把E国际贸易和数字贸易的关系也讲清楚了。

课题研究还认为：按照E国际贸易的表现形式（商业模式）来进行划分，可以分为跨境M2C、跨境B2C、跨境B2B2C、跨境B2B、跨境C2C和跨境C2B等。而这其中的B2B2C主要是指政府监管模式的创新，它的实质还是B2C。目前，由于业态和模式的不断创新，一些新的概念还需要确定。如有些地方正在尝试的“保税备货+网购新零售”等，也应在下一步研究中予以关注。

阿里巴巴的马云先生近几年在很多国际性会议上，大力推荐了他提出的电子世界贸易平台（eWTP）的创想，但这一平台的理论内涵和功能边界还是比较模糊的。课题研究认为，eWTP是利用互联网技术建立起来的撮合供需双方的新贸易主体，它将分散的贸易需求与供给变成了一种市场集成，成为政府监管、服务部门和各类服务商按照EWTO的规则与标准实现货物交易、知识产权交易、服务贸易的公共性或准公共性基础平台。eWTP推动E国际贸易发展，形成E国际贸易市场的主推动力。它实质上是开展E国际贸易的公共平台，是E国际贸易的基础设施。河南省EWTO研究院为此提供了流程框架和生态圈图，课题组又把它进一步丰富为面向未来比较完整的基础框架体系。

这里又提出了“EWTO”问题。课题组听取多方建议，提出了对现有世界贸易组织（WTO）体系进一步完善升级的思路，认为可以在现有的 WTO 框架下，建立协调 E 国际贸易的全球治理组织——“EWTO”。EWTO 组织应该是基于现行 WTO 框架体系，在自愿基础上建立的适用于 E 国际贸易的政府间国际性组织。它的责任是推动 E 国际贸易的关税协定、关务规则、准入协定、质量管理、贸易服务等规则和标准的制定，监督和规范 eWTP 运营，并为其发展提供良好的环境和政策支持。

课题研究还对下一代贸易方式的流程、规则、标准及其推进的路径进行了研究，提出 E 国际贸易与传统国际贸易存在的差异主要表现在五个方面。即：交易方式不同、征信模式不同、物流方式不同、准入方式不同、风险主体责任不同。

这些研究内容虽然有些还不完善，但它基本搭起了 E 国际贸易理论体系的四梁八柱，得到了国内理论界的认可。需要说明的是这项研究来自于实践，也及时指导了实践。陈文玲同志先后将研究的成果分别在中国国际经济交流中心“经济每月谈”、郑州举行的第一届全球跨境电商大会（由海关总署和质检总局支持）上进行了发布。特别是 2017 年 9 月 26—28 日，她应邀率团赴瑞士日内瓦参加 WTO 与中国国际经济交流中心、阿里巴巴联合举办的 E 国际贸易研讨会，各国驻 WTO 代表团和研究机构、媒体 150 多人参加了会议。陈文玲发布的成果和阿里研究院、河南 EWTO 研究院的报告受到了会议的高度重视和充分肯定。

2018 年 2 月 9—10 日，由世界海关组织（WCO）举办的首届世界海关跨境电商大会在北京召开。汪洋同志在大会上讲到，“当今的时代是互联网时代，互联网催生数字经济，深刻改变了人们的生产生活方式。跨境电商是其中最引人注目的领域之一。跨境电商显著降低了国际贸易的门槛，减少了贸易的中间环节，打破了消费的时空限制，使全球买、买全球成为现实。它为各个国家、各种企业、各类人士都带来了新的重要的发展机遇”。大会上中国海关提出了《WCO 跨境电子商务标准框架》，这可能是我国在国际贸易体系中提出的第一份涉及标准和规则的“中国方案”，其意义不言自明。我应邀在会上介绍了中国国际经济交流中心关于E国际贸易的研究成果，课题组的研究为这次会议和这份文件的制定作出了应有的贡献。

时代不断发展，技术不断进步。由互联网、物联网、云计算、云服务、人工智能引发并建立在其技术支撑基础上的新贸易方式，已成为数字经济、共享经济、平台经济、信息经济和知识经济的重要表现形态。它正在不断改造和引领着我们的生活，我们需要花更多的精力去关注和研究它。

关于新一代贸易方式——E国际贸易的著作就要面世了，但心里还有些不踏实。由于研究的开创性和初创性特点，参考文献明显不足，对宏大的创新实践还缺少全景式把握，对一些关键领域的研究还需要进一步深化，这都难免使本书存在不少瑕疵和缺陷。我们希望听到批评，也希望有更多的研究机构、专家学者和企业界的朋友来共同研究。让我们携手，共同推进新时代国际贸易治理方案和理论体系的缔造，为构建人类命运共同体，奉献面向未来的中国方案。

中国国际经济交流中心副理事长、秘书长：张大卫

2018年3月18日

目　录

总报告

以E国际贸易发展先发优势推进新型全球化

国际贸易形态和方式的演进是一个缓慢、渐进和自然的过程，但是当演进不断积累，在一定的条件聚合的时点，就会产生颠覆性的变革或变化，成为不断替代的国际贸易方式或业态。

奴隶社会时期，部分产品开始作为商品在国与国之间交换，出现了国际贸易的萌芽。到封建社会，随着社会经济的发展，国际贸易有所发展。这一时期，中国与欧亚各国通过“丝绸之路”进行国际贸易活动。奴隶社会和封建社会由于生产力水平低下，交通不便，社会分工不发达，国际商品交换和国际贸易只是个别、局部的现象，时断时续，时盛时衰。15 世纪末至 16 世纪初，随着地理大发现和资本主义生产关系的发展，国际贸易的规模迅速扩张和商品种类显著增加，产生了国际分工的萌芽，不过由于运输工具等流通渠道的限制，此时贸易国际化还呈现明显的地域性特征。真正现代意义上的国际贸易是伴随着产业革命和机器大工业的形成而建立和发展起来的。当机器大工业取代手工制造业之后，自然经济让位商品经济，建立在社会化基础上的发达的商品经济推动要素跨国流通，越来越多的国家被卷入世界市场和国际贸易流通中来，形成了门类比较齐全的国际分工体系，国际贸易也从过去局部的、片段的、不连贯的、一国或几国的运动过程，变成了一个把世界各国都联系在一起的统一的世界市场。特别是，二战以后的第三次科技革命推动了国际贸易的纵深发展，出现了协调各国对外贸易政策和国际贸易关系方面的相互权利、义务的多边协定——关贸总协定（GATT，1994 年关贸总协定乌拉圭回合部长会议决定成立更具全球性的世界贸易组织——WTO，以取代关贸总协定）。时至今日，WTO 及其规则依然是国际贸易规则与治理体系的核心。

E 国际贸易是第四次科技革命的产物，是当今生产力发展水平、科技革命、业态变革与生产力发展水平等变量相互作用形成的贸易形态的具体演化。20 世纪 80 年代以来，全球贸易流动呈现出全新的跨国界、多边化、多元化、多样化和网络化的链接状态。互联网、物联网、大数据、云服务、云计算和智能技术加快发展，开启了一个崭新的时代，全面引发了经济社会综合性、渗透性、泛在性的革命。这种渐进式演化累积到一定时点，便引发了消费方式与传统业态的深刻变革，使国际贸易方式正在并即将产生颠覆性形态变化，形成新的下一代贸易方式——E 国际贸易。这种下一代贸易方式与下一代制造业业态，共同使传统的国际贸易和制造业的时空界限和地理界限日渐模糊，最终产品的生产和价值实现通常不再由一个国家独立完成。国际贸易一方面链接生产消费跨国分离，另一方面又通过全球价值链和 E 国际贸易平台重新链接。E 国际贸易将依托 E 国际贸易平台抑或新的载体和渠道，将全球范围内分离的生产过程和环节，将单一、分散的生产商、供应商、中间商和消费者汇聚在一起，形成了前所未有的市场集成力量，包括生产商集成、供应商集成、中间商集成和消费者集成，并由此产生巨大的贸易规模、贸易流量，并不断改变着贸易方向，产生了更加便捷、快速和自由的下一代贸易方式，不同国家之间的经济联系和贸易往来变得比以往任何时候都更加紧密，这是以往任何时期的国际贸易方式都难以想象和达到的，这是国际贸易方式颠覆式演化或变革。虽然世界范围内逆全球化思潮兴起，贸易保护主义抬头，以 WTO 为主导的多边贸易谈判进展缓慢，传统统计方法上的全球贸易低迷，世界经济和全球贸易面临着诸多不确定性因素，但是 E 国际贸易将以井喷之势发生、发展和发酵，成为下一代贸易的主要方式。因此，要适应这种变革，必须从理论上界定 E 国际贸易方式的理论内涵及其演化规律，加快构建 E 国际贸易的基础框架和政策体系。

中国正在成为新型全球化的倡导者和引领者，在全球经济发展和全球治理中发挥越来越大的作用。我国已经并继续创造 E 国际贸易发展的先发优势，有可能在下一代贸易方式——E 国际贸易发展中占领制高点，这对中国是重大战略机遇。为了适应这一战略要求，站在时代发展的前沿，超前研究和设计下一代贸易——E 国际贸易的理论框架、组织框架和运行框架，提出发展下一代贸易的政策体系，中国国际经济交流中心成立重大课题研究队伍，对这一问题进行了持续、深入和系统的研究。

毫无疑问，这个课题研究是一个开创性的理论研究和实证研究，需要创新研究方式，需要以国际视野与超前思维，做艰苦细致而富有创造力的工作。我们用了一年半的时间，深入走在实践前沿的企业和基层调研，邀请经过市场历练的设计者和创造者专题讲座，召开专题研讨会，经过文献梳理、系统分析、深刻思考、反复讨论、多次修改，形成了本课题研究报告。

一、课题提出了 E 国际贸易理论体系

作为一种建立在现代互联网技术、云计算技术和大数据应用基础上的新型国际贸易方式，传统经济理论和国际贸易理论无法圆满解释这一国际贸易方式发展的新变化和新趋势，迫切需要创造一种基于成功实践和基于未来发展的新理论范式。

（一）提出了下一代贸易方式——E 国际贸易的理论内涵

课题研究认为，E 国际贸易，简而言之就是基于互联网、物联网、云计算、云服务、人工智能等新一代信息技术所引发的新贸易形态，亦即国际贸易的 E 化，高度信息化、智能化、国际化、网络化的线下线上一体化的贸易方式，是当代数字经济、共享经济、平台经济、信息经济和知识经济的综合表现形态。这种贸易方式不同于一般贸易、加工贸易、小额边境贸易，也不同于改革开放之后出现的采购贸易，而是在这

几种贸易方式基础上的突破与创新。由于贸易方式的 E 化，这种新的贸易业态和贸易方式不断替代传统的贸易方式，是科技创新与贸易形态创新的交叉融合，E 国际贸易平台和渠道，将链接更多个性化需求和中小企业创业者的奇思妙想，降低其进入国际市场的门槛，使国际贸易不再垄断在大型企业主体或渠道商的手中，日益社会化、大众化、集群化、平台化、混沌化和社区化，将使国际市场进入消费者主权时代。这种贸易方式建立在现代互联网技术、云计算技术，形成大数据流量处理能力的基础上，解决了信息不对称、时空阻隔的障碍，并使通关便利化成为可能，全面促进了贸易的自由化。依托 E 国际贸易平台的共享功能，以数据的流动带动全球消费者和生产者、供应商、中间商集成产生贸易流量，并由此改变贸易方向。依托 E 国际贸易平台，可以使单一、分散的个体生产者、中间商和消费者获得或共享更多、更便捷的信息、资源和服务，并汇集成若干生产者、中间商和消费者选择的集成，这种由单体和新群体形成的贸易流量，将打破传统的地理行政疆界，打破传统贸易的“不自由”和“不公平”，使无形网络链接成为国际经济与贸易联系的推进器，推动国际贸易规则和全球治理体系的重塑，推动传统国际贸易治理机制如 WTO 等的整体改造和提升，以继续推动下一代国际贸易朝着普惠、公平、自由、便利、共享的方向发展。

（二）从新型经济全球化维度对 E 国际贸易与新型全球化互动发展进程进行了理论诠释

课题研究认为，E 国际贸易是不可遏制的新型全球化理论的新载体。E 国际贸易既是经济全球化的产物，也是推动经济全球化的加速器。新一轮经济全球化将由于 E 国际贸易发展，更加公平、更加透明、更加自由、更加便利，E 国际贸易与新型全球化相通相容相互催化。

——E 国际贸易体现出新型全球化中的两种基本经济形态：实体经济与虚拟经济。这两种基本经济形态是现代经济发展并驾齐驱的两个轮子，成为经济全球化的趋势性特征。E 国际贸易融合了制造业和服务业，通过平台集聚了全球的生产者、供应商、中间商和消费者，规避和跨越了传统国际贸易中那些被割断或阻隔的经济关系，并不断平衡两种基本经济形态的关系，使之逐步进入完全的、内生的“全球化”进程。在这样的世界里，传统意义上的诸多“边界”日渐模糊甚或消失。实体经济与虚拟经济两种基本经济形态并驾齐驱，互为表里、互相作用、互为溢出和转化的能量，导致有形要素禀赋与无形要素禀赋共同进入流通，有形市场与无形市场日益融合，有形国界与无形国界日益交错，两种基本经济形态发展导致的现代经济演化，使当前和未来的经济全球化正在从沿着单向轨道前进转变为在双向轨道上加速前进，E 国际贸易既适应了现代经济的两种基本经济形态的变化，也推动两种基本经济形态平衡发展。

——E 国际贸易体现出新全球化中的经济表征：呈现万物互联的网络状态并形成网络体系，以大数据化、高度智能化、强融合化、移动化和泛在化，推动全球经济社会呈现更紧密的联系。E 国际贸易在全球新经济表征——网络状态和网络体系的链接中，可以使更多国家和区域进入越来越完善、越畅通、越有序的网络状态和网络体系。一个国家、一个城市、一个领域网络状态和网络体系越密集、越完善、越顺畅，其产生的集成、集疏、集散、集约功能就越强，共享发展的机遇和程度就越高。这种网络状态与网络体系一旦被切割或呈碎片化，网络体系中的节点、环节或单体将失去其显在或潜在价值。E 国际贸易将提高全球的经济互联性，加快产业和要素跨国界流通的速度，成为直接驱动全球范围社会生产力与生产关系变革的内在动力。在 E 国际贸易背景下，互联网与物联网革命带来的新经济表征逐渐凸显，以云计算、大宽带、大数据、移动互联网等新一代信息技术为支撑，以全球范围内个人电脑、智能手机等设备普及为基础，以实现智能化识别、定位、跟踪、监控与管理为保障，以可扩展性、可移动性、泛在性、异构性、复合性、增值性为特征，进一步呈现万物互联的网络状态。E 国际贸易加快了构建万物互联的网络状态与网络体系，全球消费者的跨国需求拉动全球商流、物流、信息流和资本流通等所需的软硬基础设施联通，推动各国经济乃至全球经济社会呈现更紧密的联系。

——E 国际贸易体现新全球化中的经济链接：产业链、供应链、服务链、资金链、信用链和价值链等，这些虚拟链条较之过去的组织形式具有更大的黏性和融合度。E 国际贸易是顺应经济全球化在科学技术和社会生产力发展到更高水平，各国经济相互依存、相互渗透程度增强，阻碍生产要素在全球自由流通的各种壁垒不断削弱，经济运行的国际规则逐步形成并不断完善的必然产物。E 国际贸易不仅通过提供新技术手段实现对生产以及生活方式等诸多领域的影响和渗透，而且通过产业链、供应链、服务链、资金链和价值链等协同互动发展，创造新的生产模式、管理模式和服务模式，实现更深层次的融合发展。这些虚拟链条比传统的组织和经济关联更具有黏性，成为现代产业特别是现代制造业的链接方式。E 国际贸易进一步适应并推动供应链的链接、服务链的链接、资金链的链接和价值链的链接。E 国际贸易促使若干产业变成跨国界、跨区域、跨产业的链状链接或组合，既使市场呈现潜在爆发力，也使信息加入流通产生巨大变量，E 国际贸易生成的大数据成为流通中要素禀赋甚至交易物，促进产业跨国界或跨区域实现更优组合。这种力量导致全球产业链、供应链和价值链不断优化调整。

——E 国际贸易体现出新型全球化中新经济主体：跨国公司、若干大数据集成系统、平台经济、体现消费者个人主权意识的市场集成方式或组织形式，具有更大的跨国界流通和配置资源的新动能。E 国际贸易为新经济、新业态、新经济主体提供了更为广阔的发展空间，这些新经济主体具有强大生命力，将成为跨国界流通和配置资源的主力军。跨国公司可以在 E 国际贸易中发挥更大的跨国经营能量，在全球范围内利用各地的优势组织生产，促进各种生产要素在全球流通和国际分工，并由此极大地推动经济全球化进程。在跨国公司成为经济组织主导经济全球化主体的同时，大数据集成系统、物流集成商、供应链零售商、平台经济、体现消费者主权意识的市场集成或更多中小微企业乃至自由创业的个人，利用互联网平台迅速发展成为新经济主体，成为经济全球化的加速器或催化剂，并依托发达的全球配送及终端配送体系成为 E 国际贸易的新组织形式渠道。信息流通由桌面互联网向移动互联网转变，成为“泛在互联网”，促使在任何时间、任何地点、任何人、任何要素禀赋都能顺畅地快速流通，而大数据集成系统本质特征是泛在和跨界，这种新经济主体跨国界的能量，高于由人组织而成的传统企业组织。平台经济作为 E 国际贸易基础设施和组织形式，快速发展成为一种新经济主体，这种跨领域、跨行业、跨业态、跨国界的新经济的平台经济，具有极强的生命力与竞争力，其规模越大，服务功能越强，平台经济成为跨国界的消费者集成、生产商集成、供应商集成、市场集成的力量就越强。这是一种内在的需求和选择，任何行政力量的限制或者理念的约束都阻止不了，只能被新型全球化条件下的下一代贸易洪流所覆盖。

（三）从现代流通维度提出了 E 国际贸易的本质特征是国际化大流通，在中国引领下全球迎来了国际化、信息化、网络化和混沌化的大流通时代

E 国际贸易作为下一代主要贸易方式，加速了全球范围的商流、物流、信息流、资金流和人员流动，满足了现代流通便利化、快捷化、共享化和顺畅化的内在要求。国际化大流通使互联互通的网络体系超越了自然和政治地理边界，E 国际贸易平台和越来越多、越来越频繁的国际贸易，成为新型全球化的经济体系和形态的内生动力，全球迎来了一个国际化、信息化、网络化和混沌化的大流通时代。

——**E 国际贸易发挥的经济功能与现代流通的重要地位和作用相吻合**。国际上大国之间的博弈越来越转向经济能力的博弈，经济能力博弈的核心在于现代流通能力的博弈，抢夺流通规则的制定权和主导权成为大国之间竞争的焦点。E 国际贸易依托的跨境贸易平台实际上是一个基于新技术的现代流通中心，E 国际贸易的基础平台——跨境贸易平台或

现代流通平台并不只是以前意义上的商品买卖或者批发零售的概念，而是涵盖社会再生产全过程的大流通，这个过程是以消费为起点周而复始的循环过程，制造过程、买卖过程只不过是其中的中间环节。制造环节在整个流通过程中占比越来越小，物流过程和物流成本成为现代流通的主体，信息成为流通领域中的最大变量，信息流成为最具有引领性的力量，随着信息向海量、即时传输、渗透性、泛在化发展，将从根本上改变传统产业的业态，形成综合的、跨界的、智能现代流通能力。

——E 国际贸易演绎了互联网革命下国际贸易和流通业态的深刻变化。 当前，世界经济从以实体经济为主体的工业化进程进入实体经济与虚拟经济共同构成的信息文明时代，互联网把实体经济和虚拟经济这两种经济形态连为一体，形成了一种新实体经济。新实体经济给国际贸易和流通业态带来了深刻的变化，即互联网通过改变信息获取、展示、连接的形式，推动国际贸易向下一代国际贸易和现代流通体系加速演化。由众多分散的消费者和供应者聚集在一起形成交易总量和金额巨大的平台，带有准公共平台服务的性质。电子商务平台经济成为流通市场各类资源、服务的网络集散门户和新型集聚形态，中立第三方平台模式改善了传统流通模式在信用、融资等方面的信息不对称问题。各类垂直平台推动了流通市场的极致细分化、专业化，提升了流通体系的整体服务水平。E 国际贸易突出体现和演绎了新实体经济下国际贸易和流通业态的深刻变化，构建了一个实物展示与虚拟展示、传统营销与网络营销、线下有形市场与线上无形市场相互交融、互促发展的新型世界商品交易大平台。

——E 国际贸易的发展诠释现代流通革命关于四流分离与聚合的理论内涵。 现代流通理论提出，在实体经济与虚拟经济形成两种基本经济形态后，流通过程中的商流、物流、信息流、资本流“四流”进一步分离，形成各自独立的流通过程，只是在一个节点上相遇或者相重叠，最后完成商品交易的全过程，实现价值和使用价值的统一。传统单一的面对面的当面议价完成交易的商流过程正演化为多样化的电子商务交易商流过程，并形成了独立的商务流通规律，如E国际贸易和互联网商业规律等；信息成为流通中的变量可以完成独立流通的过程；传统现金当面结算的实物货币流通日益形成区块链技术支撑的结算体系，以电子货币等形式表现的虚拟货币快速流通，形成独立资本流通过程；物流也和商流、信息流、资本流产生分离，形成物流规律，形成物流的全球供应链体系，社会化物流平台等。E国际贸易作为下一代主要贸易方式，就是以"平台"为载体，以"信息"为灵魂，集聚"供、销、需"三者共享平台，延伸展现出"体验、认购、订单、采购、交易、结算"的现代流通四流分离与聚合的理论内涵。

——E国际贸易具有现代流通国际化、社会化、信息化、流程化和混沌化的典型特征，是一种涵盖生产、交易和售后全过程循环流通的先导性经济运行方式。现代流通理论认为，现代流通是囊括有形与无形要素禀赋的全要素流通，且更多诸如无形商品、无形货币、无形资产等无形的、柔性的、没有物质形态的、更高级的要素禀赋进入了流通，并迅速膨胀扩张，使得工业化初、中期生产过程与流通过程相对独立的形态逐渐隐退，生产过程与流通过程呈现日益融合的态势，现代市场流通把几乎所有国家的分工和交易都纳入国际化大流通的轨道，一切国家的生产与消费都成为世界性的、流程化的。生产是流通中的生产，更多的产品无法在一个国家、一个工厂、一条生产线或一个工序完成；分工是流通中的分工，现代流通把各个"部件"配置在所能发挥效用的地方；交易是流通中的交易，所有有形的和无形的要素禀赋，其交换价值的实现必然伴随着自身的流动；消费也是流通中的消费，是一种涵盖生产、交易和销售后全过程循环流通的先导性经济运行方式。E国际贸易是互联网革命引发的贸易业态变革，其与下一代制造业业态融合发展将成为全开放条件下引领生产、引领消费和引领经济运行的先导性力量，带动制造业的流程再造和产业结构的转型升级。面向全球市场的E国际贸易及其平台从市场流通需求的末端反馈，即从市场发出信号即订单开始向生产过程即制造业延伸，导致制造业从原来的矩阵结构、柔性生产线向全流程的信息先导模式转变，推动制造业转型升级，而生产制造业的转型升级反过来也会支撑和推动市场流通的进一步发展，形成带动市场流通和生产制造业转型升级的良性互动机制。

（四）从国际贸易演化维度提出了 E 国际贸易是当今生产力水平、技术革命与业态变革相互作用形成的具体贸易形态，将推动全球贸易理论体系、评价体系和规则治理体系变革

下一代贸易方式——E 国际贸易这种贸易形态和方式既不同于传统的贸易方式，也不完全等同于当前的跨境电子商务、eWTP 和数字贸易等，下一代主要贸易方式代表着国际贸易未来发展的方向，是新型全球化进程中的贸易形态。

——国际贸易形式伴随着生产力水平、技术革命与业态变革而不断发展变化，E 国际贸易是当今科技革命、业态变革与生产力发展水平等变量相互作用形成的贸易形态。自 20 世纪 80 年代以来，伴随着经济全球化、生产国际化以及生产要素跨国流动日益增强，国际分工发生了深刻变化：一方面，生产的国际化和生产要素的跨国流动使国际分工深入到产品生产环节，各国参与国家分工不再以“产品”为界限，而是以要素为界限，一件最终产品的全部价值已不再完全由一个国家的本土要素所独自创造，而是由多国以“要素优势”共同参与的结果。另一方面，产品的价值链被分解，不同生产环节和流程按照不同的要素密集度特征，被配置到具有不同要素禀赋优势的国家和地区，形成了全球价值链。要素分工与全球价值链融合发展使国际分工从过去以垂直分工为主发展到以水平分工为主的一个新阶段。在这样的发展阶段，国际贸易与世界经济增长很大一部分是通过全球价值链和战略性网络来组织和实现的，而不是通过垂直整合不同国家的贸易实现的，全球贸易主要表现为中间产品贸易。在这样的发展新阶段，全球迎来了第五轮产业转移，劳动密集型产业正渐次从中国向南亚、东南亚、非洲和具有人口红利及劳动力价格优势的国家和地区转移，越来越多的国家和地区进入了全球的产业链和供应链体系之中。与此同时，网络空间已经成为人类生产生活的主要场所，成为人类赖以生存发展的公共基础设施，传统国际贸易也不断被 E 化和平台化，E 国际贸易即为互联网引发的贸易业态变革的产物。在国际分工与国际贸易深刻发展变化基础上，国际贸易方式也在不断进行着创新和发展，尤其在国际贸易平台经济和现代信息技术、大数据和云计算等大量应用于国际贸易领域以后，传统的国际贸易方式已经不能满足经济发展的需要，国际贸易向高度信息化、智能化、国际化、网络化的线下线上一体化方向发展，从而产生了下一代贸易方式——E 国际贸易。

——E 国际贸易将成为体现普惠、智能、高效、便利的下一代贸易方式，将渐次与一般贸易、加工贸易、边境小额贸易和采购贸易融合，成为新全球化的贸易形式。E 国际贸易方式发展大大快于传统贸易方式，而传统贸易方式或者渐次被融合、替代，或者演化为下一代贸易方式。国际贸易方式中的一般贸易、加工贸易、小额边境贸易和采购贸易等传统贸易方式，随着中国与相关国家跨境电子商务的发展，正迅速被 E 化，向着下一代贸易方式——E 国际贸易演进。以科技革命和信息技术发展为先导，E 国际贸易将涵盖生产、流通、金融、投资各个领域，将囊括世界经济和与世界经济相联系的各个方面及全部过程。各国可以从事能获得最大限度比较优势产品的生产，促进产业的转移和资本、技术等生产要素的加速流动，更具黏性和融合度的各类企业，如跨国公司、平台企业、大数据集成系统和全球的中小微企业乃至个人，都可以依托 E 国际贸易平台创新贸易方式，参与国际竞争。从这个意义上说，E 国际贸易——下一代贸易方式形成的过程是一个既相互竞争，又相互融合渗透的过程，既是在传统贸易方式基础上的突破与创新，也是科技创新与贸易形态创新的交叉融合，随着 E 国际贸易的发展，传统贸易方式将逐渐演化成为适应新时代发展需要，最终受到各国广泛认可的 E 国际贸易方式。

——必须研究新型全球化下的 E 国际贸易及其发展规律，构建适应 E 国际贸易发展的理论、评价体系和贸易治理体系。E 国际贸易的形成过程，既是一个全球性制度变迁和相关国家政策沟通协调的过程，也是一个全球贸易评价统计体系的重建过程，还是一个全球贸易规章与治理体系的重塑过程。当前，世界经济进入新旧动能加速转换的关键期，新旧贸易业态正在加速替代，新的贸易方式和贸易模式正在涌现，贸易仍然是世界经济增长的发动机。必须以全新的视角研究 E 国际贸易和下一代贸易新方式，建立适应 E 国际贸易发展的新理论，推动全球认识 E 国际贸易规律规则，重塑国际贸易理论、评价体系和治理体系。应抓紧建立全球崭新的贸易评价体系。E 国际贸易和全球价值链已经改变了全球贸易的性质、形态和方式，现有的贸易统计评价体系已不能准确地反映新型全球化背景下的生产与贸易现状，迫切需要建立与之相适应的贸易统计评价体系。应研究重塑新型全球化条件下的全球贸易规则与治理体系。面对 E 国际贸易的蓬勃发展，现有 WTO 规则和治理体系已逐渐不能适应 E 国际贸易的变革性发展，要研究在新型全球化和 E 国际贸易条件下如何建立开放的、高效的、公平的、共赢的国际贸易体制，依托 E 国际贸易平台突破现有的国际贸易壁垒、障碍和非理性贸易保护主义，使所有参与全球化和国际贸易的国家、地区、企业、个人、消费者，都获得相对的、均衡的利益。

（五）研究归纳了传统贸易理论与 E 国际贸易理论的异同，提出了 E 国际贸易是对传统经济贸易理论的扬弃

研究认为，互联网革命推动人类从工业社会步入信息社会，从根本上改变了传统经济理论的研究基础，动摇了传统经济学假设，“社会人”假设日益取代“理性人”假设，信息打破“资源稀缺假设”，否定了边际效用理论、边际收益递减理论，催生出新的经济理论。对于广大消费者来说，互联网经济与 E 国际贸易可以带来消费者边际效用递增。互联网经济和 E 国际贸易中的价格决定完全不同于传统经济与国际贸

易中的价格决定。在传统经济与国际贸易中，商品的价格越高，需求会越少；在互联网经济和E国际贸易条件下，出现了一种商品或服务的价格随着用户数量的增加而剧增；而这种价格的剧增反过来又吸引更多的用户的现象，从而产生了多重效益，这是互联网经济和E国际贸易的“外在性”。互联网经济和E国际贸易这种“外在性”，是E国际贸易新型贸易方式与传统国际贸易方式的重大区别。互联网经济和E国际贸易理论的主要贡献，在于揭示了以贸易平台为标志的信息现象对整个经济贸易的决定性作用，把经济学和国际贸易的重心从货币现象转向了信息现象，使信息成为经济学和国际贸易核心的内生变量。作为一种建立在现代互联网技术、云计算技术和大数据应用基础上的新型贸易方式，传统国际贸易理论受到了前所未有的冲击，而其中部分适应性理论得以传承和丰富发展。

E国际贸易打破了李嘉图比较优势理论的前提假设。传统比较优势理论的两个基本假设前提是，生产可能性边界不变（技术不变）和边际收益递减。生产可能性边界是李嘉图比较优势理论的主要分析工具，而技术不变是生产可能性边界的重要前提，但在E国际贸易背景下，现代互联网技术、信息技术和大数据的广泛应用，使得社会生产率大大提高，生产可能性边界失效。另外，根据西方经济学理论，由于边际收益递减，生产可能性边界为向外凸出的曲线。在E国际贸易下，许多产品如信息、服务等的生产，由于其具有可复制性、无排他性等特点，其成本并不随使用量的增加而增加，从而出现了边际收益递增的现象，边际效益递减理论失效。

E国际贸易深化了要素禀赋理论的内涵。随着现代互联网和电子商务不断融入国际贸易和经济社会发展中，知识、信息以及基础设施互联互通水平等动态的要素变化，很大程度上会决定一个国家的未来竞争力，大大削弱了传统生产要素在国际贸易中所起的作用，比较优势利益也随之发生改变。而H－O理论主要关注自然资源、资本资源、劳动力和人力资源等静态资源要素的结果禀赋，忽视技术进步和其他客观存在的要素，显然这种理论难以诠释下一代贸易方式。

E 国际贸易大大丰富了规模经济的概念，在 E 国际贸易和 eWTP 的国际贸易平台经济下，消费者流量和消费者评价等信息会随着商品市场规模的不断扩大而集聚，而且这种随机、个体、零散的信息会使消费者个人行为聚合成一种贸易流量，并由此产生消费者集成形成的经济规模和贸易规模。这就为国际贸易中的产品差异化和个性化服务等内部规模经济提供了更多可能性，可以有效协调规模经济与个性化需求的矛盾，实现生产与消费更具个性的经营，扩大了规模经济理论的作用范围。在 E 国际贸易发展中，大量虚拟企业、中小企业乃至个人都可以通过网络和平台共享信息、资源，进行生产经营合作，分散贸易流量通过平台汇集成一个整体，产生集聚效应和规模效应。而在传统经济和国际贸易下，规模经济仅适用于单一的实体大型企业或行业，规模经济只与生产者有关。

二、课题设计了 E 国际贸易的基础框架

（一）E 国际贸易总体框架

基于当前 E 国际贸易的先发实践和发展趋势，E 国际贸易的总体框架可分为三个层次：第一层次为 E 国际贸易的基础支撑体系，E 国际贸易运转所需的交通物流等硬基础设施，下一代信息技术等软基础设施，金融、信用、物流等现代服务能力都集中于该层；第二层次为 E 国际贸易平台与组织，该层是 E 国际贸易不同于传统国际贸易的核心层，E 国际贸易的核心载体 eWTP（世界电子贸易平台）及依托 eWTP 的跨国公司、企业位于该层；第三层次为 E 国际贸易的通关与监管方式，由于 E 国际贸易运行方式完全不同于传统国际贸易，需要在海关通关、贸易监管等方面创造全新的制度安排。三个层次有机统一、协调互动，共同构成下一代贸易方式——E 国际贸易的基本框架。框架结构如图 1 所示。

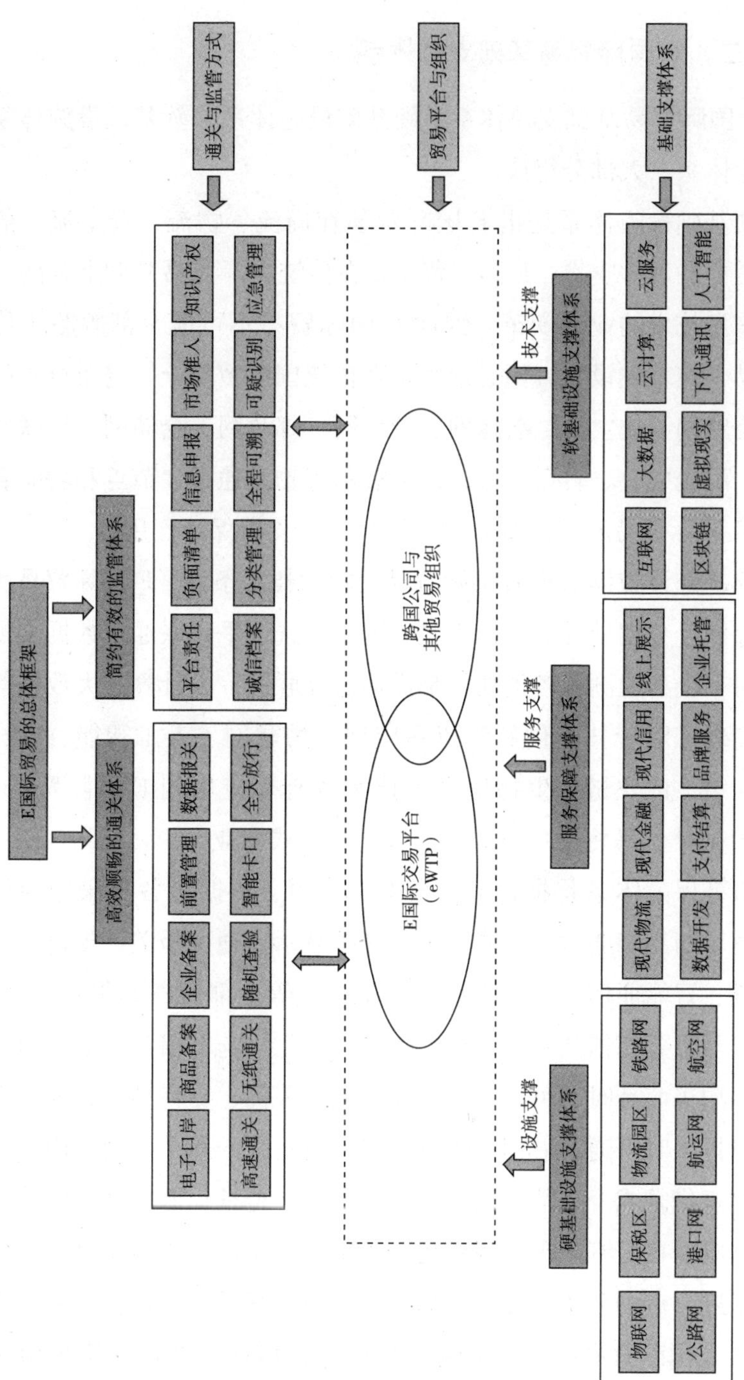

图 1　E 国际贸易总体框架图

（二）E 国际贸易基础支撑体系

E 国际贸易基础支撑体系由硬基础设施体系、软基础设施体系、服务保障体系三大部分组成。

硬基础设施体系是指 E 国际贸易在商流、物流、资金流、信息流中所需要的硬件支撑。E 国际贸易是在传统国际贸易基础上，融入互联网和信息技术的业态变革，因此 E 国际贸易不可能全部脱胎于传统国际贸易，在基础设施方面必须嫁接在传统国际贸易上。遍布全球的铁路网、公路网、航空网、航运网、港口网、邮政网、仓储网、物联网、保税区、配送中心、转运中心、线下展示等物流通道、节点和功能载体均可为 E 国际贸易所用，对 E 国际贸易发挥支撑保障作用。

软基础设施体系是 E 国际贸易运转的技术条件，E 国际贸易所需的信息存储、数据处理、单据生成、智能筛选、平台联通、数据交换、交叉比对、全程追溯等各类功能都需通过互联网、云计算、大数据等技术予以实现。随着技术创新和成熟应用，物联网、人工智能、3D 打印、传感网络、区块链、生物信息等技术也有望应用到 E 国际贸易中来，届时 E 国际贸易将出现更加纷繁多样的模式和业态。

服务保障体系是指物流、金融、信用、数据等各类服务商围绕 E 国际贸易商品流通过程所能提供的虚拟展示、通关报关、支付结算、金融信贷、智能征信、国际物流、企业托管等全部服务的集合。生产商、供应商与服务商依托 eWTP 有机协作，在业务链上相互嵌套。商家或消费者在购买商品时，可以自主选择物流服务商、支付结算方式；商品在进出口报关时可通过 eWTP 选择适宜的报关服务商；金融机构在决定是否给商家贷款或个人消费信贷时，可通过智能征信服务评估风险；生产商和供应商在研判未来市场变化、制定生产销售策略时，可以借助消费大数据进行市场分析；等等。总之，围绕互联网、信息化、大数据平台可提供 E 国际贸易所需的多种类型服务，可使生产商和销售商从繁重复杂的服务中解脱出来，专注于生产和销售，消费者也可以享受到更加优质便利的专业服务。

（三）E 国际贸易平台与组织

E 国际贸易的核心是 eWTP（世界电子贸易平台）。eWTP 是利用互联网技术建立的撮合供（生产端）需（消费市场）双方，实现货物交易、服务贸易和政府监管功能的公共性基础平台。eWTP 是新兴信息技术革命的产物，是互联网技术成果市场化的重要标志，是 E 国际贸易发展的主要载体。eWTP 是生产商、供应商、批发商、分销商、零售商、消费者等贸易主体集聚，商品交易、支付结算、报关清关、物流安排、金融征信、数据分析等服务功能集成的综合性平台，是 E 国际贸易运转的核心部分，也是区别于传统国际贸易的最重要特点。eWTP 不是特指某一个平台，而是一大类平台，按照运营模式、贸易方向、投资主体、商品特点等维度可分为多个种类，每一种类都由很多平台企业组成。纳入杭州 G20 峰会成果的阿里巴巴电子世界贸易平台、河南郑州中大门、天猫国际、京东全球购、亚马逊海外购等都是 eWTP 的突出代表。同时，eWTP 代表政府行使一定监管职能，具有准公共品性质。eWTP 主要由市场交易平台、服务监管平台两大平台组成，两大平台的功能、运营主体各不相同，但彼此联通、信息共享、功能协调。

市场交易平台类似于国内电子商务平台的国际版，是连接跨国界买卖双方的互联网商贸交易平台。不同于传统国际贸易，E 国际贸易作为一种以平台经济为特点的新兴经济业态，其经济活动需要依托市场交易平台这一媒介。在该平台上进行商业运营活动和提供服务的是企业、个人等市场主体，E 国际贸易的商品展示、询盘问价、商品交易、资金往来等都需要在市场交易平台上进行，生产商、中间商、贸易商、消费者、物流方、金融机构、信息公司等各经济主体均能在该平台上汇聚交易，共同构成了 E 国际贸易的交易生态圈和产业生态圈。

服务监管平台是指将分散于工商、海关、检验检疫、食品药品监督、税务、金融监管、口岸、统计等监管部门的各自独立的信息化系统整合后的统一信息平台，各政府部门数据信息在此平台上交换共享。该平台通过与市场交易平台的联通接口，无缝实时从市场交易平台上抓取监管所需数据，市场交易平台依法向服务监管平台无偿、实时、准确供给监管信息，彻底实现由传统国际贸易的单据监管、人工检查、抽样检验向 E 国际贸易的信息备案、信用监管、智能监管转变。服务监管平台一般为政府委托有资质的企业以 PPP 模式筹建运营，政府和建设企业以股份合作形式共同参与平台管理。

与此同时，传统国际贸易中海量的跨国企业、贸易公司既是 E 国际贸易中必不可少的元素，也是 E 国际贸易的重要参与主体。与传统国际贸易不同的是，E 国际贸易中的跨国公司呈现出突出的去中间化、去中心化特征，所有贸易企业都在 eWTP 平台上完成交易活动，呈现 E 化特征，贸易的中间渠道被大幅缩减，流通成本大大下降，流通效率显著提升。

（四）E 国际贸易通关与监管方式

由于 eWTP 的出现，E 国际贸易的贸易流程、海关监管流程均发生了全新变化，需要形成一套全新的运行规则和监管规则。

通关体系是围绕 E 国际贸易这一新经济、新业态，在传统国际贸易通关制度的基础上重新构建的通关制度安排。由于目前 E 国际贸易呈现多种运作模式，各模式也适用于不同的通关制度。B2B 模式由于主要为大额、大量、同品类商品贸易，适用于传统国际贸易的一般贸易通关方式。由于现有监管模式不能满足单笔小额、多批次的商品进出口报关要求，B2C、C2C 模式大多采取国际快递、国际邮政方式和个人携带方式通关。按照国际通行规则，一定金额以下小件商品可按个人物品处理，予以快速清关，且除少量行邮税外可免征关税，但如贸易规模较大，该种通关制度存在税源流失、监管缺项等问题，因此只能作为一时的解决方法，不能构成长远的制度安排。未来要依托大数据、物联网技术，建立对 E 国际贸易单件商品的实施跟踪和信息查询机制，将后置入关查验转化为前置进关备案，从物品监管转变与数据监管，真正形成面向未来的数据化通关模式。

由于 E 国际贸易较传统国际贸易具有完全不同的运作模式，其监管方式较传统国际贸易也有很大不同。从监管技术上，E 国际贸易更加依托于服务监管平台，从传统贸易的货物管理转向数据信息管理，监管重点在于掌握贸易全流程的全部数据信息。从监管结构上，打破传统国际贸易部门分割、条块分割、各管一摊的监管模式，形成一口面向企业的政府综合服务信息系统（服务监管平台）、各部门后台分工运作的新型监管格局，企业与监管部门仅通过信息系统相联系，除出现重要问题或事故外无需面对面打交道，大幅提升监管效率。从监管模式上，相比传统贸易，E 国际贸易从正面清单进口转向负面清单进口，从实物监管转向数据监管，从前置检查、合规放行转向信息备案、信用监管，通过全程信息获取和失信惩戒机制提高企业违约成本，形成违约威慑，确保各经营主体合法合规经营。

（五）构建 E 国际贸易规则的内容和步骤

由于 E 国际贸易的运作模式、监管方式与传统国际贸易完全不同，因此基于 WTO 的传统国际贸易规则大多也不适用于 E 国际贸易，这就意味着 E 国际贸易规则体系的构建必须要在传统国际贸易规则的基础上有大量的突破和创新。

当前，世界各国开展国际贸易主要基于 WTO 的规则和框架，但 WTO 规则主要适用于一般性的国际贸易和服务贸易，对于 E 国际贸易、跨境电子商务、数字经济等新经济、新业态尚没有完善的适用性规则，全球开展 E 国际贸易处于无规可依、无矩可守的状态。为使 E 国际贸易有序规范发展，必须在现行 WTO 体系的基础上，抓紧建立适应 E 国际贸易业态特点、发展规律、未来趋势的新规则体系，解决 E 国际贸易在全球发展的制度供给不足问题，最终建立下一代贸易方式——E 国际贸易的国际新规则体系。

E 国际贸易国际新规则是以 WTO 现有制度框架为基础，在规则中融入互联网、大数据、云计算、平台经济、跨境电商、数据流动、信息监管、智能通关等“E”元素，结合 E 国际贸易发展的现实需求与长远趋势，一方面对不适用于 E 国际贸易这一新经济、新业态的制度进行 E 化改造，另一方面创造当前 WTO 框架中没有的、适应 E 国际贸易发展的新规则。E 国际贸易国际新规则的责任是推动 E 国际贸易关税协定、关务规则、准入协定、质量管理、贸易服务等的监督、管理和执行，规范 eWTP 运营，并为其发展提供良好的环境和政策支持。其宗旨是在公平、自由、共享、包容的原则下，引导 E 国际贸易健康、持续发展，促进全球经济繁荣并使全球化的成果惠及各国民众。E 国际贸易并非要彻底颠覆现行 WTO 框架，尊重 WTO 的组织结构和运行方式，但要在经济规则、监管规则等方面做出突破和创新，形成 WTO 框架下不同于传统国际贸易的新型规则体系。由于 E 国际贸易也融合了大量传统国际贸易的服务、业态、内容，因此 E 国际贸易新规则与 WTO 规则一定有交叉，依然遵循非歧视性、公平贸易、透明度三大规则，在最惠国待遇、国民待遇、市场准入、贸易自由化等方面延续 WTO 中已较为成熟完备的规则，但在 E 国际贸易范围、数据自由流动、数据安全、知识产权保护、E 国际贸易平台运行、通关制度、监管制度、税收制度、结算体系等方面需要有更多创新性的规定和安排。

由于 E 国际贸易是一个新生事物，很多国家和国际组织没有概念和感性认识，马上启动 E 国际贸易新规则的整体构建和谈判会令各国感到无的放矢，找不到谈判的核心和着眼点。当前我国在 E 国际贸易领域相对较为领先，可率先完善我国国内针对 E 国际贸易的配套规则和机制，形成示范和样板，让各国看到 E 国际贸易的活力和前景。在我国与重要贸易伙伴的双边谈判中，加入 E 国际贸易规则内容，开展对等谈判，使其接受我国在 E 国际贸易实践中逐渐形成的发展经验。可在 G20、APEC、“一带一路”、金砖合作、RCEP、中国—东盟自贸区等各多边平台上，推动我国主导设计的 E 国际贸易规则得到更多国家认可。最终上升至全球层面，形成全球认可的国际新规则。因此，建立 E 国际贸易国际新规则总的思路是先国内，再双多边，由下而上，由内而外，最终形成世界各国认可的新规则体系。

三、课题梳理了国内外 E 国际贸易发展的趋势

（一）课题系统梳理了 E 国际贸易发展的基础，从国际国内两个维度提出了 E 国际贸易发展的现实性和可行性

课题研究在对 E 国际贸易所处的时代背景和现实基础进行了深入分析的基础上认为，发展 E 国际贸易已具备坚实的信息技术设施应用基础、经济变革基础、社会变革基础和现实发展基础。从世界经济看，全球信息基础设施的形成和扩展，使信息和网络成为人类不可或缺的基础设施，为 E 国际贸易的快速发展奠定了坚实基础。自上世纪 40 年代信息理论萌芽以来，信息技术不断加速深入人类生产生活中，加速物化为对人类生产生活影响最大的信息基础设施。当前信息基础设施进入了全球互联网功能应用集中大开发阶段，以互联网为核心的信息技术基础设施，已经成为地球上所有人的交流沟通基础工具，推动人类社会经济以这个公共基础信息设施作为生存发展的基础。目前，全球互联网用户数持续快速增长，中国已发展成为全球规模最大的互联网市场，也成为互联网即时升级换代最快的市场之一。未来全球现有信息技术平台将面临升级，全球信息技术应用将呈现移动化态势，大数据、云服务、人工智能等将会得到广泛应用，使国际贸易主体对信息基础设施和平台的依赖性不断加强，加强基础设施和平台建设，成为 E 国际贸易最重要和最基础的平台载体或设施之一。E 国际贸易的主体行为也将呈现信息化、网络化、可追溯和越来越可预测，并呈现去中心化、去行政化和去机构化的典型特征。另外，大数据的广泛应用还将对 E 国际贸易中的

商流、物流、信息流、资金流、人流产生深远影响，为创造基于下一代互联网等技术支撑下的贸易生态圈，下一代贸易形态、下一代贸易模式、下一代贸易治理结构和体系都将随之发生颠覆性革命。

（二）课题深入分析了我国 E 国际贸易发展的先发优势，认为这是中国在日益激烈的国际竞争中走向更大成功的突破口

自 20 世纪末以来，随着互联网技术、网民渗透率、跨境支付、物流等服务水平的提高，随着我国跨境电子商务政策的不断健全和完善，我国以跨境电子商务为代表的 E 国际贸易蓬勃发展，已经具备了发展 E 国际贸易的先发优势。突出体现在以下几个方面：一是跨境电子商务规模不断扩大，发展速度惊人，在我国对外贸易中的地位不断上升。二是跨境零售将呈现跨越式增长。随着中国经济持续发展，居民收入稳步提升和中国消费升级，国内消费者对海外优质、长尾、个性化商品的刚性需求突出，跨境电商零售潜力巨大。三是出现了一大批跨境电子商务平台型企业，并推动平台型企业功能向基于互联网的全球供应链综合平台转变。

（三）课题对一些国家关于发展 E 国际贸易的战略和政策进行了比较研究和系统梳理

课题归纳总结了当前主要发达国家在 E 国际贸易方面的政策实践。为寻求国际贸易方式转型与创新，世界主要大国也纷纷将新经济、新贸易业态视为新增长动力引擎，制定相关的战略、政策和措施促进包括跨境电子商务、数字贸易等在内的 E 国际贸易的发展。

作为传统上习惯以创新作为优先发展战略的国家，美国政府电子商务政策走在了世界的前列。早在 1993 年美国率先提出“国家信息基础设施”（National Information Infrastructure，NII）计划，并取消利用互联网进行商业交易活动的限制。此后美国又提出信息基础设施的相关计划和行动纲领。1996 年底，克林顿总统倡导成立跨部门的电子商务管理协调机构：美国政府电子商务工作组，负责制定有关电子商务的政策措施，并协调督促相关部门实施。1997 年美国联邦政府颁布了促进、支持电子商务发展的“全球电子商务框架”。“全球电子商务框架”是美国发展电子商务的战略框架和纲领性文件，内容包括电子商务发展的 5 项原则和 9 项政策建议，反映了产业部门、消费群及网络界的广泛意见与要求，对于美国乃至世界各国电子商务发展产生了积极影响。美国政府电子商务工作组每年报告执行情况，提出政策调整与更新战略建议，并促进相关政策及战略的实施。在税收方面，美国一直坚持税收公平、中性的原则，给予电商一定的自由发展空间。1996 年美国出台了电子商务国内交易零税收和国际交易零关税政策，1998 年美国国会通过《互联网免税法案》，规定三年内禁止对电商课征新税、多重课税或税收歧视，2001 年国会决议延长了该法案的时间。直到 2004 年，美国各州才开始对电子商务实行部分征税政策。2013 年美国通过了关于征收电商销售税的法案——《市场公平法案》，仍然沿用对无形商品网络交易免征关税的制度。

欧盟将电子商务视为推行全球经济一体化和主导世界经济的重要战略措施之一，把电子商务的发展看作是欧洲地区在未来全球经济中赢得竞争优势的关键因素。1997 年，欧盟开始从战略的角度来制定和规划电子商务发展的政策和框架，以指导欧洲地区 15 个成员国电子商务的发展。此后欧盟先后颁布了《欧盟电子商务行动方案》《电子欧洲》和《电子商务指令》，为欧盟发展电子商务构建了一个基本框架。同时，为更好促进电子商务发展，破解发展中出现的诸如金融服务、数据安全、个人隐私权、网络犯罪和消费者权益保护等瓶颈，欧盟制定了一系列包括《数字签名框架指南》《关于协调信息社会版权与相关权指令》《网络犯罪公约》《远程合同中消费者保护指令》等在内的指令和立法。

全球经贸框架中 E 国际贸易的相关规则也在推进之中，世界贸易组织（WTO）相关工作主要集中在电子传输免征关税上，世界贸易组织各成员国纷纷提交电子商务提案，主要发达国家更是试图主导电子商务等新兴业态，主导新一轮国际规则制定。据统计，在 WTO 公布的涉及电子商务的 40 多个区域协定中，32 个协定将电子商务单独设章，其中美国主导 13 个，欧盟主导 7 个，其他协定也基本已与美欧签署协定后的国家或地区签署。此外，美欧等发达国家通过跨太平洋伙伴关系协议（TPP）、跨大西洋贸易和投资伙伴关系协议（TTIP）、国际服务贸易协定（TISA）等新一代贸易协定大力推进电子商务、数字贸易有关的高标准国际规则。

中国在以电子商务、E 国际贸易为代表的新一轮国际贸易规则中发挥了积极作用。2015 年中国商务部推动了《GMS 跨境电子商务合作平台框架文件》（大湄公河次区域经济合作，简称 GMS），提出了框架性的合作原则。2016 年 3 月，阿里正式提出 eWTP，旨在促进公私对话，推动建立相关规则，为跨境电子商务的健康发展营造切实有效的政策和商业环境，帮助全球发展中国家、中小企业、年轻人更方便地进入全球市场、参与全球经济。但总体来看，国内有关 E 国际贸易体系和制度建设依然明显滞后，《个人信息保护法》尚未出台，电子合同、电子商务税收、知识产权、个人隐私保护、数据安全等方面法律法规不健全。因此，迫切需要尽快加强和完善国内有关 E 国际贸易的制度和框架体系建设，全面加强 E 国际贸易等议题的谈判或磋商，发挥我国在新一轮国际贸易规则制定中的引导作用。

（四）本课题在进行国内外比较研究的基础上，提出了加快推动 E 国际贸易发展的战略价值

课题研究认为，以 E 国际贸易为代表的新型国际贸易框架和规则体系将成为新一轮全球化竞争的核心内容。因此，加快推动 E 国际贸易发展具有重要的战略意义与价值。一是发展 E 国际贸易是加快推进新型全球化进程的必然要求。互联网、物联网等新技术扩大全球贸易、

改善了资本利用配置效率，适应新技术变革的 E 国际贸易等新型贸易方式应运而生，并通过无国界的生产消费互联、无国界的个性化定制和无国界数据资源共享推动新型全球化发展。二是发展 E 国际贸易是我国实现从“贸易大国”迈向“贸易强国”的重要途径。在现代信息社会和互联网时代，传统静态不变生产要素在国际贸易中地位下降，信息等动态可变生产要素在国际贸易中地位上升，E 国际贸易这种新型贸易方式给包括中国在内的广大发展中国家提供了依托现代信息技术实现“弯道超车”的难得发展机遇，重塑中国在全球价值链、产业链和贸易链中的地位，推动我国由“中国制造”到“中国创造”趋势，推动中国逐步从贸易大国迈向贸易强国。三是发展 E 国际贸易是塑造面向下一代贸易先发优势的迫切需要。E 国际贸易是全球产业结构转型升级，新技术、新需求、新模式的协同推动的结果，克服了因劳动力成本比较优势而形成的对传统生产方式的过度依赖，为新型全球化发展集聚新的力量和新的发展势能，适应了全球新工业革命的更高要求。E 国际贸易推动重组产业链、价值链、供应链、服务链、资金链和数字链，使“世界商店”成为可能，大量跨境电子商务平台崛起，打破了以往发达国家对全球产业和流通格局的资源垄断。四是发展 E 国际贸易是引领全球贸易走出低谷的新引擎。从未来重振全球贸易发展看，要扭转世界经济持续性放缓甚至衰退的根本在于创新下一代贸易方式，通过改变贸易形态大幅提高全球经济体生产力、提高资本和技术的配置效率、通过信息技术和互联网深化全球价值链分工效率与合作水平，扩大创新基础设施投资。因此，代表下一代贸易方式的 E 国际贸易将有助于突破贸易保护主义壁垒，为全球开辟了新的增长道路，成为创新和引领全球新一轮贸易增长繁荣的新引擎。五是发展 E 国际贸易是构建新型国际贸易规则体系及主导权的战略选择。目前国际贸易规则依然在很大程度上是为在实体货物和面对面服务交付的国际贸易环境而制定的，全球跨境电子商务规则框架尚处于空白，不适应当前贸易发展新趋势的新要求。

中国跨境电子商务迅速发展，已成为位居美国、欧盟之后的全球第三大跨境网购目的国，并已形成发展跨境电子商务和 E 国际贸易的先发优势，率先制定适应新型贸易方式发展要求的贸易规则体系和贸易治理体系，是新时期下我国参与国际竞争和全球治理体系建设的必然要求，并将有望逐步推动构建面向未来的全球统一、透明、公平的 E 国际贸易规则新框架。六是发展 E 国际贸易是增进全球消费互联及其消费者福利的必然选择。全球万物互联互通缩短了时空距离，增强生产、交换、消费关系的依存度，突破了国家、地区及领域的界限和阻碍，依托无国界的消费者互动交流、无国界的个性化定制和无国界数据资源共享等推动消费全球化，推动全球从以生产者为中心的全球生产服务体系向以消费者为中心的生产服务体系转变，消费者选择大大增加，消费者福利得以提升。

（五）课题从八个方面提出了 E 国际贸易发展的趋势性特征和将发生的重大变革

课题研究认为，E 国际贸易建立在互联网技术与云计算等现代信息技术基础之上，是互联网革命与国际贸易结合的产物，是一种新型的贸易方式，与传统国际贸易比较，其发展具有鲜明的趋势特征：一是网络化和平台化。E 国际贸易依托网络和平台，衍生出了电子商务交易平台、支付结算平台、物流平台、征信平台等各种平台基础设施，形成了互联互通的网络体系。二是信息化与无纸化并存。E 国际贸易下，交易主体依托信息化实现无纸化操作和交易，信息成为一种独特资源进入流通并成为流通中最大的变量，成为国际贸易的先导性力量。三是有形商品与无形商品并存。随着电子信息技术的发展与网络的普及应用，越来越多无形商品与服务进入流通与贸易领域，有形要素禀赋与无形要素禀赋共同进入全球化大流通，出现有形市场与无形市场的融合发展。四是即时性和快速演进性并存。E 国际贸易下，E 国际贸易依托网络平台实现了信息的即时传输，一些商品的交易，下单、付款、交货、结算更是可以通过网络瞬间完成，使得国际贸易呈现出即时性与快速演进性并存的特点。五是去中心化与民主消费交织。在 E 国际贸易下，消费者可以依托平台实现全球自由自主消费，突破了传统地理疆域和行政阻隔，呈现出去行政化、去中心化的典型特点。六是碎片化与集成化并存。E 国际贸易使单个企业之间或者是单个企业与单个消费者之间的交易成为可能，同时，平台汇集了全球的消费者、供应商、生产者和制造商，产生了若干消费者形成市场集成，若干制造商、批发商、中间商、零售商市场集成，呈现出集成化的特征。七是消费的个性化与趋同化并存。E 国际贸易下，网络贸易的即时性特征使消费者需求，以及消费者对商品与服务的回馈信息能很快反馈给平台乃至供应商，消费者个性得以体现。同时，个性化需求通过正反馈集聚效应形成了趋同化的消费行为和消费者需求偏好，产生了需求方的规模经济效益，从而呈现消费个性化与趋同化并存的特征。八是多边化与全球化并存。E 国际贸易下，国际贸易不再局限于两国之间的双边贸易，依托平台可以将贸易过程中涉及的信息流、资金流、物流向多边演进和拓展，并呈现网状的多边化结构，并实现了全球互联，形成了一个真正意义上的全球化大市场。

四、课题提出了加快 E 国际贸易发展的重大建议

课题研究认为，应充分认识基于互联网的下一代国际贸易方式变革的重大意义，尽快将支持 E 国际贸易发展上升为国家重大战略，用新思维对新贸易方式进行顶层设计和长远谋划，建立与 E 国际贸易相适应的体制机制，形成支持 E 国际贸易发展的政策体系，培育全球最优的 E 国际贸易生态圈；加强与国际组织沟通与合作，积极参与 E 国际贸易体系规则的制定，主动提出中国方案、中国智慧，推广可在全球复制的中国模式、程序、标准和规则，积极构建 eWTP，抢占制高点和话语权，形成先发优势；发挥 E 国际贸易的杠杆作用，推动我国由贸易大国向贸易强国转变，从“中国制造”向“中国创造”转变，从经济

大国向经济强国转变；发挥 E 国际贸易的引领作用，为经济全球化注入新动力，让经济全球化进程更有活力、更加包容、更可持续，让不同国家、不同阶层、不同人群共享经济全球化的好处。

（一）充分认识 E 国际贸易发展的必然趋势，把支持 E 国际贸易发展作为国家重大战略，抢占下一代贸易方式的制高点

E 国际贸易具有重大意义，能够打破传统贸易的地理行政疆界，打破传统贸易的不自由和不公平，使单一、分散的个体生产者、中间商和消费者获得或共享更多、更便捷的信息、资源、商品和服务，使贸易福利从大企业和中间商更多地转向中小企业和消费者，推动 WTO 标准规则的优化和变革，推动国际货币基金组织 SDR 结算体系的完善和变革，推动万国邮政联盟职能的创新和变革，重塑国际贸易规则和全球治理体系，推动国际贸易朝着普惠、公平、自由、便利、共享的方向发展。E 国际贸易将成为国际贸易的主导趋势，推动定制化生产加速发展，推动消费者成为价值创造者，催生更多的新经济和新业态，加速各国经济转型升级，为经济全球化注入新动力，推动世界经济格局发生重大转变。我国有可能在 E 国际贸易发展中占领制高点，这是我国的重大战略机遇，可推动形成以 E 国际贸易为代表的新型国际贸易框架与治理体系，成为新型全球化的倡导者和引领者，在全球经济发展和全球治理中发挥越来越大的作用，在新一轮全球化竞争中把握主动权与主导权。把支持 E 国际贸易发展作为国家重大战略，形成一个事半功倍的智慧设计，有利于为我国企业提供参与国际竞争与合作的新机遇，打破国外跨国公司垄断国际贸易渠道的格局，拓展国际市场，提高我国参与国际经济竞争与合作的主导权和话语权，抢占制高点，形成我们的先发优势。

（二）加强顶层设计，建立与 E 国际贸易相适应的体制机制，培育全球最优的 E 国际贸易生态圈

E 国际贸易将成为我国在国际贸易中掌握主动权的重要领域。应根据 E 国际贸易发展和国家整体战略的需要，对 E 国际贸易进行顶层设计，鼓励创新、建立容错机制，对政府职能和管理能力进行系统安排，把我国打造成全球 E 国际贸易发展的先行区和示范区。应借鉴促进加工贸易发展的成功经验，在跨境电商 9610、1210 两种模式的基础上，将 E 国际贸易定义为一种新贸易方式，赋予一个新的贸易代码，并围绕这个贸易代码建立一套线上交易、结算、结汇、货物交付的管理流程。可考虑在条件成熟的上海、广东、河南、浙江等自由贸易试验区设立先行先试的 E 国际贸易试验区，探索建立 E 国际贸易的规则与标准、诚信安全机制、利益保障机制、知识产权保护体系。以新的管理方式促进 E 国际贸易持续快速发展，全面实行负面清单管理制度，优化现行许可制度，完善大通关机制，逐步建立更为超前、带领引导新业态发展、抢占全球制高点的体制机制，形成全球最优的 E 国际贸易生态圈。

（三）深化改革创新，研究和设计支持 E 国际贸易发展的政策措施，形成支持 E 国际贸易发展的政策体系

推进 E 国际贸易发展，首先应尽快完善国内支持政策的框架设计，以创新性的思维引导 E 国际贸易走向规范。应抓紧对各跨境电商试验区改革探索进行评估，总结经验与教训。对实践已较为成熟的郑州保税备货模式，应面向全国大力推广，围绕该模式统筹设计海关、国检、工商、金融、统计等部门监管流程衔接。抓紧修改目前仍存在的不公平、不合理制度，抓紧建立仍空白缺失的制度，在取消单笔购买和年度购买额度限制、统一不同零售进口方式税率差别、拉平各零售进口方式监管条件、创新保税备货出口信用保险政策、加快与国际物流联盟单证系统对接互联、建立 E 国际贸易消费者维权机制等方面形成政策突破，使政策设计能够跟得上实践的发展、跟得上全球化的步伐、跟得上国际博弈的需要。完善 E 国际贸易金融支持政策，鼓励商业银行探索适宜 E 国际贸易发展的贷款模式，鼓励保险机构创新保险机制，为 E 国际贸易企业提供融资、保险等综合金融支持。完善 E 国际贸易物流政策，支持国内龙头物流企业开展跨境物流业务，解决海外物流耗时长、费用高以及被国外物流企业垄断的局面。实施“以进带出”的外贸政策，抓紧清理和调整“奖出限入”的外贸政策、“宽进严出”的外汇和投资管理政策，制定以进口倒逼产业升级和推动出口的政策措施。出台支持中小企业开展 E 国际贸易的政策，允许没有进项发票的中小企业按照销项发票的适当比例进行抵扣并享受出口退税政策，为其提供参与国际贸易的新机遇，使其真正享受 E 国际贸易的红利。

（四）加快基础设施建设，积极构建 eWTP，打造促进 E 国际贸易良性发展的公共平台

按照 WTO 的规则与标准建设实现货物交易、知识产权交易、服务贸易的公共性基础平台——eWTP，有效解决中小企业平等参与国际贸易的难题，突破全球贸易的短板，促进全球普惠贸易发展。通过 eWTP 连接全球主要电子商务平台、政府监管部门和有关企业，建立全球数字关境，推动全球经贸发展和规则制定，促进 E 国际贸易发展，实现世界经济社会均衡、包容发展。扶持发展 E 国际贸易结算支付平台，探索建立区块链支付平台，将不同的支付方式进行整合，建立第三方支付的国际平台，构建新型的国际支付结算体系，提高跨境支付结算的效率。鼓励发展 E 国际贸易综合服务平台，将 E 国际贸易综合服务平台企业从外贸企业中分离出来，实行单独的分类管理，可先行推出 E 国际贸易综合服务平台试点。建设 E 国际贸易大数据平台，帮助企业拓展海外市场，特别是赋能中小企业参与国际贸易。

（五）建立综合保障体系，打通各环节的发展瓶颈，为 E 国际贸易持续发展提供系统化的支撑

构建 E 国际贸易物流体系，鼓励国内物流企业加强跨境物流一体化建设，打通国内外的仓储中心、配送中心、服务中心及海关等跨境物流配送环节。构建中国主导的跨境交易结算支付体系，建立跨境人民币支付平台，为企业提供便捷的国际支付结算服务，支持银联国际加强与国际主流的大型收单机构合作，打破目前跨境交易结算支付被国外的五大信用卡品牌垄断的格局。构建 E 国际贸易信用体系，方便平台和银行等服务部门为企业提供更方便的融资、贷款和物流等贸易便利服务，使优质企业得到更好的资源，形成“优胜劣汰”竞争机制。完善 E 国际贸易监管体系，建议参考酒驾醉驾治理模式，加大对网络假货的惩罚力度，充分发挥杭州互联网法院“大平台、小前端、高智能、重协同”的特点，打造成为网络法治时代的智慧法院，为 E 国际贸易发展保驾护航。

（六）深化研究 E 国际贸易的理论与规律，形成促进 E 国际贸易发展的中国理论、中国议题和中国方案，掌握 E 国际贸易规则制定的话语权

E 国际贸易属于新的贸易模式，欧美等国发展 E 国际贸易并没有显著超越我国的优势，应尽快研究提出 E 国际贸易规则与标准制定的有效方案。跟踪研究 E 国际贸易的基本规律与发展趋势，深入研究 E 国际贸易的本质以及引发的重大理论变革、实践变革、生产变革、消费变革、贸易格局变革等。加快研究 E 国际贸易规则的中国理论、中国议题和中国方案，研究 eWTP 是否可以作为 E 国际贸易规则的一个中国方案，特别是要研究 eWTP 与 WTO 的关系。研究如何通过双边、多边的 E 国际贸易区域合作、国家间合作、部门合作、企业合作，建立纠纷解决机制，形成 E 国际贸易商谈与合作的主导权和话语权。系统研究 E 国际贸易第三方平台的责任和权利边界，研究如何利用第三方平台扶持我国 E 国际贸易的主要出口品类，研究如何同 E 国际贸易第三方平台一起参与 E 国际贸易规则的制定。研究越来越多企业更多地采用 E 国际贸易直接进入渠道、了解客户、建立自己的品牌，对 E 国际贸易未来发展趋势的影响，对政府管理与服务的新要求。

（七）加强国际沟通与合作，积极提出中国方案和推行中国模式，完善促进 E 国际贸易发展的国际环境

积极与世界贸易组织合作，基于 WTO 现行框架体系，推动各成员在公平、自由、共享、包容的原则下建立有利于各国平等、公平、互惠开展 E 国际贸易的规则，推动 E 国际贸易关税协定、关务规则、准入协定、质量管理、贸易服务等的监督、管理和执行，规范 eWTP 的运营，引导 E 国际贸易健康、持续发展，促进全球化的成果惠及各国民众。推动 WTO 开展 E 国际贸易规则谈判，围绕 E 国际贸易的标准、规则、范围、关税和检验检疫等条款进行深入的沟通，尽快达成共识，建立支撑 E 国际贸易发展的规则体系。建议 WTO 在坚持现有的互惠原则、透明度原则、促进公平竞争原则、发展原则、非歧视性原则的基础上，给予发展中国家部分特殊优惠待遇，在市场准入原则上要求各国平等地开放市场，实现最大限度的贸易自由化。如果 WTO 所有成员短期内无法就 E 国际贸易规则达成一致，可先小范围签署 E 国际贸易协议，之后逐渐吸纳 WTO 的其他成员加入。同时，我国可与主要贸易伙伴研究签订双边 E 国际贸易协议，推动对等开放，将我国成功的 E 国际贸易模式复制到贸易伙伴，以中国的进口推动中国的出口，形成良性互动，为构建 E 国际贸易规则体系提供中国方案和中国模式。

积极与联合国贸发会议协商 E 国际贸易标准和规则，促进国内外企业加强 E 国际贸易合作、处理 E 国际贸易纠纷。加强与世界海关组织合作，推动尽早建立全球统一的 E 国际贸易标准规范，厘清 E 国际贸易的定义和统计口径。加强与万国邮政联盟的合作，推进各国邮政间的联合协作，充分发挥邮政物流通达便捷、清关简单的特点，将邮政打造成为 E 国际贸易的重要支撑平台。加强与亚太经合组织、亚太工商咨询理事会等国际组织合作，推进跨境电子商务能力项目建设。通过 G20、APEC、“一带一路”、RCEP、金砖国家等机制向其他国家推广，力争团结一二十个国家形成 E 国际贸易多边协议。

加快与签订自由贸易协定的国家和地区建立 E 国际贸易安排，共同研究建立 E 国际贸易的标准体系，建立统一的 E 国际贸易海关进口税收征管体系，逐步构建中国主导的 E 国际贸易规则。构建依托“一带一路”的 E 国际贸易通道，与“一带一路”沿线国家展开 E 国际贸易对口试验，帮助中小企业乃至个人利用 E 国际贸易参与国际经济竞争与合作，促进网上丝绸之路的发展。

选取电子商务基础条件好的国家开展对等谈判，要求谈判对手国复制中国保税备货模式。俄罗斯、美国、加拿大、澳大利亚、新西兰、卢森堡等国均已对中国保税备货模式报以积极态度和浓厚兴趣，中国应积极向这些国家推介保税备货模式。选择具有较好电子商务条件及与中国关系密切的国家开展重点谈判，如以态度积极的卢森堡为突破口带动整个欧盟，以加拿大为突破口带动北美，以马来西亚为突破口带动东盟，以巴基斯坦为突破口带动南亚中东，未来逐步扩大共识、以点带面，形成覆盖全球的 B2C 贸易网络。同时，在各双边经贸合作、自贸区谈判中，加入 E 国际贸易内容，以中国消费大市场为筹码，要求对手国建立保税功能区，按保税备货模式进口中国产品，换取对中国出口。中国可助其建设信息化监管系统和平台，也可将国外消费者在中国平台上的购买信息、商品信息、支付信息与其分享，助其监管，回应其关切的数据流动问题。

中国可在跨境电商丰富实践的基础上，面向中国第一大贸易伙伴和第二大贸易伙伴提出 E 国际贸易的概念，将其作为下一代贸易方式向其推介，推动形成 E 国际贸易巨大的流量，成为一种主要的国际贸易方式。这不仅有利于巩固和扩大中国在跨境电商产业已形成的先发优势、规模优势、比较优势，吸引中国海外消费、物流、结算回流，倒逼国内制造业转型升级，也可成为中国引领新一轮全球化的中国倡议、中国方案、中国规则，成为中国重塑全球经济治理一步先手棋，履行好全球化新旗手的责任和义务。重点加强中美、中欧之间的 E 国际贸易合作，解决制约 E 国际贸易发展的关务危机、服务标准欠缺等问题，携手创新海关监管模式，建立“互认机制、采信机制、追溯机制、预检机制”，推动双方 E 国际贸易快速发展。

支持中国智库在 E 国际贸易的中国方案和中国规则设计中发挥关键作用。一是总结中国在 E 国际贸易中的基层实践和特色模式，形成中国经验，对外公开发布。二是开展 E 国际贸易重大问题研究，夯实中国方案的理论支撑。三是加强与有关国际组织、智库联系，特别是一些日内瓦保守智库对发展中国家影响极大，须做好宣讲工作。四是与欧美日等国智库沟通，就 E 国际贸易、电子商务、数字经济等概念、内涵、规则展开讨论，统一认识、凝聚共识。

（总报告撰稿人：中国国际经济交流中心陈文玲、颜少君）

参考文献

[1] 陈文玲．“一带一路”建设开启新全球化伟大进程［J］．人民论坛·学术前沿，2017（4）．

[2] 陈文玲．现代流通：国家的核心竞争力［J］．南京社会科学，2016（3）．

[3] 陈文玲．中国现代流通报告［M］．北京：中国经济出版社，2016（4）．

[4] 陈文玲．必须重建国际贸易理论和贸易评价体系［N］．中国经济时报，2011-03-25.

[5] 陈文玲，刘秉镰，刘维林．新经济爆发性增长的内在动因——互联网革命与传统业态变革［J］．全球化，2016（6）．

[6] 中国国际经济交流中心课题组．互联网革命与中国业态变革［M］．北京：中国经济出版社，2016（6）．

[7] 阿里研究院．贸易的未来：跨境电商连接世界［R］//2016

年跨境电商发展报告，2016－09.

[8] 阿里研究院．全球跨境 B2C 电商市场展望——数字化消费重塑商业全球化 [R]，2015－06.

[9] 阿里跨境电商研究中心，对外经贸大学．互联网时代的全球贸易新机遇——普惠贸易趋势 [R]．2015－06.

[10] 杨兆．纵论国际贸易电子化 ——关于电子商务在国际贸易行业中的理论和应用问题分析 [D]．对外经贸大学，2000.

[11] 史达．电子商务经济学与国际贸易理论和政策研究 [D]．东北财经大学，2004.

[12] 张夏恒．跨境电商物流协同模型构建与实现路径研究 [D]．长安大学，2016.

分报告一

E国际贸易的理论内涵

人类社会的发展，最根本的动力是生产力的发展，而在决定生产力发展的诸因素之中，科学技术是最具影响力的因素。马克思指出："随着大工业的发展，现实财富的创造较少地取决于劳动时间和已经耗费的劳动量，较多地取决于在劳动时间内所运用的动因的力量……或者说取决于科学在生产上的应用。"如今，人类社会正在经历一场深刻的技术革命——互联网革命，现代互联网革命是人类发展史上历次科技革命的发展和延续，但其作用范围远远超过前几次科技革命，它将触角延伸到全球的每一个角落，拓展到社会的无数个领域，使整个社会和经济产生了深刻变化。自国际贸易产生以来，贸易方式一直都在随着科学技术的发展而不断改进和完善，互联网革命引发了传统业态的深刻变革，在国际贸易领域形成了互联网时代下的互联网与国际贸易结合最具明丽的色彩，下一代贸易业态和贸易方式——E 国际贸易。

研究和历史实践表明，随着科学技术和其他领域的发展，范式①也会随之发生变化，这种转变的重要性在于：现实世界中的重大变化往往需要概念上和理论上的创新与之相适应②。E 国际贸易也不例外。跨境电子商务和 E 国际贸易的蓬勃发展使得国际商流、物流、信息流和资金流等的流动更加迅速和快捷，来自世界各地的生产企业、供应商、中

① "范式"的英文为"Paradigm"，源自希腊词"Paradeig - ma"，意指"模范"或"模型"，由美国哲学家托马斯·库恩于 1962 年在其经典著作《科学革命的结构》一书中提出。他认为范式是指"特定的科学共同体从事某一类科学活动所必须遵循的公认的'模式'，它包括共有的世界观、基本理论、范例、方法、手段、标准等与科学研究有关的所有东西。"

② [美] 唐·泰普斯科特，等. 范式的转变 [M]. 米克斯，译. 大连：东北财经大学出版社，1999.

间商和消费者等人员在虚拟贸易平台上汇聚与流动，传统国际贸易中的地理疆域的界限日渐模糊，不同国家之间的经济联系和贸易往来变得比以往任何时候都更加紧密。同时，世界范围内的逆全球化思潮兴起，以 WTO 为主导的多边贸易谈判进展缓慢，传统统计方法上的全球贸易持续低迷，世界经济和全球贸易正面临着诸多不确定性因素。因此，在理论上如何适应变化了的国际经济和国际贸易环境，在实践中如何制定适宜的国际贸易政策规则体系和贸易战略政策，对互联网革命带来的 E 国际贸易理论和政策的发展变化进行深入的研究和探索，已经成为国内外研究者不得不面对的新的范式转变。

一、E 国际贸易的理论界定

（一）基本内涵

E 国际贸易，简而言之就是基于互联网、物联网、云计算、云服务、人工智能等新一代信息技术所引发的新贸易形态，即国际贸易的 E 化，是一种高度信息化、智能化、国际化、网络化的线下线上一体化的贸易方式，是当代数字经济、共享经济、平台经济、信息经济和知识经济的综合表现形态。E 国际贸易是建立在现代互联网技术、云计算技术，形成大数据流量处理能力的基础上，依托跨境国际贸易平台的共享功能，以数据的流动带动全球消费者和生产者、供应商、中间商集成产生贸易流量，形成的一种国际化、信息化、市场化、社会化、平台化和混沌化的全新贸易方式，是下一代主要贸易方式。

E 国际贸易是互联网革命引发的贸易方式的革命性变化，这种贸易方式不同于一般贸易、加工贸易、小额边境贸易，也不同于改革开放之后出现的采购贸易，而是在这几种贸易方式基础上的突破与创新，由于贸易方式的 E 化，这种新的贸易业态和贸易方式不断替代传统的贸易方式，是科技创新与贸易形态创新的交叉融合，E 国际贸易平台和渠道，将链接更多个性化需求和中小企业创业者的奇思妙想，降低了进入国际市场的门槛，使国际贸易不再垄断在大型企业主体或渠道商的手中，日益社会化、大众化、集群化、平台化、混沌化和社区化，将使国际市场进入消费者主权时代。随着 E 国际贸易的发展，传统贸易方式将渐进演化成为适应形成时代发展需要，最终受到各国广泛认可的 E 国际贸易方式。

可以看出，互联网革命引发国际贸易领域的重大变革，为国际贸易注入了新的内涵：现代互联网技术、云计算技术大数据和人工智能的广泛应用，跨境快速通关、各国无障碍流通、国际标准和认证认可体系通用的制度保障，智能芯片、射频识别、位置导航、移动互联网、移动支付的技术支撑，形成 E 国际贸易平台的巨大功能，为诸多中小企业和个体消费者等传统贸易中的弱势群体提供了平等参与国际贸易并成为国际贸易主体的机会。依托 E 国际贸易平台，可以使单一、分散的个体生产者、中间商和消费者获得或共享更多、更便捷的信息、资源和服务，并汇集成若干生产者、中间商和消费者选择的集成，这种由单体和新群体形成的贸易流量，将打破传统的地理行政疆界，打破传统贸易的“不自由”和“不公平”，使无形网络链接成为国际经济与贸易联系的推进器，推动国际贸易规则和全球治理体系的重塑，推动传统国际贸易治理机制如 WTO 等的整体改造和提升，以继续推动下一代国际贸易朝着普惠、公平、自由、便利、共享的方向发展。

（二）E 国际贸易及相关概念辨析

在当前的理论与实践中，有关 E 国际贸易的概念并没有形成统一的认识，更多情况下，E 国际贸易的内涵与跨境电子商务、马云提出的 eWTP 和数字贸易等交叉使用，对这些概念进行辨析有利于进一步加深对 E 国际贸易的认识。

1. E 国际贸易与跨境电子商务

尽管当前对跨境电子商务也有不同的认识。王外连、王明宇、刘淑贞在2013年对跨境电子商务所下定义被引用较多，他们认为跨境电子商务是指分属不同关境的交易主体，通过电子商务平台达成交易、进行支付结算，并通过跨境物流送达商品、完成交易的一种国际商业活动①。我们认为，E国际贸易是互联网革命引发国际贸易业态变革的产物，是下一代的主要贸易方式。而跨境电商是E国际贸易的现行表现形式，会逐渐转化为下一代贸易方式，其与E国际贸易的关系，就是现在与未来的关系。

2. E国际贸易与马云提出的eWTP

根据阿里研究院发布《eWTP2017年度报告》，eWTP是一个私营部门引领、市场驱动、开放透明、多利益攸关方参与的公私合作平台，旨在探讨全球数字经济和电子贸易的发展趋势、面临问题和政策建议，分享商业实践和最佳范例，孵化和创新贸易新规则和新标准，推动全球数字经济基础设施建设，共同促进全球经济社会普惠和可持续发展。eWTP是一个共创治理规则、交流最佳实践、建设未来设施、追梦普惠贸易的平台。可以看出，马云提出的eWTP实际上是一个开展E国际贸易的公共平台，是E国际贸易的基础设施，是必不可少的新型贸易平台。而E国际贸易是下一代贸易方式，二者是下一代贸易方式和下一代贸易方式中基础设施的关系。

3. E国际贸易与数字贸易

数字贸易是指依托互联网为基础，以数字交换技术为手段，为供求双方提供互动所需的数字化电子信息，实现以数字化信息为贸易标准的创新的商业模式，是关于数字品的贸易。与E国际贸易相比，我们认为，数字化是E国际贸易的特征之一，但E国际贸易不局限于此，它是互联网革命和大数据应用下的产物，E国际贸易里面信息作为一种独

---

① 王外连，王明宇，刘淑贞．中国跨境电子商务的现状分析及建议［J］．电子商务，2013（9）：23－24.

特的资源，通过大数据产生了商流、物流、信息流、资金流和人员流动在内的流量经济，是一种新型的贸易方式，并将推动传统贸易向下一代贸易方式转变，是贸易方式的变革，是贸易业态的变革，二者是贸易方式与贸易内容的关系。

（三）E 国际贸易的主要类型

根据 E 国际贸易的划分标准不同，E 国际贸易有不同的类型：

按照国际贸易的进出口流向进行划分，E 国际贸易可以分为 E 国际贸易进口和 E 国际贸易出口。

按照 E 国际贸易的表现形式（商业模式）来进行划分，可以分为跨境 M2C、跨境 B2C、跨境 B2B2C、跨境 B2B、跨境 C2C 和跨境 C2B 等。跨境 M2C 即生产厂家直接对消费者提供自己生产的产品或服务的一种跨国电子商务模式。跨境 B2C 是指直接面向消费者进行跨国销售产品和服务的商业零售模式。B2B2C 模式，指的是在广大供应商和消费者之间铸造起一种实现交易的平台，提供外贸综合服务的平台型服务型企业，以实现国际贸易交往的商业模式。某种意义上来说它包括了现存的 B2C 和 C2C 平台的商业模式，可以提供更加综合化、更优质的服务。跨境 C2C 是指个人与个人之间实现跨国商品交易的商业模式。跨境 C2B 是跨境电商未来演变的一个重要方向，是指根据消费者的预购情况，按需生产，满足特定消费需求的商业模式。

按 E 国际贸易交易的客体进行划分，可分为间接 E 国际贸易和直接 E 国际贸易。间接 E 国际贸易涉及的商品是有形商品的电子订单，交易的商品需要通过传统运输渠道完成交易。直接 E 国际贸易涉及的商品是无形商品与服务，如软件、全球信息服务、远程教育等，从事交易的双方能跨越地理界限直接交易，交易的商品与服务无需传统运输渠道，只需互联网传输即可完成国际交易全过程。

按从事 E 国际贸易企业的平台类型与模式划分，E 国际贸易平台分为第三方开放型平台模式、垂直自营平台模式和线上线下融合的 O2O

模式等。第三方开放型平台模式是指平台型电商企业通过线上搭建商城，并整合物流、支付、运营等服务资源，吸引商家入驻，为其提供跨境贸易的交易服务。同时，平台以收取商家佣金以及增值服务佣金作为主要盈利模式。垂直自营平台模式是指从事跨国自营型电商企业通过在线上搭建平台，平台方整合供应商资源通过较低的进价采购商品，然后以较高的售价出售商品，自营型国际贸易平台企业主要以商品差价作为盈利模式。线上线下融合的 O2O 模式是指利用线上的跨境贸易平台、海外展示中心＋海外仓（自贸区或保税区），盘活国内外市场的货源，对接线上线下的海内外批发和零售市场，实现线上线下融合互动，内外贸一体的一种新型模式。

二、E 国际贸易相关理论分析

现实世界中的重大变化往往需要概念上和理论上的创新与之相适应，任何新的理论都是对前人理论的继承和发展，国际贸易理论也是如此。一方面，E 国际贸易的发展引发了传统国际贸易理论的重大变革，是对传统国际贸易的扬弃；另一方面，E 国际贸易的发展催生出了新的理论，丰富了现有的国际贸易理论体系。

（一）从新型经济全球化维度看，下一代贸易方式——E 国际贸易应运而生，新一轮科技革命使全球经济形态、链接方式、产业构成和贸易形态发生了深刻变革

世界在呼吁一种新的全球化思考。经济全球化催生 E 国际贸易，E 国际贸易加快了新型全球化的互动发展进程，新一轮经济全球化将由于 E 国际贸易发展更加公平、更加透明、更加自由。E 国际贸易已成为全球化的新载体，其所体现出的实体经济和虚拟经济两大基本经济形态，万物互联的经济表征，产业链、供应链、服务链、资金链和价值链集成的经济链接，跨国公司、大数据系统、平台经济、消费者集成的新经济

主体，E 国际贸易等下一代贸易方式正在引领全球化的未来发展方向。在不可遏制的新型全球化的浩浩荡荡大潮中，E 国际贸易是顺应、引领时代潮流的新载体。经济全球化是不以人们意志为转移的、不可逆转的、持续演进的客观进程。E 国际贸易既是经济全球化的产物，也是推动经济全球化的加速器。习近平主席指出："经济全球化是社会生产力发展的客观要求和科技进步的必然结果。"E 国际贸易与新型全球化是相通、相容、相互催化，E 国际贸易反映了不可遏制的经济全球化内在动力。

1. E 国际贸易体现出新型全球化中的两种基本经济形态：实体经济与虚拟经济，这两种基本经济形态是现代经济发展并驾齐驱的两个轮子，成为经济全球化的趋势性特征

E 国际贸易融合了制造业和服务业，通过平台集聚了全球的生产者、供应商、中间商和消费者，规避和跨越了传统国际贸易中那些被割断或阻隔的经济关系，是两种基本经济形态融合的具体表象，平衡两种基本经济形态的关系，使之进入完全的、内生的"全球化"进程，在这样的世界，传统意义上的诸多"边界"日渐模糊甚或消失。通过全球经济形态演化的历史，可以清晰地看到：从农耕社会到工业社会，其基本经济形态是实体经济，进入后工业化阶段，在原来实体经济发展的同时，服务经济、信息经济、智能经济、生态经济交互发展，推动现代经济形成两种基本经济形态：实体经济与虚拟经济。世界经济从以实体经济为主的工业文明时代，进入以实体经济与虚拟经济共同构成的知识经济时代，人类社会赖以生存和发展的经济基础、技术基础、社会形态和上层建筑都在经历着 场伟大重塑。实体经济与虚拟经济两种基本经济形态并驾齐驱，互为表里、互相作用、互为溢出和转化的能量，导致有形要素禀赋与无形要素禀赋共同进入流通，有形市场与无形市场日益融合，有形国界与无形国界日益交错，两种基本经济形态发展导致的现代经济演化，使当前和未来的经济全球化正在从沿着单向轨道前进转变

为在双向轨道上加速前进。当前逆全球化思潮能否使全球化进程倒转，这是人们担忧的一个现实问题，逆全球化思潮和行动，或许会暂时对这个历史进程产生破坏或切割，但终将阻挡不了经济形态演化所产生的全球化趋势。从这个意义上说，E 国际贸易既适应了现代经济的两种基本经济形态的变化，也推动两种基本经济形态平衡发展，是现代经济两种经济形态融合发展的具体表象。

2. E 国际贸易体现出新型全球化中的经济表征：呈现万物互联的网络状态并形成网络体系，以大数据化、高度智能化、强融合化、移动化和泛在化，推动全球经济社会呈现更紧密的联系

E 国际贸易在全球新经济表征——网络状态和网络体系的链接中，可以使更多国家和区域进入越来越完善、越畅通、越有序的网络状态和网络体系。一个国家、一个城市、一个领域网络状态和网络体系越密集、越完善、越顺畅，其产生的集成、集疏、集散、集约功能就越强，共享发展的机遇和程度就越高。这种网络状态与网络体系一旦被切割或呈碎片化，网络体系中的节点、环节或单体将失去其显在或潜在价值。“科学技术是第一生产力”，是生产力发展中最具活力的部分，是全球化的动力之源。科学技术水平的高低，决定全球化发展规模的大小和速度的快慢。E 国际贸易有力推动互联网革命与物联网发展，将提高全球经济的互联性，加快产业和要素跨国界流通的速度，成为直接驱动全球范围社会生产力与生产关系变革的内在冲动。在 E 国际贸易背景下，互联网与物联网革命带来的新经济表征逐渐凸显，以云计算、大宽带、大数据、移动互联网、物联网等新一代信息技术为支撑，以全球范围内个人电脑、智能手机等设备普及为基础，以实现智能化识别、定位、跟踪、监控与管理为保障，以可扩展性、可移动性、泛在性、异构性、复合性、增值性为特征，呈现万物互联的网络状态。E 国际贸易不仅在一个国家和地区推动形成跨国发展的互联网、物联网的链接，而且推动实体经济表征也呈现网络状态，诸如 E 国际贸易发展推动全球基础设

施互联互通，形成全球陆、海、空的全球交通物流网络体系。E 国际贸易加快了构建万物互联的网络状态与网络体系，全球消费者的跨国需求拉动全球商流、物流、信息流和资本流通等所需的软硬基础设施联通，推动各国经济乃至全球经济社会呈现更紧密的联系。

3. E 国际贸易体现新型全球化中的经济链接：产业链、供应链、服务链、资金链和价值链等，这些虚拟链条较之过去的组织形式具有更大的粘性和融合度

E 国际贸易是顺应经济全球化发展要求，是科学技术和社会生产力发展到更高水平、各国经济相互依存、相互渗透程度增强、阻碍生产要素在全球自由流通的各种壁垒不断削弱、经济运行的国际规则逐步形成并不断完善的必然产物。E 国际贸易不仅通过提供新技术手段实现对生产以及生活方式等诸多领域的影响和渗透，而且通过产业链、供应链、服务链、资金链和价值链等协同互动发展，创造新的生产模式、管理模式和服务模式，实现更深层次的融合发展。从全球看，产业特别是制造业形成了一种链状的链接，如制造业，其产业形态已不局限于原来的一条生产线、一个工厂或者某几个工厂的联系或叠加，而是没有任何产权关系的产业链等虚拟链条的链接，这些虚拟链条比传统的组织和实际关联更具有黏性。这种经济链接成为现代产业特别是现代制造业的链接方式，这种产业之间的链接关系一旦形成，将产生直接冲破国界和行政区划的内在动力。供应链的链接、服务链的链接、资金链的链接和价值链的链接，之所以能成为一个链，就是因为在现代流通中，信息作为一种特殊要素禀赋进入流通，成为流通中的最大变量。信息与其他商品不同的一个规律是，一般商品当完成交易过程进入消费端的时候，就走到了自身的终点；而信息进入成为流通中要素禀赋后，它被交易的次数越多、被使用的次数越多、被消费的频率越高，信息流通对中国产生的价值就越高。或者说，信息的价值是随着它在流通过程中被交易或消费的频率而增加的。

E 国际贸易促使若干产业变成跨国界、跨区域、跨产业的链状链接或组合，既使市场呈现出潜在爆发力，也使信息加入流通产生巨大变量，促进产业跨国界或跨区域实现更优组合。这是一种内在的需求和选择，任何行政力量限制或者理论的约束都阻止不了的，这种力量导致全球产业链、供应链和价值链不断优化调整。

4. E 国际贸易体现出新型全球化中新经济主体：跨国公司、若干大数据集成系统、平台经济、体现消费者个人主权意识的市场集成组织，具有更大的跨国发展的新动能

E 国际贸易为新业态、新经济主体提供了更为广阔的发展空间，这些新经济主体具有强大生命力，将成为跨国界发展的主力军。原有的跨国公司继续成为全球性企业主体，既是全球化的产物，又是全球化的推动者，为经济全球化提供了适宜的企业组织形式。跨国公司可以在 E 国际贸易中发挥更大的跨国经营能量，在全球范围内利用各地的优势组织生产，促进各种生产要素在全球流通和国际分工，并由此极大地推动经济全球化进程。其面向全球进行的全球性采购体系、营销体系、研发体系、生产体系，成为利用全球资源、全球市场、全球比较优势发展的先行者。在跨国公司成为经济组织主导经济全球化主体的同时，大数据集成系统、物流集成商、供应链零售商、平台经济、体现消费者主权意识的市场集成、中小微企业或更多自由创业的个人利用互联网平台，迅速发展成为新经济主体，成为经济全球化的加速器或催化剂，成为 E 国际贸易的新能量。如大数据集成系统，正在以前所未有的速度增长和不断产生累积效应，使数据不再仅仅是动态记录的过程，而成为独具价值和增值价值的资源，并逐渐成为直接交易物进入流通，E 国际贸易生产的大数据资源和产品将成为新一轮竞争的优势。信息流通由桌面互联网向移动互联网转变，成为“泛在互联网”，促使在任何时间、任何地点、任何人、任何要素禀赋都能顺畅地快速流通，而大数据集成系统本质特征是泛在和跨界，这种新经济主体跨国界的能量，高于由人组织而

成的传统企业组织。再如平台经济，也快速发展成为一种新经济主体，这种跨领域、跨行业、跨业态、跨国界的新经济的平台经济，具有极强的生命力与竞争力，具有准公共服务的功能，其规模越大，服务功能越强，平台经济成为跨国界的消费者集成、生产商集成、供应商集成、市场集成的力量就越强。

（二）从现代流通的维度看，国际化大流通是 E 国际贸易的本质特征，在中国引领下全球迎来了国际化、信息化、网络化和混沌化的大流通时代

随着现代信息网络技术发展，互联网革命导致世界经济形态、经济表征与产业链接方式产生颠覆性变化，E 国际贸易作为下一代主要贸易方式和全球虚拟统一大市场的形成带来了全球供应链和价值链革命，发挥实际效用的功能连接贸易互联互通网络线超越了自然和政治地理边界，弱化了政治国境线。E 国际贸易平台和越来越多、越来越频繁的贸易往来支撑起新型全球化的经济体系，全球范围内商流、物流、信息流、资金流和人员流动的便利化、快捷化、共享化和顺畅化正在大大加快，我们真正迎来了一个国际化、信息化、网络化和混沌化的大流通时代。

1. E 国际贸易的经济功能发挥与现代流通的重要地位和作用相吻合

国际上大国之间的博弈越来越转向经济能力的博弈，经济能力博弈的核心在于现代流通能力的博弈，抢夺流通规则的制定权和主导权成为大国之间竞争的焦点。E 国际贸易依托的跨境贸易平台实际上是一个基于新技术的现代流通中心，E 国际贸易的基础平台——跨境贸易平台或现代流通中心平台并不只是以前意义上的商品买卖或者批发零售的概念，而是涵盖社会再生产全过程的大流通，这个过程是以消费为起点周而复始的循环过程，制造过程、买卖过程只不过是其中的中间环节。制造环节在整个流通过程中占比越来越小，物流成为现代流通的主体，信息成为流通领域中的最大变量，信息流成为最具有引领性的力量，随着信息向海量、即时传输、渗透性、泛在化发展，它将从根本上改变传统产业的业态，使信息与传统产业融合，形成综合的、跨界的、智能的现代流通能力。

2. E 国际贸易演绎了互联网革命下国际贸易和流通业态的深刻变化

当前，世界经济从以实体经济为主体的工业化进程进入实体经济与虚拟经济共同构成的信息文明时代，互联网把实体经济和虚拟经济这两种经济形态连为一体，形成了一种新实体经济。新实体经济给国际贸易和流通业态带来了深刻的变化，即互联网通过改变信息获取、展示、连接的形式，推动整个社会向新一代国际贸易和现代流通体系加速演化。它的演化主要表现在三个方面：一是线上线下流通立体化、混沌化。大宗 B2B 贸易平台和零售 B2C 平台开始冲击传统实体渠道，线上贸易体系和线下交易体系可能形成边界清晰、相辅相成、共生发展的新一代流通产业。二是会出现若干新型公共服务平台或者叫准公共服务平台。由众多分散的消费者和供应者聚集在一起形成交易总量和金额巨大的平台，它带有公共平台的性质，在新经济情况下，电子商务平台经济成为流通市场各类资源、服务的网络集散门户和新型集聚形态，第三方中立平台模式改善了传统流通模式在信用、融资等方面的信息不对称问题；各类垂直平台推动了流通市场的极致细分化、专业化，提升了流通体系的整体服务水平。三是场景化、社区化、移动化。O2O 通过全渠道、场景化推进了流通市场业态向“消费主权”时代迈进；社群、微商、社区化服务等关系型销售网络和共享经济快速发展；C2B 定制将进一步重塑未来的流通体系；互联网跨境电商对外贸流通服务业的新变革，出口链环节缩减，带来跨境贸易的零售革命；出口更加依赖品牌和渠道；进口也倾向于小批量和低关税，并且更加依赖于平台；贸易流通更加平台化、集成化、全程化、专业化、智慧化。未来这种场景化、社区化、移动化可能要决定零售业态的变革。E 国际贸易突出体现和演绎了新实体经济下国际贸易和流通业态的深刻变化，构建了一个实物展示与虚拟展示、传统营销与网络营销、线下有形市场与线上无形市场相互交融、互促发展的新型世界贸易大平台，在这样一个平台上，其贸易业态不再是传统的一般贸易、加工贸易和采购贸易，而是跨境的 E 国际贸易，其跨境贸易平台将成为快速获取全球的供应商、经销商和消费者信息的市场商业集群；另外平台通过场景化、社区化、移动化等不断创新商业市场功能，推动市场商业功能从商品贸易、展示交易、物流配送向推进新品、发现形成价格、产品研发设计、商业融资、国际规则标准制定等多功能集成方向发展。

3. E 国际贸易的发展诠释现代流通革命关于四流分离与聚合的理论内涵

当今时代，在实体经济与虚拟经济形成两种基本经济形态后，商流、物流、信息流、资本流，“四流”分离形成独立的流通过程已经成为常态：传统单一的面对面的当面议价完成交易的商流过程正演化为多样化的电子商务交易商流过程，并形成了独立的商务流通规律，如 E 国际贸易和互联网商业规律等；信息成为流通中的变量可以完成独立流通的过程；传统现金当面结算的实物货币流通日益形成区块链技术支撑的结算体系，以电子货币等形式表现的虚拟货币快速流通，形成独立资本流通过程；物流也和商流、信息流、资本流产生分离，形成物流规律，形成物流的全球供应链体系、社会化物流平台等。可以看出，与传统交易方式不同，现代交易方式中的“四流”形成了各自的流通规律，都是独立的流通过程，只是在一个节点上相遇或者相重叠，最后完成商品交易的全过程，实现价值和使用价值的统 。E 国际贸易作为下一代主要贸易方式，就是以各种有形、无形商品为主体，以“平台”为载体，以“信息”为灵魂，集聚“供、销、需”三者共享平台，延伸展现出“体验、认购、订单、采购、交易、结算”的现代流通四流分离与聚合的理论内涵。

4. E 国际贸易具有现代流通国际化、社会化、信息化、流程化和混沌化的典型特征，是一种涵盖生产、交易和销售后全过程循环流通的先导性经济运行方式

现代流通理论认为，现代流通是囊括有形与无形要素禀赋的全要素流通，且更多诸如无形商品、无形货币、无形资产等无形的、柔性的、没有物质形态的、更高级的要素禀赋进入了流通，并迅速膨胀扩张，使得工业化初期、中期生产过程与流通过程相对独立的形态逐渐隐退，生产过程与流通过程呈现日益融合的态势，现代市场流通把几乎所有国家的分工和交易都纳入国际化大流通的轨道，一切国家的生产与消费都成为世界性的、流程化的。生产是流通中的生产，更多的产品无法在一个国家、一个工厂、一条生产线或一个工序完成；分工是流通中的分工，现代流通把各个“部件”配置在所能发挥效用的地方；交易是流通中的交易，所有有形的和无形的要素禀赋，其交换价值的实现必然伴随着自身的流动；消费也是流通中的消费，是一种涵盖生产、交易和销售后全过程循环流通的先导性经济运行方式。E 国际贸易是互联网革命引发的贸易业态变革，其与下一代制造业业态融合发展将成为全开放条件下引领生产、引领消费和引领经济运行的先导性力量，带动制造业的流程再造和产业结构的转型升级。面向全球市场的 E 国际贸易及其平台从市场流通需求的末端反馈，即从市场发出信号即订单开始向生产过程即制造业延伸，导致制造业从原来的矩阵结构、柔性生产线向全流程的信息先导模式转变，推动制造业转型升级，而生产制造业的转型升级反过来也会支撑和推动市场流通的进一步发展，形成带动市场流通和生产制造业转型升级的良性互动机制。

（三）从国际贸易演化理论看，E 国际贸易是当今生产力水平、技术革命与业态变革相互作用形成的具体贸易形态，将推动全球贸易理论体系、评价体系和规则治理体系变革

自国际贸易产生以来，贸易形式一直都在随着生产力水平和科学技

术的发展而不断改进和完善，互联网革命引发了传统业态的深刻变革，国际贸易领域出现了下一代贸易方式——E 国际贸易。这种贸易形态和方式不同于传统的贸易方式，也不能完全等同于当前的跨境电子商务、eWTP 和数字贸易等，是下一代主要贸易方式，代表着国际贸易未来发展的方向，是新型全球化的贸易形式。

1. 贸易形式是伴随着生产力水平、技术革命与业态变革而不断发展变化的，E 国际贸易是当今科技革命、业态变革与生产力发展水平等变量相互作用形成的贸易形态的具体演化

人类历史上历次科技革命和产业变革发展表明，人类社会发展的重大需求和科学技术体系的内在矛盾是催生科技革命和产业变革的主要动力。科技革命对产业变革具有决定性的引领和带动作用，并将引发经济社会结构、人类生活方式出现重大调整和深刻变革，与此同时，科技革命与产业变革的加速发展和各领域深度交叉融合，许多颠覆性创新成果急速改变经济结构和社会形态。

国际贸易是在国际分工和商品交换基础上形成的，是生产力水平、是商品生产和商品交换发展到一定阶段的产物。在奴隶社会，部分产品作为商品在国与国之间进行交换，出现了国际贸易的萌芽。到封建社会，随着社会经济的发展，国际贸易有所发展。这一时期，中国与欧亚各国通过"丝绸之路"进行国际贸易活动，地中海、波罗的海、北海和黑海沿岸各国之间也有贸易往来。奴隶社会和封建社会由于生产力水平低下，交通不便，社会分工不发达，国际商品交换和国际贸易只是个别的、局部现象，时断时续，时盛时衰，还不存在真正的世界市场，更不存在名副其实的国际贸易。

15 世纪末和 16 世纪初，随着资本主义生产关系的发展，地理上的大发现，国际贸易的规模迅速扩大，国际贸易的商品种类显著增多，从而形成了区域性的国际市场，也产生了国际分工的萌芽，但由于受运输工具等流通渠道的限制，此时贸易国际化还呈现明显的地域性特征。真

正意义上的国际分工和国际贸易的形成是伴随着产业革命和机器大工业的形成而建立和发展起来的。当机器大工业取代手工制造业之后，自然经济让位商品经济，建立在社会化基础上的发达的商品经济要素不再局限于国内市场，推动要素的跨国流通。正如马克思指出的一样："由于机器和蒸汽的应用，分工的规模已使大工业脱离了本国基地，完全依赖于世界市场、国际交换和国际分工①。"大机器工业的建立把经济发展水平不同的国家和民族都卷入国际分工和世界市场之中，国际贸易的范围迅速扩大，并开始将世界连成一体。

第二次产业革命是国际分工大形成和国际贸易大发展阶段，交通运输工具的巨大变革使世界范围内贸易流通的障碍不断减少，越来越多的国家被卷入世界市场和国际贸易流通中来，形成了门类比较齐全的国际分工体系，国际分工引领下的贸易超越国家界限在世界范围内进一步拓展，国际贸易从过去局部的、片段的、不连贯的、一国或几国的运动过程，变成了全球范围内的运动过程，从而形成了一个把世界各国都联系在一起的统一的世界市场。

第三次科技革命是国际分工的深化阶段，也是国际贸易发展的成熟阶段。在这一阶段，国际分工由原来的产业间分工转变为产业内分工和产品内分工，生产工序的分散化和工序中生产任务和生产活动的国际分工催生了无国界的生产系统，中间产品的生产和贸易分散在全球各地，形成了一个全球生产贸易体系。随着国际经济与贸易国际化的发展，出现了协调各国对外贸易政策和国际贸易关系方面的相互权利、义务的多边协定——关贸总协定（GATT），1994 年关贸总协定乌拉圭回合部长会议决定成立更具全球性的世界贸易组织（WTO）以取代关贸总协定。目前 WTO 拥有 164 个成员，成员贸易总额占全球的 98%，当代最重要的国际经济组织之一，有"经济联合国"之称，直至今日，WTO 规则

① 《马克思恩格斯全集》第 4 卷第 169 页。

依然是国际贸易规则与治理体系的核心。

E 国际贸易是当今科技革命的产物，是当今生产力发展水平、科技革命与业态变革等变量相互作用形成的贸易形态的具体演化。自 20 世纪 80 年代以来，伴随着经济全球化、生产国际化以及生产要素跨国流动日益增强，国际分工发生了深刻变化：一方面，生产的国际化和生产要素的跨国流动使国际分工深入产品生产环节，各国参与国家分工不再以“产品”为界限，而是以要素为界限，一件最终产品的全部价值已不再完全由一个国家的本土要素所独自创造，而是由多国以“要素优势”共同参与的结果。各个国家是以要素优势而不是以产品优势参与国际分工、国际竞争和国际合作。另一方面，产品的价值链被分解了，不同生产环节和流程按照不同的要素密集度特征，被配置到具有不同要素禀赋优势的国家和地区，形成了全球价值链。要素分工与全球价值链融合发展使国际分工从过去以垂直分工为主发展到以水平分工为主的一个新阶段。在这样的发展新阶段中，国际贸易与世界经济增长很大一部分是通过全球价值链和网络来组织和实现的，而不是通过垂直整合不同国家的贸易实现的，全球贸易主要表现为中间产品的贸易。据统计，全世界进口的 60% 和大型发展中国家如中国和巴西等大约 3/4 的进口都是中间产品。在这样的发展新阶段，全球迎来了全球第五轮产业转移，劳动密集型产业正渐次从中国向南亚、东南亚、非洲和具有人口红利和劳动力价格优势的国家和地区转移。与此同时，网络空间已经成为人类生产生活的主要场所，成为人类赖以生存发展的公共基础设施。在这个“虚拟世界”里，依托带有“公共产品”特征的互联网平台，人们可以从事贸易、虚拟制造、社交等现实世界一样的活动，加速了国际贸易业态的演化，E 国际贸易即为互联网引发的产业变革与新型贸易业态融合的产物。互联网、物联网、大数据、云服务、云计算和智能技术加快发展，全球贸易流动呈现出全新的跨国界、多边化、多元化、多样化和网络化的链接状态，带有准公共产品性质、具有强大功能的 E 国际贸易平台开始形成。提高诸如交通与通讯设施、网络平台、大通关体系、统一的认证认可体系、电子经贸规则等软硬基础设施的互联互通水平，加强创新能力成为创造贸易利益和提高贸易竞争力的着力点。在国际分工与国际贸易深刻发展变化基础上，国际贸易方式也在不断进行着创新和发展，尤其在国际贸易平台经济和现代信息技术、大数据和云计算等大量应用于国际贸易领域以后，传统的国际贸易方式已经不能满足经济发展的需要，国际贸易向高度信息化、智能化、国际化、网络化的线下线上一体化方向发展，从而产生了下一代贸易方式——E 国际贸易。

2. E 国际贸易将成为体现普惠、智能、高效、便利的下一代贸易方式，将渐次与一般贸易、加工贸易、边境小额贸易和采购贸易融合，成为新全球化的贸易形式

E 国际贸易方式发展大大快于传统贸易方式，而传统贸易方式，或者渐次被融合、替代，或者演化为下一代贸易方式。经济全球化的显著特征之一，是生产的全球化、贸易的全球化、金融的全球化、投资的全球化和消费的全球化。其中，特别是贸易的全球化，使国际贸易成为世界经济发展的火车头，加强了资源和生产要素在全球范围合理配置，加快了资本和产品在全球流通，促进了科技在全球性的应用或转化，有利于促进不发达地区经济的发展。

国际贸易方式中的一般贸易、加工贸易、小额边境贸易和采购贸易等传统贸易方式，已经被各国采用。随着中国与相关国家跨境电子商务的发展，国际贸易正迅速被 E 化，向着下一代贸易方式——E 国际贸易演进。以科技革命和信息技术发展为先导，E 国际贸易将涵盖生产、流通、金融、投资各个领域，将囊括世界经济和与世界经济相联系的各个方面及全部过程。随着 E 国际贸易发展，国际贸易速度大大加快，国际贸易规模将大大增加，国际资本流通将达到空前规模，金融国际化的进程加快，使世界市场不断扩大，使国际分工更加深化，各国可以从事

能获得最大限度比较优势产品的生产，促进产业的转移和资本、技术等生产要素的加速流动，更具黏性和融合度的各类企业，如跨国公司、平台企业、大数据集成系统和全球的中小微企业乃至个人可以依托 E 国际贸易平台创新贸易方式，参与国际竞争。从这个意义上说，E 国际贸易——下一代贸易方式形成的过程是一个既相互竞争，又相互融合渗透的过程，既是在传统贸易方式基础上的突破与创新，也是科技创新与贸易形态创新的交叉融合，国际贸易的 E 化形成了更为便利和自由的下一代贸易方式，跨境电商将成为一种历史过渡形式。随着 E 国际贸易的发展，传统贸易方式将逐渐被替代，并渐进演化成为适应新时代发展需要，最终受到各国广泛认可的 E 国际贸易方式。

3. 必须正确认识新型全球化下的 E 国际贸易及其发展规律，建立适应 E 国际贸易发展的理论、评价体系和贸易治理体系

当前，世界经济进入新旧动能加速转换的关键期，世界经济下行风险和不确定性在同步上升，逆全球化思潮兴起，全球贸易保护主义抬头，多边贸易谈判举步维艰，但国际贸易和经济全球化的长期发展趋势没有发生根本变化，国际贸易规模越来越大，新旧贸易业态正在加速替代，新的贸易方式和贸易模式正在涌现，贸易仍然是世界经济增长的发动机。必须以全新的视角研究 E 国际贸易和下一代贸易新方式，建立适应 E 国际贸易发展的新理论，推动全球认识 E 国际贸易规律规则，重塑国际贸易理论、评价体系和治理体系。

如何重新认识 E 国际贸易的内涵及规律，这是一个非常重大而紧迫的问题。现在国际上争论的很多国际贸易问题，应用的都是传统理论，对于国际贸易新方式和一些崭新的规律，缺乏全球化视野，缺乏对现代国际贸易从内生因素、深层次、根本上的认识。E 国际贸易与国际分工的深化发展、与科技革命、与业态变革息息相关。随着信息技术的发展和国际分工的深化，全球经济以全球价值链为特点，在这一链式系统中，利用现代信息技术、网络技术、大数据、云计算和现代物流技术，全球资源与生产要素的配置已经从一个工厂、一个地区、一个国家扩展到整个世界。依托 E 国际贸易平台，国际贸易不再主要被大型跨国公司、大型企业主体所垄断，一批平台型企业、大数据集成和更多体现消费者主权的中小微企业乃至个人成为国际贸易的主体，消费也呈现全球化态势。在传统国际贸易下，国家地理和行政隔离界线像一条裁剪线，剪断了极其错综复杂的市场网络，而 E 国际贸易在新型全球化和国际贸易中所形成的经济景观，则像错综复杂的全球市场网络组织中的一条又一条接缝线，把国家地理疆界和行政隔离剪断了的地方连接起来。这种由 E 国际贸易产生的贸易流动，将打破传统的地理行政疆界，打破传统贸易的“不自由”和“不公平”，推动国际贸易规则和全球治理体系的重塑，推动传统国际贸易治理机制如 WTO 等的整体改造和提升，推动下一代国际贸易朝着普惠、公平、自由、便利、共享的方向发展。

应该看到，E 国际贸易已为国际贸易和经济全球化发展提供了新动能，应建立适应 E 国际贸易发展的理论体系、评价体系和贸易治理体系。当前，国际贸易规模越来越大，国际贸易争论也越来越激烈，但应用的很多理论却是上世纪过时的贸易理论，必须突破在过去条件下形成的过去时理论，建立崭新的符合 E 国际贸易规律的理论体系。应研究建立 E 国际贸易理论，从国际贸易发展实践出发，创新提出 E 国际贸易理论，解释国际贸易领域正在发生的巨大变迁，为我国参与全球贸易立论。应抓紧建立全球崭新的贸易评价体系。E 国际贸易和全球价值链已经改变了全球贸易的性质、形态和方式，现有的贸易统计评价体系已不能准确地反映新型全球化背景下的生产与贸易现状，迫切需要建立与之相适应的贸易统计评价体系。应研究重塑新型全球化条件下的全球贸易规则与治理体系。现有的贸易规则和治理体系是二战之后建立在传统贸易方式基础上体现部分国家利益的，E 国际贸易和新型全球化发展为广大发展中国家、全球中小微企业乃至个人平等参与经济全球化、国际贸易提供了新契机。面对E国际贸易的蓬勃发展，现有WTO规则和治理体系已逐渐不能适应E国际贸易的变革性发展，要研究在新型全球化和E国际贸易条件下如何建立开放的、高效的、公平的、共赢的国际贸易体制，依托E国际贸易平台突破现有的国际贸易壁垒、障碍和非理性贸易保护主义，使所有参与全球化和国际贸易的国家、地区、企业、个人、消费者，都获得相对的利益、均衡的利益。

可以看出，E国际贸易作为下一代贸易方式，将使国际经济关系更加紧密、复杂，要求以往的国别关系、地区关系发展为多极关系和全球关系，并要求强化国际经济发展的协调性与经济政策的趋同性，导致一系列全球性新经济规则的产生，国际组织、区域组织经济的作用更加重要。从这意义上说，E国际贸易的形成过程，既是一个全球性制度变迁和相关国家政策沟通协调的过程，也是一个全球贸易评价统计体系的重建过程，还是一个全球贸易规章与治理体系的重塑过程。

（四）E国际贸易对传统国际贸易理论的背离与深化

互联网革命推动人类从工业社会步入信息社会，从根本上改变了传统经济理论的研究基础，动摇了传统经济学假设，“社会人”假设日益取代“理性人”假设，信息打破“资源稀缺假设”，否定了边际效用、边际收益递减理论，催生出新的经济理论。对于广大消费者来说，互联网经济与E国际贸易可以带来消费者边际效用递增。互联网经济和E国际贸易中的价格决定完全不同于传统经济与国际贸易中的价格决定。在传统经济与国际贸易中，商品的价格越高，需求会越少；但在互联网经济和E国际贸易条件下，一种商品或服务的价格可能会随着用户数量的增加而剧增，而这种价格的剧增反过来又吸引更多的用户，从而产生多重效益，这是互联网经济和E国际贸易的“外在性”。互联网经济和E国际贸易这种“外在性”，是E国际贸易新型贸易方式与传统国际贸易方式的重大区别。互联网经济和E国际贸易理论的主要贡献，在于揭示了以贸易平台为标志的信息现象对整个经济贸易的决定性作用，把经济学和国际贸易的重心从货币现象转向了信息现象，使信息成为经济学和国际贸易核心的内生变量。作为一种建立在现代互联网技术、云计算技术和大数据应用基础上的新型贸易方式，传统国际贸易理论受到了前所未有的冲击，而部分适应性理论得以传承和丰富发展。

1. 比较优势理论

李嘉图提出的比较优势理论认为，按照“两优取其重，两劣取其轻”的比较优势原则，任何一个国家，不论它在经济上的强弱，不论它处于什么样的发展阶段，都可以确定自己具有相对优势的产品，安排生产和贸易，使双方都从国际贸易中获利。

比较优势理论以生产可能性边界不发生变化（技术不变）和边际收益递减为前提假设的。随着 E 国际贸易的产生和发展，这两个假设条件都出现了新变化：

一是生产可能性边界所依据的前提条件发生了重大变化。生产可能性边界是李嘉图比较优势理论的主要分析工具，而技术不变是生产可能性边界的重要前提，但是作为现代互联网技术、云计算技术和大数据应用基础上的 E 国际贸易给该理论的前提假设条件带来巨大冲击。在 E 国际贸易背景下，现代互联网技术、信息技术和大数据的广泛应用使得社会生产率大大提高，生产可能性边界失效。

二是边际收益递减规律的适用范围发生了很大变化。根据西方经济学理论，由于边际收益递减，生产可能性边界为向外凸出的曲线。但在 E 国际贸易背景下，许多产品如信息、服务等的生产，由于其具有可复制性、无排他性等特点，其成本不随使用量的增加而增加，从而出现了边际收益递增的现象，而且这种现象还会因网络效应的作用得到不断强化。边际收益递减规律适用范围的重大变化，改变了解释传统比较优势理论的经济学基础。

三是引起劳动生产率不同的要素发生重大变化。比较优势理论认为，自然资源、劳动力是引起劳动生产率不同的主要因素，但 E 国际贸易背景下，信息成为对劳动生产率产生的作用和影响的重要因素。信息化和网络化促进了全球统一大市场的形成，信息的获取、传播和利用更加便捷，一国互联互通水平（信息基础设施水平和信息处理水平）成为一个国家国际贸易竞争力的重要构成要素。信息进入国际贸易流通领域成为流通中最大的变量，信息与传统要素的结合大大提升了传统要素的效率。此外，信息技术的发展催生出了大量从事信息生产、传播及相关活动的产业和劳动者，改变了劳动者要素的工作内容和社会价值。

2. 要素禀赋论（H－O 理论）

要素禀赋论认为，由于两国的要素禀赋和要素密集程度的不同，会导致成本和价格的绝对差异，它强调不同的国家和不同的要素禀赋以及不同的产品对贸易产生的重要作用，利用要素价格的差异来进行国际贸易，就能够使得一国获得比较优势带来的利益。H－O 理论要素禀赋主要是指自然资源、资本资源、劳动力和人力资源等，而且主要注重静态的结果，而忽视了技术进步和客观存在的其他因素。随着现代互联网和电子商务不断融入国际贸易和经济社会发展的大背景中，对 H－O 理论的发展也提出了新的挑战，很多新的生产要素随着经济形态的改变开始慢慢浮现，从而产生了一些对一国贸易具有重大影响力的核心因素，例如随着现代互联网和电子商务不断融入国际贸易和经济社会发展中，知识、信息以及基础设施互联互通水平等动态的要素变化，大大削弱了传统生产要素在国际贸易中所起的作用，比较优势利益也随之发生改变。在 E 国际贸易的发展中，现代互联网发展使数字化信息技术在世界范围内迅速传播，广大发展中国家若将自身的劳动力优势和信息化优势很好地结合起来，就会表现出极大的竞争力。同时，信息和网络等基础设施互联互通水平很大程度上决定一个国家未来竞争力，为许多后工业化国家平等参与国际贸易提供新机遇和新契机，良好的互联互通水平以及 E 国际贸易的发展可以迅速调整其在全球的格局，使得传统的比较优势利益在国际贸易中发生改变。

3. 规模经济理论

规模经济理论认为，某些产品的生产具有规模报酬递增的特点，即扩大生产规模，每单位生产要素的投入会有更多的产出，产品的平均成本会下降，生产规模的扩大会带来生产成本的节约和生产效率的提高，各国用比以往更有效的规模来专业化生产有限类别的产品，同时，它们之间的相互贸易又使消费所有产品成为可能。规模经济可以分为外部规模经济和内部规模经济。外部规模经济指的是单位产品成本取决于行业规模而非单个厂商的规模；内部规模经济则指的是单位产品取决于单个厂商的规模而不是其所在的行业规模。规模经济理论是解释行业内贸易的重要理论工具，E 国际贸易发展使得规模经济的概念和作用范围发生了重大变化。

一是 E 国际贸易大大促进了专业化与规模经济的统一，专业化特性更加明显。

E 国际贸易是通过互联网和准公共贸易平台而实现交易的一种全新的贸易和商务关系，它大量注入了信息经济的内容与方法，使其影响 E 国际贸易规模经济性的因素很大程度上取决于带有准公共产品性质的互联信息网络平台、电子商流、信息流与资金流、物流、客户流以及它们之间的协调程度。

二是 E 国际贸易大大丰富和扩大了规模经济概念。首先，在传统经济和国际贸易下，规模经济仅适用于一个实体企业或行业。而在 E 国际贸易和 eWTP 的国际贸易平台经济下，大量虚拟企业、中小企业乃至个人与 E 国际贸易平台的结合会产生集聚效应，形成规模经济。越来越多的中小企业乃至个人通过网络和 E 国际贸易平台共享信息基础设施和资源，进行生产经营合作，来作为每个参与国际贸易的个体，它们的规模可以很小，但分散贸易流量通过平台汇集成一个整体，产生集聚效应和规模效应，从而享受到规模经济带来的利益。其次，在传统贸易和经济下，规模经济只与生产商有关，而在 E 国际贸易和 WTP 的国际贸易平台经济下，规模经济不只与生产商有关，还与消费者有关。消费者流量和消费者评价等信息会随着商品市场规模的不断扩大而不断集聚，而且这种随机游走的信息会使消费者个人行为聚合成一种贸易流量，并由此产生消费者集成的经济规模和贸易规模。E 国际贸易和平台经济下带来的规模效应要远远大于传统经济的规模效应，因为生产商规模经济与消费者规模经济的有机结合会产生双重作用：消费者需求的增加不但降低了生产成本，同时也使产品对用户更有吸引力，从而进一步增加了消费者的需求。

三是 E 国际贸易发展为国际贸易中的产品差异化和个性化服务等内部规模经济提供了更多可能。一方面，E 国际贸易和 E 国际贸易平台经济下，生产企业和供应商通过互联网和 E 国际贸易平台可以更清晰了解到消费者的差异化需求，从而生产出满足消费者多样化需求的差异化产品；而另一方面，消费者也可以通过互联网和 E 国际贸易平台了解不同供应商在价格、产品性能、包装等各方面的差异，从而决定自己的购买选择。信息流的畅通加快了企业与消费者之间的信息沟通和交流，国际贸易的规模也得以不断扩大。此外，随着 E 国际贸易、信息技术的迅速发展和大数据的广泛应用，不同国家的生产者可以通过提供个性化服务来提供多样的差异化产品。基于互联网的个性化服务可以使生产者跨越国界的限制，即可以把每一位顾客都当作一个潜在的细分市场，实现个性化和柔性化生产。可见，规模经济与 E 国际贸易的融合发展，使生产企业在组织形式、组织结构、经营运念、信息传送方式、环境反应能力、顾客联系方式等方面发生了重大变化，生产的专业化、市场需求的个性化、组织的灵活性可以实现有机结合，从而有效协调了规模经济与个性化的矛盾，实现了生产的规模个性化经营。

四是 E 国际贸易发展丰富了外部经济（外部规模经济）对国际贸易的解释。当规模经济存在于行业内而不是单个厂商内部时，就被称作为外部经济。在传统经济和贸易中，单个厂商不可能提供足够大的服务需求市场来维持众多供应商的生存，从而需要行业的地区和地域上的集中，知识外溢通常通过正式或者非正式的企业间沟通渠道发生在地理位置比较集中的厂商中间。而在 E 国际贸易和电子商务经济下，网络技术的发展突破了传统地理和空间的障碍，企业的生产、产品设计、顾客服务都可以在不同的地方来完成，密集的专业化供应商网络平台就可以实现集聚效应。互联网使得信息流通速度大大加快，知识外溢的速度大大加快，技术人员和消费者可以通过互联网上的各种论坛发表自己的观点和见解，由此导致新产品、新技术层出不穷，国际贸易交换活动也不断发展。

4. E 国际贸易下的自由贸易与贸易保护

自从有了国际贸易以来，有关自由贸易与贸易保护的争论就从来没有停止过，贸易理论史不断证明自由贸易对一国和全球经济增长的意义，也一再提出对于某一国而言特定阶段的保护是必要的。事实上，绝对的自由贸易和贸易保护从来都是不存在的，任何一个国家贸易政策都是自由贸易与贸易保护政策的结合。纵观理论发展的历史，贸易保护理论历经了重商主义、李斯特的保护幼稚产业说、凯恩斯学派、瑞典学派和新制度学派等多个阶段，而自由主义政策也有斯密的古典学派、马歇尔的新古典主义、现代货币主义、理性预期学派、供给学派、弗莱堡学派和哈耶克新自由主义的支持。以两种理论为指导的国际贸易政策也在各国的实践中不断发生着更迭。近年来，随着全球经济持续低迷，新贸易保护主义开始重新抬头，政府干预为主要方式的管理型贸易成为国际贸易政策的主流。与此同时，全球跨境电子商务飞速发展，跨境电子商务向 E 国际贸易过渡并成为下一代主要贸易正在深刻影响自由贸易和贸易保护主义理论与政策。

一是自由贸易是 E 国际贸易发展的主流。上世纪 90 年代中后期以来，随着电子商务的蓬勃发展，以及其在国际贸易领域的应用，E 国际贸易作为一种新型贸易方式开始出现，全球市场从原来的有形空间延伸到无形的虚拟空间，即搭建一个自由、开放、通用、普惠的全球 E 化贸易平台。在这个平台上，亿万消费者可以买全球，中小企业可以卖全球，真正实现全球连接、全球联动。从理论上说，几乎所有国家都会从互联网平台和大数据应用基础上产生的 E 国际贸易中获益。特别是对于广大落后的发展中国家而言，通过加强软硬基础设施建设，大力发展 E 国际贸易，可为这些国家平等参与国际市场竞争，实现经济跳跃式发展提供新契机。可以预见，打破传统的时空地理限制的 E 国际贸易将依托网络贸易平台连接世界，并成为未来全球贸易的主要方式。

二是 E 国际贸易对贸易保护产生了巨大冲击。贸易保护主义，是指在对外贸易中实行限制进口以保护本国商品在国内市场免受外国商品竞争，并向本国商品提供各种优惠以增强其国际竞争力的主张和政策。但在 E 国际贸易和 eWTP 平台经济条件下，一国的贸易保护政策可能失效，这主要是因为：首先，E 国际贸易以“互联网 +”为技术支撑，以满足单个消费需求为切入点，将全球分散的消费需求变成一种市场集成，一定程度上可以避免贸易保护主义的影响。其次，政府监管的技术难度空前加大。由于突破了传统地域空间的限制，E 国际贸易平台的在线交易会使海关监管和征税的难度加大。此外，无纸化贸易成为未来贸易发展的趋势，对一国政府的外贸政策选择和实施简约有效监管职能提出了新的要求。

5. 交易成本理论

交易成本理论认为，只要进行交往交换活动，交易成本就会产生。交易成本是指完成一笔交易时，交易双方在买卖前后所产生的各种与此交易相关的成本。在 E 国际贸易下，由于互联网和信息技术的发展，大数据的广泛应用，贯穿整个国际贸易活动成本，商品和商业信息搜寻成本下降，国际贸易中数据和信息处理速度提升，传统繁杂的国际贸易程序大大简化，国际贸易交易时间大大缩短，库存构成成本下降，售前、售中、售后服务的成本降低，从而降低国际贸易总体成本，提高了制造业生产效率和参与国际贸易活动的效率。

6. 全球价值链理论

随着全球生产网络以及新一轮产业技术革命的大力推动，全球价值链（Global Value Chain，GVC）已成为世界经济大循环中的一个显著特征。全球价值链的快速发展改变了世界经济格局，也改变了国家间的贸易、投资和生产联系。在传统国际贸易下，中小企业难以直接对接世界市场，发达国家跨国公司是全球价值链的主导者，掌控了全球市场和资源，获得了大多数贸易增加值利益。据联合国贸发会议数据显示，跨国公司主导的全球价值链占全球贸易的80%。在E国际贸易下，依托全球E国际贸易平台，国际贸易流程大大简化，交易环节缩短，企业渠道成本和交易成本下降，新兴发展国家和中小企业可以逐步融入国际生产体系和全球分工体系，获得以较低成本参与全球价值链、融入世界经济获得新兴发展的新机遇。

7. 平台经济理论

随着平台经济的蓬勃发展，平台经济理论成为近年来关注的热点问题之一。平台经济实质是全球化、信息化、网络化三大趋势的集大成者，与传统经济相比，平台经济具有双边性、多属性、外部性、服务性、竞争垄断结合等自身特点，与传统经济中市场简单分为买卖双方的单边市场不同，平台经济是以双边市场为载体，双边市场以“平台”为核心，通过实现两种或多种类型顾客之间的博弈获取利润。E国际贸易是数字经济、共享经济、平台经济、信息经济和知识经济的综合表现形态，通过E国际贸易平台进行交易、结算、配送等，汇聚贸易流量，并产生贸易大数据。可以看出，E国际贸易是依托E国际贸易平台的，但E国际贸易绝不仅限于平台与平台经济，平台是E国际贸易的基础设施，依托平台可使单一、分散的个体生产者、中间商和消费者获得或共享更多、更便捷的信息、资源和服务，依托大数据汇集成若干生产者、中间商和消费者选择的集成，这种由个体和新群体形成的贸易流量，将突破现有的贸易壁垒，冲击现有的贸易规则与治理体系，推动贸易规则与治理体系的重构。

（分报告一撰稿人：中国国际经济交流中心陈文玲、颜少君）

参考文献

[1] 陈文玲. "一带一路" 建设开启新全球化伟大进程 [J]. 人民论坛·学术前沿, 2017 (4).

[2] 陈文玲. 现代流通: 国家的核心竞争力 [J]. 南京社会科学, 2016 (3).

[3] 陈文玲. 中国现代流通报告 [M]. 北京: 中国经济出版社, 2016 (4).

[4] 陈文玲. 必须重建国际贸易理论与评价体系 [N]. 中国经济时报, 2011-03-25.

[5] 陈文玲, 刘秉镰, 刘维林. 新经济爆发性增长的内在动因——互联网革命与传统业态变革 [J]. 全球化, 2016 (6).

[6] 中国国际经济交流中心课题组. 互联网革命与中国业态变革 [M]. 北京: 中国经济出版社, 2016.

[7] 阿里研究院. 贸易的未来: 跨境电商连接世界, 2016年跨境电商发展报告 [R], 2016-09.

[8] 阿里研究院. 全球跨境B2C电商市场展望——数字化消费重塑商业全球化 [R], 2015-06.

[9] 阿里跨境电商研究中心、对外经贸大学. 互联网时代的全球贸易新机遇——普惠贸易趋势 [R]. 2015-06.

[10] 杨兆. 纵论国际贸易电子化——关于电子商务在国际贸易行业中的理论和应用问题分析 [D]. 对外经贸大学, 2000.

[11] 史达. 电子商务经济学与国际贸易理论和政策研究 [D]. 东北财经大学, 2004.

[12] 张夏恒. 跨境电商物流协同模型构建与实现路径研究 [D]. 长安大学, 2016.

分报告二

E国际贸易发展趋势及将引发的重大变革

E 国际贸易是对传统国际贸易的“扬弃”，是建立在现代互联网技术、云计算技术，形成大数据流量处理的能力基础上，依托跨境贸易平台的集聚和管理，以数据的流动带动全球消费者和生产者、供应商、中间商集成产生贸易流量，形成国际化、信息化、市场化、社会化、平台化和混沌化的一种全新贸易方式，这种新型国际贸易方式呈现出了新的趋势特征。犹如蒸汽机之于工业革命一样，E 国际贸易不仅突破了国际贸易的时空地理障碍，渗透到国际贸易的全过程，引起了国际贸易、全球生产与服务领域、消费领域、国际分工、世界市场和全球贸易格局的重大变革。

一、E 国际贸易的表征趋势

（一）E 国际贸易是对传统国际贸易的“扬弃”

如今，人类社会正在经历一场深刻的技术革命——互联网革命，互联网革命使整个社会和经济产生了深刻的变化，引发了国际贸易领域的重大变革，特别是大量以跨境电子商务平台为代表的 E 国际贸易平台的崛起和大数据的广泛应用突破了传统国际贸易的时空局限，为跨境电子商务过渡到 E 国际贸易铺平了道路。

1. E 国际贸易发展的前提：互联网革命

自国际贸易产生以来，贸易方式一直都在随着科学技术的发展而不断改进和完善。现代互联网革命是人类发展史上历次科技革命的发展和延续，但其作用范围远远超过前几次科技革命，它将触角延伸到全球的每一个角落，拓展到社会的无数个领域，产生了互联网时代下的互联网与国际贸易结合最具明丽的色彩，成为 E 国际贸易发展的前提。

互联网突破了时间和空间的限制，属于真正的全球化工具。因此，跨越时空的国际进出口贸易与互联网革命的结合似乎必然会引起国际贸易领域的重大变革。互联网技术在商业和国际贸易领域快速发展，改变了传统国际贸易中信息获取、展示、联结的形式，出现了一批新型的电子商务企业，如亚马逊、eBay、阿里巴巴等，传统国际贸易产品与互联网技术不断结合，带来了国际贸易无形商品与服务贸易的大幅增加和传统有形商品的创新，国际贸易流程也由原来的纸质合同、单证以及面对面贸易变为买卖双方通过虚拟方式达成贸易，合同和贸易单证不断电子化，极大地促进了国际贸易效率的提升。互联网技术给国际贸易主体、贸易流程和贸易产品带来的变化，使得国际贸易市场结构发生改变，贸易效率更加优化，促进了全球经济贸易的发展①。

2. E 国际贸易发展的物理载体：E 国际贸易平台

依托平台的国际贸易是指整个国际贸易交易过程包括磋商、签约、货物交付、货款收付等大都在跨境的全球贸易平台上进行的。平台是互联网技术在国际贸易领域应用中最典型、最具有影响力的创新②。从经济学的角度看，依托平台的国际贸易与传统国际贸易比较具有以下特点：

第一，国际贸易运行场所在网络平台上。平台把厂商对产品的营销、谈判、订货、销售、分发、支付等贸易流程的商务活动集中在网上来进行，变为由网上营销、网上谈判、网上订货、网上销售、网上支付等组成的网上国际贸易，形成了虚拟的全球贸易市场。

---

① 阿里跨境电子商务研究中心，对外经贸大学．互联网时代的全球贸易新机遇——普惠贸易趋势［R］．2015 -06.

② 阿里跨境电子商务研究中心，对外经贸大学．互联网时代的全球贸易新机遇——普惠贸易趋势［R］．2015 -06.

第二，超越中间商出现了一批跨境贸易平台型企业。互联网平台的应用改变了国际贸易信息获取、展示、谈判、交易的流程，买卖双方可以跨越中间商直接进行交易，中小微企业乃至个人都可以成为国际贸易主体直接参与国际贸易。与此同时，出现了一批专门从事国际贸易信息收集、分析、处理、咨询及交换并提供相应服务的第三方跨境服务的平台型企业。

第三，信息依托平台成为联系世界市场的纽带。平台网络贸易突破了传统国际贸易的时空限制，国际贸易场所从固定场所转移到了虚拟的网络平台上。国际贸易的地理方向发生了从简单的国与国、区域与区域向全球、多边的网状结构转化，只要与互联网跨境贸易平台实现连接，就能随时随地开展国际贸易，互联网平台上信息在全球范围内的快速流动，形成了真正的全球化市场贸易体系。

第四，空间集聚方式发生了变化。在传统国际贸易的发展中，实体国际市场如义乌市场等的主要优点就是将空间聚集起来，很多人、交易商都聚集在一起。依托互联网贸易平台，所有的生产者、供应商、中间商和零售商，所有的消费者，都集聚在互联网贸易平台上了，商流、物流、信息流、资金流和人员流动都可以在平台上寻找到轨迹。

第五，网络平台国际贸易给一国对国际贸易的监管带来新的挑战，但同时也为国际贸易宏观管理提供了便利。如网络平台贸易导致的关检税费、统计等难题，同时也为政府宏观监管的电子化、便利化提供了机遇。

3. E 国际贸易的基础：大数据的应用

互联网革命引发的国际贸易变革重新定义了国际贸易的内涵和形式。但互联网并不是独立发挥作用的，而是与大数据的广泛应用相结合。随着全球范围内个人电脑、智能手机等移动设备的普及，互联网数据正在以前所未有的速度增长和积累，大数据的广泛应用引发了国际贸易主体行为的重大变化，并成为 E 国际贸易的发展基础条件。

首先，国际贸易主体对信息基础设施和平台的依赖性不断加强。交易前的信息搜集、谈判、决策等国际贸易全流程都离不开信息基础设施和平台，国际贸易主体呈现高度互联网化，加强基础设施和平台建设成为 E 国际贸易最基本的基础设施之一。

第二，国际贸易主体行为的可追溯性。在信息化大数据时代，参与国际贸易的各个主体的行为都被记录下来，形成了可追溯的大数据，国际贸易主体行为日益互联网化和信息化，可以追溯以往。

第三，依托大数据的国际贸易主体行为的可预测性。大数据时代使预测国际贸易市场主体行为尤其是消费者行为成为现实。在大数据时代，互联网平台能够将国际贸易主体的行为数据不间断地记录下来，形成全球生产者、中间商、供应商、零售商等集成数据流量，形成全球消费者的集成数据流量，而积累的这种集成数据流量能够帮助预测分析未来的生产者和消费者行为轨迹，这使国际贸易市场主体行为预测成为现实。

第四，去中心化特征明显。大数据及其分析让所有市场主体在信息获取方面具有了最大限度的对称性，消除了过去以信息不对称获取利益的盈利模式赖以存在的土壤，信息流动变得更公开、透明，产业链分工、主导权遭遇重塑分化，世界变得越来越扁平，“去中心化”特征日益鲜明①。

最后，大数据的广泛应用还对国际贸易中的商流、物流、信息流、资金流、人流产生了深远影响，简化了国际贸易流程，降低了交易成本，减少了国际贸易的风险，促进了全球国际贸易的发展，为创造下一代互联网贸易生态、下一代贸易形态、下一代贸易模式、下一代贸易治理结构和体系奠定了技术基础。

---

① 中国国际经济交流中心课题组. 互联网革命与中国业态变革［M］. 北京：中国经济出版社，2016：56.

4. E 国际贸易的驱动力：全球化大流通

现代流通已经跨越了国界，一切国家的生产与消费都成为世界性的[①]。如今随着现代互联网技术与信息技术的深入发展，全球多极化和多元化的规模和强度前所未有的扩大和加深，国家和地区之间的交流交往不断拓展，具有国际化、社会化、信息化、流程化、混沌化和共享化的现代流通，将逐步成为涵盖全球生产、交易和销售后循环流通的经济运行方式，成为经济全球化的内在驱动力。

未来的全球化不再是某个单一国家的全球化，全球化大流通把所有国家的资源、生产、消费等全部纳入全球现代流通这个大体系和大平台中，推动世界从隔离走向互联，从民族分割走向融合，网络链接程度的加深将弱化国家概念，形成了整体大于部分之和的全球化社会。与此同时，在全球化大流通时代，世界各国综合国力的竞争焦点主要表现在全球供应链和价值链下生产、金融、技术、知识和人才流动的博弈，主要体现为在全球范围内商流、物流、信息流、资金流和人员流动的便利化、共享化和顺畅化，即全球范围内的现代流通能力。信息进入流通成为最活跃的因素，是经济全球化的黏合剂，这是当代流通最显著的特征。流通的本质是开放，是不断地在流通中交换物质、能量和信息，这与 E 国际贸易的本质和内涵是一致的。从绝对意义上讲，跨国界的流通是没有边界的，因此，跨国界流通所能到达的边界是不确定的，其天然地要求突破各种人为的交易障碍，如闭关锁国政策、禁运、经济制裁或关税壁垒等，E 国际贸易也是如此。因此，现代流通是 E 国际贸易发展的内驱力。随着商品、服务、信息、资本、技术和人才在全球范围的共享、流动和重新组合，全球范围内社会化、信息化、混沌化和多维立体的大流通格局将会形成，世界统一市场也会真正形成。

---

① 陈文玲．中国现代流通报告［M］．北京：中国经济出版社，2016:3.

（二）E 国际贸易的主要表征趋势

在互联网技术与云计算等现代信息技术基础上发展起来的 E 国际贸易，与传统国际贸易比较起来，具有鲜明的趋势特征。

1. 平台化与网络化并存

E 国际贸易以电子商务平台为依托进行国际贸易，并衍生出了电子商务交易平台、支付结算平台、物流平台、征信平台等各种平台基础设施，依托这些平台基础设施，E 国际贸易所涉及的商流、物流、信息流、资金流和人员流动在平台上实现了分离与聚合，E 国际贸易呈现出平台化的典型特征。同时，利用现代通信技术和计算机技术，平台依托网络把分布在世界各地不同地点的计算机、电子终端设备和移动终端设备连接起来，实现了商品资源、信息资源等的全面共享，国际贸易呈现网络化特征。

2. 信息化与无纸化并存

E 国际贸易下，信息成为一种独特资源进入流通并成为流通中最大的变量，成为国际贸易的先导性力量。各类要素都呈现信息化和数据化特征，并依托平台形成跨国界的消费者集成、生产商集成、供应商集成、市场集成等的巨大贸易流量信息。同时，E 国际贸易下，交易主体依托信息化实现无纸化操作和交易，卖方通过网络发送信息，买方通过网络接收信息，整个电子信息的传输过程实现了信息化，“无纸化”交易方式代替了传统对外贸易中的书面文件（如书面合同、结算单据等）进行贸易往来，大大简化了国际贸易流程，降低了交易成本，使国际贸易效率提高。

3. 有形商品与无形商品并存

传统国际贸易主要是进行实物交易，是以有形商品为主要内容的贸易，随着电子信息技术的发展与网络的普及应用，越来越多无形商品与服务进入流通与贸易领域，一些数字化产品和服务（如计算机软件、视听娱乐产品、电子书、电影、版权等）贸易量增长迅猛。有形商品贸易与无形商品和服务贸易并存推动实体经济与虚拟经济两种基本经济形态共同发展，有形要素禀赋与无形要素禀赋共同进入全球化大流通，出现有形市场与无形市场的融合发展。

4. 即时性和快速演进性并存

在传统国际贸易中，交易双方受地理时空受限，信息传递存在不同程度的时间差，使信息无法流畅即时地进行传递，这在一定程度上会影响国际贸易的进行。在 E 国际贸易下，跨境电子商务依托网络平台打破了传统时空地理限制，实现了信息的即时传输，在网上实现了传统贸易中的“面对面”交流磋商。一些数字化商品（如软件、电影等）的交易，下单、付款、交货、结算更是可以通过网络瞬间完成，给交易双方带来极大的便利。而且，E 国际贸易的即时性特征减少了传统国际贸易中的中间商环节，使出口商直接面对最终消费者成为可能，提高了贸易的效率。此外，互联网和信息技术变革日新月异，E 国际贸易的即时性特征推动互联网和信息技术快速变革与之相适应，从而使得国际贸易呈现出即时性与快速演进性并存的特点。

5. 去中心化与民主消费交织

在 E 国际贸易下，网络、设备、平台、支付、物流、数据、金融、云计算等都成了基础设施服务，依托这些基础设施，国际贸易可以绕过传统国际贸易的中间商，缩短交易环节，实现供应商乃至制造商与最终消费者之间的直接交易。无数市场微观主体汇聚产生了市场集成，突破了传统地理疆域和行政阻隔，呈现出去行政化、去中心化的典型特点。另外，E 国际贸易下，消费者可以依托国际贸易平台在成千上万的同类乃至同质商品做出选择，使得消费者选择真正成为基本权利，民主制造、民主消费成为未来引导国际贸易生产和消费的重要力量。

6. 碎片化与集成化并存

E 国际贸易使单个企业之间或者是单个企业与单个消费者之间的交易成为可能，国际贸易零售模式开始兴起，这种满足消费者个人需求的跨境零售模式使国际贸易尤其是消费品行业的国际贸易呈现出订单量较多、金额较小的碎片化特征。与此同时，依托平台的 E 国际贸易汇集了全球的消费者、供应商、生产者和制造商，产生了若干消费者形成市场集成，若干制造商、批发商、中间商、零售商市场集成，呈现出集成化的特征。

7. 消费的个性化与趋同化并存

E 国际贸易发展使得国际贸易从以生产者为中心向以消费者为中心转变，在 E 国际贸易下，网络贸易的即时性特征使消费者需求，以及消费者对商品与服务的回馈信息能很快反馈给平台乃至供应商，从而出现更好满足消费者个性化需求的产品（定制产品）和商业模式（C2B）；另外，网络经济下消费者对商品与服务的正回馈信息会产生集聚效应，若干个性化需求通过正反馈集聚效应形成了趋同化的消费行为和消费者需求偏好，产生了需求方的规模经济效益，E 国际贸易呈现消费个性化与趋同化并存的特征。

8. 多边化与全球化并存

在 E 国际贸易下，国际贸易不再局限于两国之间的双边贸易，依托平台可以将贸易过程中涉及的信息流、资金流、物流向多边演进和拓展，并呈现网状的多边化结构。如俄罗斯的居民可以通过美国的跨境电子商务交易平台、中国的支付结算平台、新加坡的物流平台，来实现其他国家间的直接贸易。此外，建立在互联网平台上的国际贸易，实现了全球互联，突破了传统国际贸易对地理时空的限制，凸显出全球性的特征，形成了一个真正意义上的全球化大市场和大流通的平台体系。

二、E 国际贸易发展将引发国际贸易领域的重大变革

国际贸易的 E 化，以及 E 国际贸易作为下一代主要贸易方式和贸易形态在国际贸易领域的广泛应用，带来了国际贸易主体、国际贸易流

程、国际贸易服务体系等的重大变革与创新，使国际贸易运行机理出现重大变化，引发了国际贸易流向、空间集聚方式的重大改变，国际贸易模式的创新，使信息成为国际贸易先导性因素。

（一）国际贸易主体发生重大变化

E 国际贸易是互联网和云计算技术在国际贸易领域广泛应用而产生的新型贸易方式和下一代主要贸易方式，作为一种新型贸易方式，第三方跨境服务平台的出现使得国际贸易主体发生了重大变化：

一是出现了一批新型的跨境电子商务虚拟平台型企业，他们利用现代化信息沟通技术将全球的企业个体编成一个网络平台，完成单个企业不能承担的市场功能，向世界市场提供产品或服务。在这样一个平台上汇集了全球生产者、供应商以及全球消费者，产生了生产者集成、供应商集成和消费者集成，形成了由大数据流动带动的巨大贸易流量。

二是虚拟平台企业成为一个开放系统。在这样的系统中，传统的进出口货物所要走的流程都转变为在网上进行，传统的代理、代销等多种贸易方式呈现一体化发展，辐射到世界各个角落，世界各国各地区的贸易商和生产商都可以享受到一种全方位、广领域和多层次的一条龙贸易服务，各个厂商之间可以互相沟通交流，不但打破了传统贸易时间和空间的限制，而且可以淘汰那些服务态度差、信息不对称，并且趁机从中间赚取一定差价的中间商。

三是 E 国际贸易使交易的复杂流程和手续大大简化。各类企业，大型企业、中小企业、微型企业乃至个体都可以参与国际贸易，走向世界，并将贸易主体不断延伸和丰富。

四是 E 国际贸易使消费者直接作为贸易主体参与进出口活动成为可能。E 国际贸易下消费者购买进口商品不一定需要通过国内进口商，直接可以通过平台实现进口购买和消费，作为贸易主体直接参与国际贸易。

表 2－1　E 国际贸易下经营主体与传统国际贸易经营主体的区别

	E 国际贸易下经营主体	传统国际贸易下经营主体
性质	E 国际贸易主体依托平台形成了生产者集成、供应商集成和消费者集成，产生了巨大的贸易流量和集成效应	传统国际贸易下经营主体分散，不能产生贸易流量和集成效应
规模大小	无关规模大小，跨国企业、中小企业、微型企业乃至个人都可参与	规模较大，以跨国公司和大型企业为主
交易涉及的经营主体数量	数量较少，中间商可有可无，个人可以直接作为贸易主体参与进出口活动	经营主体较多，贸易活动需要通过各种贸易中间商进行
经营主体性质	电子商务虚拟企业或虚拟与实体企业并存	线下实体企业为主
有无平台	依托平台，贸易全过程涉及的各主体为一个统一开放系统中，信息对称	无平台，系统封闭，信息不对称
交易特点	交易金额较小，频次高	交易金额较大，频次较低
市场功能	集聚了消费者、生产者和供应商，形成了一个合作组织形式和合作网络，市场功能强大	市场功能单一

资料来源：课题组整理得出。

（二）国际贸易流程出现颠覆性变化

在传统国际贸易下，一种商品跨国到达消费者手中需要经过国内的供应商、出口商、国外进口商、国外零售商等国际贸易主体，需要经过交易前的准备工作、磋商、合同订立、合同履行等环节，而 E 国际贸易使得流程和环节大大简化。

一是需要经过的国际贸易主体减少了。如图 2－1 所示，在 E 国际贸易下，依托互联网国际贸易平台，不再需要单一功能的出口商和国外进口商，甚至国外零售商也可以不存在。

二是 E 国际贸易下贸易流程更加方便透明。E 国际贸易给传统国际贸易下的贸易流程带了巨大冲击。在传统国际贸易下，国际贸易的每

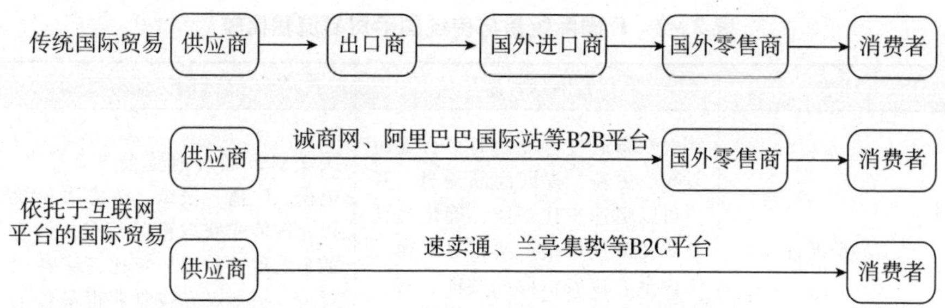

图 2－1　E 国际贸易与传统国际贸易下经营主体数量变化

个环节都是环环相扣的，一旦在某个环节出了问题，其余的都会受到影响。传统国际贸易首先需要进行大量交易前的商品信息搜寻和整理工作，并发布相关信息。然后要根据询价、发价、还价和接受四个环节进行面对面的磋商谈判，在完成了贸易的准备工作以及供需双方经过磋商就贸易交易条件达成一致后，才开始进行第三个环节，即订立合同，最后才是合同的履行。在 E 国际贸易下，依托互联网国际贸易平台，查找自己所要购买商品的企业信息以及产品信息即信息搜集成本，交易前准备工作的成本大大降低，这是传统国际贸易无法超越的；同时，以互联网为平台进行的磋商交易已经取代了传统面对面的磋商交易，通过互联网产生的电子订单也取代了过去以签字为主要方式的纸质合同，更加安全、方便、快捷。在合同履行阶段，以互联网为平台，以信息技术为主要手段的 E 国际贸易将贸易交易的各个环节连接到一起，买卖双方通过 E 国际贸易平台可以将货物订单通过网络系统自动生成，节省了人力的浪费。同时，在货物的安全性、货物运输的实时跟踪以及在线支付货款方面都有了明显的突破和创新。这样，电子商务带来的合同履行方面的改变，不仅降低了相对应的投资成本，而且也使贸易交易的流程简化，并实现了相对应单据的自动化传输。

表 2－2　E 国际贸易与传统国际贸易流程比较

<table>
<tr><th colspan="2">环节</th><th>E 国际贸易</th><th>传统国际贸易</th></tr>
<tr><td colspan="2">交易前准备</td><td>买卖双方通过跨境电商平台随时发布、更新、查询商品信息。买方可以迅速货比多家，确定最佳货源和最优价格；卖方可以通过平台全方位展示商品性能、利用现代通讯手段即时释疑解惑，快速锁定客户</td><td>买卖双方通过博览会、交易会、电视、广播、报纸、杂志等传统媒介宣传或获取产品信息，信息的不对称性较强，货比三家耗时耗力，买卖双方较难获得最佳的货源和最低的价格</td></tr>
<tr><td rowspan="2">交易磋商</td><td>贸易磋商</td><td>以互联网为平台进行网上磋商交易，信息通过即时通讯手段、各种电子单证、标准电子报文网上传递</td><td>要根据询价、发价、还价和接受四个环节进行面对面的磋商谈判，信息通过邮寄、电话、传真等进行传递</td></tr>
<tr><td>合同签订</td><td>电子订单</td><td>纸质合同</td></tr>
<tr><td colspan="2">合同履行</td><td>网络支付、在线履行货款支付与收货，自动生成的网络订单实现货物运输实时在线跟踪；电子通关、政府网络平台实现出口退税、进口许可证等履行环节的简化</td><td>传统跨国支付周期长、付款与收货未知风险大，无法实现运输实时跟踪。出口退税、进口许可证等环节履行手续复杂</td></tr>
</table>

资料来源：课题组整理得出。

（三）贸易服务能力大幅度提升

E 国际贸易由于跨境电子商务的广泛应用摆脱了以往的繁琐，更加便利、便捷了。互联网、现代信息技术和大数据的广泛应用，引发了国际贸易服务体系的重大变革，形成了基于平台的服务体系（见表 2－3）。

1. 交易方式和工具的电子化、标准化

电子数据交换的出现和现代信息技术的快速发展，从传统纸质书面贸易逐渐发展成为无纸贸易，它把平常贸易活动中所需要的工具例如产生的订单、货物发票、货物提货单、海关的申报单以及进出口需要的许可证等信息，通过网络方式将标准化的国际协议文件传递给对方，这使得传输速度大大提升，成本和出错率大大降低。同时，国际贸易呈现平台化发展趋势，交易工具的变革推动倒逼形成适应时代发展要求的下一代贸易方式，推动全球网络、基础设施乃至全球经贸规则的趋同，推动形成真正的全球统一大市场。

2. 物流服务体系形成基于平台的新体系

E 国际贸易引发了物流的重大变革主要体现在：

一是物流运输的重大改变。传统的国际贸易运输以海运、集装箱为主，而 E 国际贸易使得买卖双方可以越过中间环节直接进行交易，小微企业甚至个人都可以参与到国际贸易中来，带来了跨境网络零售的发展，小订单、多频次订单日渐增多，出现大量的国际邮政小包和国际快递业务。

二是物流经营模式的重大改变。传统的国际物流主营业务为运输，主要解决生产与消费之间空间和时间的隔离，与生产和消费之间存在信息和功能的隔离。而 E 国际贸易的发展使得国际物流在商业模式上发生根本性改变，将物流与供应链管理结合起来，由原来的单纯负责运输，到与生产企业、供应商和购买商等贸易各方结合起来，进一步帮助企业实现从原材料到产成品，从供应商到终端消费者的整个供应链流程的重构与优化。这样不仅缩短了物流周期，而且控制了高速物流的正确性和可靠性。

三是出现了 E 国际贸易平台与物流的协同发展。随着 E 国际贸易与物流的协同发展，物流模式向多元化、多样化发展，除了国际邮政包裹、国际快递外，还有海外仓、边境仓、自贸区物流、集货物流、第三方物流和第四方物流等多元化企业，形成凌驾且包含于第一、二、三、四、五、六、七方物流模式的新型物流模式。

3. 支付体系的便利化

在传统的国际贸易支付环节中，支付方式是通过信用证以及托收等方式来实现的，同时还需要一些书面单据例如本票、汇票和支票。E 国际贸易下，电子支付系统和电子单据替代了传统的纸质单据，有关信用证和单据的转账和结算都在网上进行，跨境国际贸易平台的支付系统将银行与客户之间联系一起，金融机构可以通过互联网满足不同顾客的需求，实行差异化服务，而不再需要现场办理业务，同时客户也可以在任何一个有网络的地方来进行自己的金融业务的办理以及网上购物和支付，使得成本大大降低。此外，E 国际贸易的发展不断要求支付手段创新，出现了 PayPal、支付宝等灵活、简单的跨境网上支付系统。

表 2-3　E 国际贸易与传统国际贸易下贸易服务体系的对比

<table>
<tr><th colspan="2"></th><th>E 国际贸易下贸易服务体系</th><th>传统贸易下贸易服务体系</th></tr>
<tr><td colspan="2">交易工具</td><td>无纸贸易，贸易活动中的交易工具呈现电子化、标准化。例如产生的订单、货物发票、货物提货单、海关的申报单以及进出口需要的许可证等都是电子化和标准化的，并通过网络将国际协议文件等信息传递给对方，成本较低</td><td>纸质贸易，贸易活动中产生的订单、货物发票、货物提货单、海关的申报单以及进出口需要的许可证等需要通过信件、传真和长途国际电话等工具，耗时耗力，成本较高</td></tr>
<tr><td rowspan="3">物流体系</td><td>物流运输</td><td>跨境网络零售的发展，小订单、多频次订单日渐增多，出现大量的国际邮政小包和国际快递业务</td><td>传统的国际贸易运输以海运、集装箱为主</td></tr>
<tr><td>物流经营模式</td><td>E 国际贸易使国际物流商业模式改变，物流与供应链管理结合，帮助企业从原材料到产成品，从供应商到终端消费者的整个供应链流程的重构与优化</td><td>传统的国际物流主营业务为运输，主要解决生产与消费之间空间和时间的隔离，与生产和消费之间存在信息和功能的隔离</td></tr>
<tr><td>物流模式</td><td>出现 E 国际贸易平台与物流的协同发展，物流模式向多元化、多样化发展，除了国际邮政包裹、国际快递外，还有海外仓、边境仓、自贸区物流、集货物流、第三方物流和第四方物流等多元化企业</td><td>单一物流运输模式</td></tr>
</table>

续表

	E 国际贸易下贸易服务体系	传统贸易下贸易服务体系
支付体系	E 国际贸易下，电子支付系统和电子单据替代了传统的纸质单据，有关信用证和单据的转账和结算都在网上进行，并促使支付手段不断创新，出现了 PayPal、支付宝等灵活、简单的跨境网上支付系统	传统国际贸易支付环节中，支付方式是通过信用证以及托收等方式来实现的，同时还需要一些书面单据例如本票、汇票和支票

资料来源：课题组整理得出。

（四）国际贸易运行机理发生重大改变

以互联网和云计算为基础的 E 国际贸易对国际贸易领域的影响是多维、多方面的，E 国际贸易下贸易空间集聚形态和方式呈现虚拟化、去中心化，引起了信息流、人流、物流和资金流的变动，并使得信息流成为 E 国际贸易的主导力量。

1. 贸易空间集聚方式呈现虚拟化、去中心化

随着互联网的普及和跨境电子商务的迅速发展，E 国际贸易越来越壮大，单一的实体贸易公司、批发市场、贸易中心和采购中心地位下降，跨境电子商务交易平台成为国际贸易的首选。在传统国际贸易的发展中，实体国际市场如义乌市场等的主要优点就是将很多人、交易商都聚集在一定时间、地理空间上，义乌市场成为实体的全球采购中心和国际贸易中心。而 E 国际贸易，依托互联网贸易平台，所有的生产者、供应商、中间商和零售商，所有的消费者，都集聚在互联网贸易平台上，商流、物流、信息流、资金流和人员流动都可以在平台上寻找到轨迹，国际贸易从线下交易向线下线上交易并存的转变，市场也从线下有形市场向线上无形市场转移，这种空间集聚方式产生了集成效应和规模经济效应要远大于某单一实体市场产生的空间地理集聚，从而使得传统国际贸易的规模、经营方式、组织形态及是产业格局发生根本性的变

化，贸易的空间形态集聚方式呈现虚拟化和去中心化态势。

2. 虚拟的跨境贸易平台成为 E 国际贸易的物理载体

作为互联网引发的贸易业态变革的产物，E 国际贸易的发展使得一批以经营平台为特征的巨型企业迅速发展，平台将相互依赖的生产者、供应商和消费者等不同群体集聚在平台这个载体上，形成低成本高效率的点对点联结，并使整个国际贸易交易过程包括磋商、签约、货物交付、货款收付等都呈现平台化的典型特征。

E 国际贸易下，国际贸易的运行场所即为网络平台，信息依托平台成为联系世界市场的纽带，促使一般贸易、小额贸易、边境贸易和采购贸易等传统贸易方式，不断向各国共同认可的、包容的，以平台为物理载体的 E 国际贸易方式演进。

基于大数据和云计算等现代信息技术的广泛应用，以跨境贸易平台为公共基础设施的 E 国际贸易将使得全球市场形成一个商流、物流、信息流、资本流和数据流的虚拟中心，这种平台引发的贸易流量打破了传统的行政疆界垄断，有形疆界将渐次消失，无形网络平台体系成为全球新的经济联系和联接，并将成为新型全球化的推进器。

以平台为载体的 E 国际贸易改变了国际贸易信息获取、展示、谈判、交易的流程，改变了单个企业尤其是中小微企业产生规模经济的条件。依托市场范围极为广泛的平台，生产者可以与消费者直接交易，尤其是中小微企业可以摆脱规模小的不利影响，不受地域限制，向全世界消费者提供服务。

3. 信息流成为国际贸易的先导性和主导性力量

传统的国际贸易是由商流引起的，商流在国际贸易中占领主导地位，有了商流才会有人流、物流、资金流和信息流。但是，随着 E 国际贸易的产生以及迅速发展，商流的作用和地位逐渐减弱，取而代之的是信息流，强大而且高效的信息流越来越具有主导的趋势。近两年，各种互联网跨境贸易平台，如小红书等，这些互联网平台对消费者具有非常大的导向作用，会引导消费者进行消费，各种贸易平台和企业都会被这些信息流所充斥，并左右他们的选择，从而使信息流主导商流。展望未来，信息流将成为国际贸易中的先导性力量，平台企业最终将很有可能决定着商贸企业的命运。此外，信息流对商流的影响不仅仅是在商业平台上，而且为广大国内外消费者提供了创意平台。在这个新颖的平台上，任何一个人都可以根据自己的想法和意愿来一块设计他们心中理想的产品，并为自己的产品给一个合理的定价，从生产到最终的产品形成都可以由他们自己设计，企业根据他们的设计来择优选择产品进行生产，从而根据顾客的意愿来满足更多消费者的共同需求。从这里也可以看出，信息流的地位和作用越来越大，已经成为决定生产和销售的导向。对于国际贸易而言，E 国际贸易产生的信息流给交易双方带来了强大的信息量，商流逐渐向网上转移，人流减少，物流随之增加，使得国内贸易和国际贸易在零售和批发上的界限越来越模糊，呈现内外贸一体化，也因此减少了交易环节，节省了不必要的费用。

表 2-4　E 国际贸易与传统国际贸易下运行机理的变化

	E 国际贸易运行机理	传统国际贸易运行机理
空间集聚方式	虚拟平台集聚，去中心化。集聚世界各地的生产者、供应商、中间商、零售商和消费者于虚拟的跨境贸易平台上	实体贸易中心集聚。将很多人、交易商都聚集在一定时间、地理空间上，如义乌国际贸易中心等有形市场
平台	依托平台的 E 国际贸易使整个国际贸易交易过程包括磋商、签约、货物交付、货款收付等大都在跨境的全球贸易平台上进行，平台成为 E 国际贸易的基础设施。有形与无形贸易场所、贸易地理流向呈现全球化和多边的网状结构，信息流动快速，形成了真正的全球化市场贸易体系	国际贸易有固定场所，贸易地理流向单一，信息流动较慢，相对封闭，全球市场割裂

续表

	E 国际贸易运行机理	传统国际贸易运行机理
信息	信息流成为国际贸易和 E 国际贸易中的先导性力量，并决定生产和销售的导向，商流逐渐向网上转移，人流减少，物流随之增加，使得国内贸易和国际贸易在零售和批发上的界限越来越模糊，呈现内外贸一体化，也因此减少了交易环节，节省了不必要的费用	商流在国际贸易中居于主导地位，有商流才会有人流、物流、资金流和信息流

资料来源：课题组整理得出。

三、E 国际贸易发展将引发生产与服务领域重大变革

E 国际贸易是伴随着全球化经济与互联网革命而产生和发展起来的。现代信息技术快速发展，互联网革命及互联网在全球迅速普及，大数据的广泛应用，使得现代国际商业与贸易具有不断增长的供货能力、不断增长的客户要求和不断增长的全球竞争三大特征，使得任何一个商业组织都必须改变自己的组织结构和运行方式来适应这种全球性的发展和变化。E 国际贸易正是在这种背景下发展起来的，它可以使全球的商家与供应商更紧密地联系，更快地满足全球消费者多样化的需求，也可以让商家在全球范围内选择最佳供应商，在全球市场上销售产品。因此，E 国际贸易绝不会停留在国际贸易阶段，而是不可避免地延伸到生产领域和服务领域。

（一）E 国际贸易将是国际生产领域的重大变革

随着互联网技术和经济全球化的不断发展，E 国际贸易在国际贸易中的重要性日益凸显，将成为下一代主要贸易方式，它大大缩短了全球生产者和消费者的距离，提高了制造企业的贸易广度和获益能力，必将对国际生产领域产生重大影响。

1. 对生产企业的影响

E 国际贸易对生产企业的影响主要体现在以下几个方面：

第一，E 国际贸易推动传统生产企业管理变革与创新。E 国际贸易不仅仅是简单地将国际贸易从线下转移到网上，还推动了传统生产企业营销、管理与生产模式的深刻变革。E 国际贸易从根本上改变了传统消费者与生产厂家之间的关系，借助互联网等电子工具，E 国际贸易绕过传统的渠道商和批发商，仅经过工厂、在线平台即可把产品直接送到世界各地的消费者手中，因此，电子商务成为生产企业管理的战略手段，国际贸易流程更加扁平，生产企业也呈现电子化和平台化趋势。

第二，将出现一批生产更具灵活性的弹性企业。全球生产者与消费者在跨境贸易平台上的集聚打破了传统的生产、流通、消费等环节，基于数字平台的跨境协作和大量中小微企业加入国际贸易市场主体中，受利益驱动，他们能够很快根据全球市场需求的变化，为客户要求的产品进行设计、加工生产，企业的生产方向和组织可能随时发生变化，经营更加灵活，形成更加虚拟的、数字化的全球生产网状结构。

第三，促进了生产企业的全球化。在传统国际贸易中，跨国公司是国际贸易的主体。E 国际贸易降低了参与国际贸易的市场准入门槛，为全球中小企业提供了平等参与国际贸易、融入全球市场发展新机遇。在传统国际贸易下，中小企业由于受成本、风险等因素制约，在同国外买家进行沟通、获取服务支持及参加外贸展会等方面存在短板或障碍。但 E 国际贸易高速发展的环境下，依托跨国贸易平台，中小企业可通过海外营销，绕开中间环节，直接与来自发展中国家和地区的供应商以及全球消费者互动和交易，使全球化红利的受益者更广泛。长尾独特商品及制造商将通过跨境贸易平台在全球市场中获得独特的地位。

2. E 国际贸易将倒逼制造业转型升级

如今，整个世界正在走向个性化消费、个性化生产的第四次工业革命时代。E 国际贸易正是顺应了这一世界市场发展的新潮流。消费者需求的多样化、多层次、个性化，对企业的产品质量、研发设计、品牌销售和快速反应能力提出了更高要求。

第一，E 国际贸易将改变生产企业的生产模式。在传统国际贸易中，企业生产主要是根据对全球需求的预测，先组织生产，然后再寻求订单。在 E 国际贸易下，基于电子商务的生产模式是需求拉动型的生产，互联网、大数据技术将跨国生产企业和消费者紧密联系在一起，使消费需求数据、信息得以迅捷地传达给生产者和品牌商。生产商根据市场需求变化组织物料采购、生产制造和物流配送，使得生产方式由大批量、标准化的推动式生产向市场需求拉动式生产模式转变。生产企业可以直接根据订单组织生产，缩短产品的生产周期，同时减少了商品的库存时间。

第二，生产的标准化与需求多样化之间的竞争更加激烈。销售方式决定生产方式。在大众营销、大批量分销订货、同质性消费的模式下，不可能产生柔性化生产的需求，但互联网释放了消费者的个性化消费，使全球范围内同质产品之间的竞争更加激烈，也催生了新的销售模式和生产方式。制定全球通用的行业标准，实现全球范围内生产的全球化和网络化是跨国公司在国际贸易中取胜的法宝，与此同时，E 国际贸易下需求多样化特征更加明显，促使跨国公司和生产企业必须考虑生产和提供具有当地特色的产品和服务，以满足不同国家和地区消费者的不同偏好。

3. E 国际贸易推动国际贸易与制造业融合发展

E 国际贸易促进了国际贸易与制造业的融合发展，使全球成为统一的生产链、价值链和服务链。E 国际贸易通过平台集聚全球生产者和消费者，全球消费者的市场集成产生的贸易流量将进一步推动全球的制造业，即消费互联正在走向产业互联，形成跨国界、跨行业、跨领域、跨业态的崭新的产业链、供应链、服务链、价值链，实现了全球贸易与制造业的融合发展。同时，信息和数据通过平台的集聚使得全球的商流、物流、信息流、资本流和人员流动在平台实现集聚与分离，并最终促成全球化大流通体系与世界统一大市场体系。

（二）E 国际贸易将使国际服务领域发生重大变革

E 国际贸易的快速发展，推动了全球服务与技术贸易的发展，服务贸易与技术贸易将成为国际贸易主要方式之一，世界经济的产业结构随之发生重大变化并向高级化发展。信息业成为一个新兴的行业，世界市场竞争更加激烈，迫使企业不断提高生产效率，降低生产成本，加速商品的流动，从而推动世界技术的进步。

E 国际贸易突破了服务业和服务贸易固有的时空限制。服务产品的生产与消费在时空上的高度一致性是传统服务业的一个主要特征，这种限制使得服务贸易只有在消费者和生产者彼此接近的条件下才能达成。国际贸易的 E 化，使得人们可以在互联网上从事金融、广告、会计、设计、法律咨询、技术咨询、数据处理、文化、娱乐、教育、医疗等服务，只要国际服务贸易市场的开放程度纳入一定的规范，各种服务品就具备了“可贸易”物质条件，可以畅通无阻地进入国际贸易领域。此外，信息新兴产业的兴起，信息传递或信息交换的过程加速，传统服务业的效率得以提高，成本得以降低。

E 国际贸易促进了服务企业的平台化和全球化。E 国际贸易下，国际交易各环节越来越多地依托线上平台实现，未来更多的流程与服务，包括品牌营销、交易对手方征信等也会在平台上迅速聚集，乃至交易和支付等核心环节也可通过平台来实现。E 国际贸易降低了交易成本，参与国际贸易的市场准入门槛随之降低。数以亿计的消费者通过平台直接完成跨境消费，大量的中小厂商一跃成为交易的直接买方，并带来了国际贸易服务外包和咨询培训等巨大需求，产生了包括海量数据的管理、分析、信息安全和消费者隐私保护等的新兴的增值服务机会。由此，跨境贸易平台的性质也不断演变，从单一的交易平台逐步向汇集交易相关各方，实现服务交付和信息共享的准公平平台和枢纽转变。围绕跨国贸易平台与枢纽，将涌现更多全球性第三方服务商，以及充分利用数字化技术手段的专业化服务平台企业。

E 国际贸易融合了服务贸易和货物贸易，是推动外贸转型升级的重要方式。首先，快速发展的 E 国际贸易给企业带来了巨大的压力，面对来自全球市场的激烈竞争，企业需要为客户和消费者提供满意的商品与服务，而不再仅仅是销售商品，整合供应链成为现代跨境电商企业的发展趋势，需要把供应商、制造商、仓库、配送中心和渠道商等有效地组织在一起来进行产品的制造、转运、分销及销售①，在同一商品价值链下，生产企业与服务企业界限开始模糊，服务贸易与货物贸易深度融合，所有合作方企业必须加强与供应链合作伙伴的协同来增强整条供应链的竞争优势，从而在市场中共赢共存。其次，出现专门从事外贸综合服务的平台型企业。传统的外贸流程复杂，中间商较多，中小微企业很难直接参与到外贸中去，E 国际贸易的发展催生了外贸综合服务平台型企业，它们通过互联网 IT 技术实现业务流程的标准化和规模化。将分散的中小企业进出口的资源进行整合，化零为整，将繁杂的外贸流程化简，通过单一窗口简化操作流程，全面掌握信息流、物流和资金流，改变风险结构，降低了中小外贸企业的成本，使得贸易便利化水平得到了发展。

四、E 国际贸易发展将引发消费领域的重大变革

E 国际贸易不仅引发了全球生产与服务领域的重大变革，还引发了消费者福利、消费效应乃至消费场景与模式的重大变革与创新。

（一）消费者福利得以提升

首先，E 国际贸易能更好满足消费者多样化、多层次需求，消费者

---

① 阿里跨境电子商务研究中心，对外经贸大学．互联网时代的全球贸易新机遇——普惠贸易趋势［R］．2015－06.

选择性大大增加。E 国际贸易平台上汇集了世界各地不同种商品、同种商品的不同种类，可替代性产品增加，消费者可以在网上便捷快速地了解更多的商品与服务的相关信息，可以对多样化的同类商品与服务进行比较，选择符合自己需求的商品和服务，消费者选择权大大增加。

其次，在以现代信息技术为基础的虚拟的世界市场平台上，信息不对称大大下降，市场价值规律能够得到充分发挥，同质产品之间的激烈竞争使消费者能够享受到更加质优价廉的商品与服务。

第三，E 国际贸易大大缩短了国际贸易流程和环节，尤其是跨境零售兴起为消费者跨国消费提供了便利，节约了消费者的购物时间，消费福利得以提高。

第四，E 国际贸易最大限度地缩短了生产与消费间的距离，使得按需生产在技术上成为可能。

（二）产生了消费者规模经济效应

在传统经济与国际贸易中，规模经济通常只与生产者有关，即所谓的供给方规模经济。但在电子商务和 E 国际贸易中，不仅存在着供给方规模经济，而且还有需求方规模经济，即消费者规模经济效应。需求方规模经济是依靠需求方市场规模的扩大，带来购买力的上升以增加生产者收益。在电子商务和 E 国际贸易环境中，由于信息的主要载体是互联网，所以需求方规模经济就体现在通过互联网在消费者群体中产生的影响，这就是网络外部性，或称为正反馈效应。跨境贸易平台集聚了全球的生产者和消费者，海量信息和冗余信息并存，大大增加了信息的搜寻成本。因此，人们通常以别人的选择作为自己选择的重要参考。随着某种商品和服务的用户数增多，商品市场规模的不断扩大，网络效应所带来的不断自我加强的正反馈作用开始显现：购买某种商品的人越多，这种商品的外部正效应就越大，消费者对这种商品的评价就越高，就会有更多的消费者来购买。可见，E 国际贸易下，互联网革命与网络的全球化使得信息的流动大大加快，一种产品和服务通过网络平台的展示和营销可以行销天下，对全球消费者有统一的示范效应，使世界消费偏好有趋同倾向。同时，一种消费理念、消费时尚也可以通过互联网平台在世界各地快速地传播，使全球消费者偏好呈现趋同化，并突破传统的边际效益递减规律，呈现巨大的规模经济效应。

（三）开创了新的消费场景与商业模式

E 国际贸易开创了新的消费场景与商业模式。E 国际贸易的快速发展伴随着产生了一系列的国际贸易消费新场景与新商业模式。跨境 B2B、B2C 模式演变成了跨境 C2B、O2O 模式和社区共享模式。

E 国际贸易与互联网革命最大限度地缩短了全球生产者与消费者间的距离，使得按需消费，即跨境 C2B 模式在技术上成为可能，国际贸易产品与服务的主导权从以企业生产者为中心向以消费者为中心转变。

O2O 模式开始被应用到传统的国际贸易中。尽管当前跨境电子商务发展迅速，但单纯的线上交易存在一定弊端，质量、效果到底怎么样并不知道，购买具有一定风险。而传统模式下的线下交易成本较高，受时空限制，成本较高，E 国际贸易的发展催生了线上线下结合的跨境电商 O2O 模式，使得消费者能够享受线上线下的双重服务，真正不出国门就能实现跨国的消费与体验。跨境电子商务这种新模式使得传统的零售国际贸易变得更为简单，打破了在国家间进行零售贸易的障碍，消费者福利也得以提高。

社区社交共享模式是利用移动互联网实现基于社区关系的交易渠道、共享经济模式和业态，如小红书等，基于社区，通过分享购物心得，产生跨国消费的流量。

五、E 国际贸易发展将引发全球贸易格局的重大变革

国际分工和世界市场是国际贸易的基础，没有国际分工和世界市场，就没有国际贸易。国际贸易的发展随着国际分工深化和世界市场扩

大而不断发展，国际分工和世界市场的发展水平决定着国际贸易的广度、深度和方式。E 国际贸易的出现对国际分工和世界市场产生了深远影响，国际贸易格局也随之发生了许多新的变化。

（一）E 国际贸易下国际分工的新特点

信息化和平台化是 E 国际贸易的基本特征。互联网革命和大数据的广泛应用，使现代国际贸易和经济中的生产、流通、分配和交换环节发生了根本性的变化。国际交易中的信息获取与处理效率大大提高，交易成本大大下降，商品、资本在国际的流动性增强，物流速度加快，网络和平台贸易突破了部分关税壁垒和非关税壁垒对贸易的阻碍，从而促进了国际分工向更深层次发展。

E 国际贸易发展促进了国际分工的深化和专业化水平的不断提高。互联网导致了国际贸易业态的变革，催生了 E 国际贸易这种新型的贸易方式，使得全球贸易平台大量崛起，出现了一大批专门从事信息服务、交易服务和外贸综合服务的平台型企业，通过互联网平台可以汇集全球范围的专业供应商，而且还不会使规模经济效益受损。同时，全球统一大市场的形成，使商流、物流、信息流、资金流和人流速度大大加快，专业化水平不断提高，国际物流也从传统的国际运输服务向物流与供应链管理协同发展转变，仓储管理、独立化的运输配送及配套的供应链管理成为其主要功能，出现了一批以物流为专业化基础的供应链企业。

E 国际贸易下国际分工依赖的基础向信息转变。在传统经济形态中，土地、劳动力、资本等是重要的生产要素，而在 E 国际贸易中，信息成为最重要的生产要素和独特的重要资源。信息作为要素禀赋进入流通，将产生明显的价值倍加效应，其被重复使用的次数越多，被消费的次数越多，增加的价值越大，其实现的效用就越大。信息作为要素在流通过程中非但不被消耗掉，还实现价值倍增的特征，是其他要素无法比拟的。此外，基于特定信息形成的大数据还可以引导全球生产和消费，产生集聚效应。信息和信息基础设施成为新时期国际贸易中的比较优势，掌握较多的信息和拥有高水平的信息基础设施会使得一个国家在国际贸易占据更主动的地位。

E 国际贸易下国际分工呈现虚拟化和全球化发展新态势。在 E 国际贸易下，开放的全球网络贸易平台汇集了全球范围内的生产者和消费者，同种产品竞争更加激烈，充分利用外部资源协作整合（服务外包），精简产业链，集中资源发展核心业务成为越来越多参与国际贸易的企业的自主选择。利用互联网平台在全球范围内组织生产，进行服务外包，优化资源配置，使全球范围内分工成为可能。

（二）E 国际贸易下世界市场的新变化

世界市场是伴随着国际分工的拓展而逐步形成的，是各个国家和地区之间以商品流通为主要内容的经济活动的总和。传统的世界市场受到空间和时间的限制，随着互联网引发的国际贸易业态变革，E 国际贸易的产生和发展，世界市场越来越由一个地理和时间空间上的概念（即国际进行经济交往的场所和领域），发展为一个抽象的经济概念，即开放的、多维的、立体的、虚拟的世界市场：全面开放的市场空间，突破了传统国际市场必须以一定地域存在为前提的条件，全球以信息为纽带、网络为平台连成一个真正、统一的全球大“市场”。在这样的世界市场中，全球成为一个信息充分流动的数字化整体世界，传统的商业模式、贸易模式和贸易方式被替代和革新，世界市场呈现虚拟化趋势，将产生全球统一的虚拟市场。

市场规律与规则将在全球范围内发生作用。全球虚拟市场平台的形成，突破了以往国家地理障碍，使商品与劳务等有关信息能在全球范围内充分准确地流动，同等质量的商品或质量相似的商品之间的竞争更加激烈，市场价值规律将在全球范围内充分发挥作用，将推动全球自由贸易发展。此外，电子商务在国际贸易中的广泛应用使得国际贸易环节和流程大大简化，出现大量新型的外贸综合服务平台型企业和物流供应链管理企业，国际市场交易规则也随之改变。

E 国际贸易推动全球市场从以生产者为中心向以消费者为中心转变。在 E 国际贸易活动中，买卖双方可以通过互联网平台直接沟通、交易，消费者可以在线搜寻自己所需要的商品和服务，选择能令自己满意的交易对手和自己认为可靠的交易方式，甚至可以根据自己的意愿设计商品和服务，要求生产者满足。于是，生产者提供的商品服务更加多元化、多样化和差异化以满足不同消费者多样化的需求，全球市场从以生产者为中心向以消费者为中心转变。

（三）E 国际贸易下全球贸易格局的变革

E 国际贸易下国际分工与世界市场的新变化对全球贸易格局产生了许多影响，这主要体现在：第一，国际贸易商品格局发生了重大变化。尽管传统有形的工业制成品在国际贸易中仍然占有重要地位，但国际贸易商品格局正向着以无形的信息和服务为中心的贸易格局转变。信息服务贸易、信息本身作为一种资源和可交易产品在国际贸易中所处地位不断加强，无形商品与有形商品贸易并存。第二，国际贸易地理格局发生了重大变化。一国具备的互联网等软硬基础设施的完善程度很大程度上决定一个国家参与国际贸易的广度和深度。第三，参与全球贸易的主体结构发生重大变化。从跨国企业为主体的全球贸易转变到跨国企业和中小企业共同主导全球普惠贸易，全球贸易通过跨国的全球贸易平台实现了全球普惠性贸易和共享经济成果。第四，E 国际贸易通过贸易平台形成若干制造商、批发商、中间商、零售商市场集成，同时也形成若干消费者组成的市场集成，这两种流量和数据资源颠覆了过去以生产者为中心的国际贸易生产体系，转变为以消费者为中心的国际贸易生产服务体系。第五，国际贸易空间集聚方式发生变化。E 国际贸易把国际贸易中的商流、物流、信息流、资金流和人员流动全都集聚在跨境贸易这个虚拟平台上了，平台成为国际贸易空间集聚的方式和基础，推动了生产者规模经济、消费者规模经济、物流和信息流的规模经济，产生了倍增的集聚效应。第六，全球贸易规则发生重大变化。E 国际贸易要求信息在国家之间更自由地流动，并进一步渗透到一个国家政府的决策部门，全球范围内 E 国际贸易的蓬勃发展及在推行自己的全球规则，超国家的、带有准公共产品性质的全球跨境贸易平台使国家主权进一步削弱，传统全球贸易的规则体系正转向传统贸易规则体系和跨境电商规则体系共生共融的新阶段，引领和推动跨境电商新型规则体系的建立将有利于在新时期的全球贸易竞争中占据更主动地位。

E 国际贸易的本质是联通，去制度、去疆界、去中心化、去行政化成为其典型特点，打破行政与地理的隔离域，推动全球制造业与服务业的融合，形成跨国界、跨行业、跨领域、跨业态的崭新的产业链、供应链、服务链和价值链，从而引发全球贸易格局乃至地缘政治、经济和外交格局的变化。

（分报告二撰稿人：中国国际经济交流中心颜少君）

参考文献

[1] 陈文玲，刘秉镰，刘维林. 新经济爆发性增长的内在动因——互联网革命与传统业态变革［J］. 全球化，2016（6）.

[2] 陈文玲. 中国现代流通报告［M］. 北京：中国经济出版社，2016.

[3] 中国国际经济交流中心课题组. 互联网革命与中国业态变革［M］. 北京：中国经济出版社，2016.

[4] 阿里研究院. 贸易的未来：跨境电商连接世界［R］//2016年跨境电商发展报告，2016－09.

[5] 阿里研究院. 全球跨境 B2C 电商市场展望——数字化消费重塑商业全球化［R］，2015－06.

[6] 阿里跨境电商研究中心，对外经贸大学. 互联网时代的全球贸易新机遇——普惠贸易趋势［R］，2015－06.

[7] 杨兆．纵论国际贸易电子化——关于电子商务在国际贸易行业中的理论和应用问题分析 [D]．对外经贸大学，2000.

[8] 徐小点．电子商务对传统国际贸易影响研究 [D]．首都经贸大学，2016.

[9] 于文菁．跨境电子商务对我国国际贸易的影响及对策研究 [D]. 山东师范大学，2016.

[10] 常成．跨境电子商务与贸易增长的互动关系研究 [D]．沈阳工业大学，2015.

[11] 王小珍．电子商务对国际贸易的影响及对策研究 [D]．对外经贸大学，2015.

分报告三

加快推动E国际贸易发展的战略意义与价值

当前，E国际贸易的蓬勃发展，源于技术全球化，全球产业结构转型升级和新技术、新需求，以及全球贸易治理新规则的共同推动，通过新一轮信息与数字技术，加速全球价值链、产业链、供应链、服务链、资金链和数字链的融合发展。E国际贸易具有旺盛的生命力和广阔的发展前景，也给基于传统贸易构建的国际贸易规则规制、制度设计，以及监管框架等方面带来了巨大的冲击和挑战。为此，中国应加强顶层设计，统筹规划，加快规制体系建设，积极参与国际规制制定与贸易规则谈判，构建以E国际贸易为代表的新型国际贸易新框架，在新一轮全球化竞争中把握主动权与主导权。

一、加快推进新型全球化进程的必然要求

与传统贸易相比，E国际贸易在贸易对象、贸易方式、贸易效率方面存在显著差异。E国际贸易是经济全球化、经济数字化、大流通革命等相互融合的产物，是新业态、新技术、新模式的代表。伴随着互联网/新一代信息数字技术以及全球产业链、供应链、价值链的深度发展，正逐渐成为推动新型全球化，重塑国际贸易格局的重要推动力量。

（一）历史上数次技术革命与人类发展进程的演进

英国演化经济学家卡萝塔·佩蕾丝认为，每一次大的技术革命都形成了与其相适应的技术—经济范式。这个过程会经历两个阶段：第一阶段是新兴产业的兴起和新基础设施的广泛安装与应用；第二阶段是各行各业应用的蓬勃发展和收获（每个阶段各20~30年）。当前，全球正

处于数字信息技术变革的新时代。移动互联网、智能终端、新型传感器快速渗透到地球的每一个角落，人人有终端、物物可传感、处处可上网、时时在链接，数据增长速度用几何式增长甚至爆发式增长都很难形容得贴切。作为现代经济基础设施的重要因素，互联网的迅速发展几乎超出了所有人的预测。以发达国家为主导、遍布全球的电子商业网络正在以几何级数的倍率迅速扩张，尤为引人关注的是，在迅猛发展的现代贸易中全球化、网络化、数字化发展趋势正在日益加强。互联网等信息技术依托便捷优势、扁平优势、规模优势、集聚优势和普惠优势，加速与各产业融合，在平台和大数据的支持下，线上线下的分工合作更加紧密，由此产生的革命性影响将重塑生产力发展模式，重构生产关系组织结构，提升产业效率和资源要素配置效率。毋庸置疑，以新一代信息技术为代表的新技术体系将创造下一代互联网生态、下一代贸易形态、下一代制造业形态。

表 3-1　产业革命与人类发展进程中的技术进步

时间	历次革命	主要标志	主体部分	作用领域
18 世纪中后期	第一次工业革命 第一次技术革命	蒸汽机和机械	纺织机、蒸汽机、工作母机	冶金、技术、轮船、火车等
19 世纪中后期	第二次工业革命 第二次技术革命	电力和内燃机	发电机、内燃机、电信技术	石化、钢铁、电器、运输等
20 世纪中期	第三次技术革命	电子和计算机	电子技术、计算机、控制技术	核能、航天、材料、自动化
20 世纪中后期至今	第三次工业革命 第三次技术革命	信息和生物	微电脑、信息技术、数据库	生物、材料、制造、娱乐等
	第四次技术革命	互联网普及应用	大数据、云计算、3D 打印	产业、生活、社会、政治

（二）新技术革命将创造巨大的新型“全球化红利”

数字经济推动物理世界、网络世界和人类社会之间的界限逐步消失，构成了一个互联互通的新世界。一方面，从产业和贸易结构看，全球化出现的新变化集中体现为生产环节的全球分布。这不仅仅是指商品交换和消费的过程遍及全球，也是指经济的核心环节——生产过程——分布于全球，生产、交换、消费各个环节全球化，而近年来跨境电子商务以及数字经济及其所依托的宽带基础设施，经历了大幅增长，为全球经济复苏和竞争力的提高发挥了重要作用。

另一方面，数字流动成为新型全球化的主要特征之一。如果说 20 世纪经济全球化的标志是贸易和金融流动的快速增长。当前，“云计算 + 大数据”开始普及，正在替代“计算机 + 软件”的技术发展轨道，为社会提供低成本的计算资源。在此基础上，“互联网”开始拓展到“物联网”领域，寻求万物智慧互联，拓展了人类智能。个人电脑、移动设备和可穿戴设备等用户可直接接触到的终端设备的广泛使用，为数据采集和服务提供奠定了物质基础。新一代的“云 + 网 + 端”基础设施“叠加”于传统的农业、工业基础设施之上，搭建起全球贸易与交流的网络平台，引领新兴商业生态，成为全球创新和贸易涌现的基石。

1. 互联网等新技术扩大全球贸易、改善资本利用配置效率

根据华为《全球联接指数（GCI）（2017 版）》，全球经济发展对 ICT 基础设施的依赖正在逐年增加。各国政府已经看到，ICT 基础设施在帮助本国产业、企业乃至个人实现更大经济价值中，扮演着重要的角色。研究表明，如果一个国家在 ICT 基础设施投资年额外增长 10%，则该国未来的经济增长有望获得倍增效应。2016 年，每新增 1 美元投资能够拉动 3 美元的 GDP 增长，如果该投资增长得以持续，那么到 2025 年，每新增 1 美元投资可以拉动 5 美元的 GDP 增长产出，这意味着从 2016—2025 年全球 GDP 增长回报总额累计将高达 17.6 万亿美元。OECD 数据进一步显示，在高收入国家，ICT 对经济增长贡献率从 1995—1999 年的 0.7 个百分点降到了 2010—2014 年的 0.4 个百分点。在发展中国家，ICT 资本对于经济增长的贡献率占到增长的 15% 左右，

这反映了发展中国家较低的数字技术应用水平。随着数字技术快速推广到发展中国家，这一数字未来可能上升。此外，ICT 资本提高全要素生产率（TFP），对经济增长的间接贡献可能也相当可观，但是现在还没有确凿证据证明此种关联。数字技术在经济中的快速应用意味着其效益分散四方，对增长的间接影响很难估算。

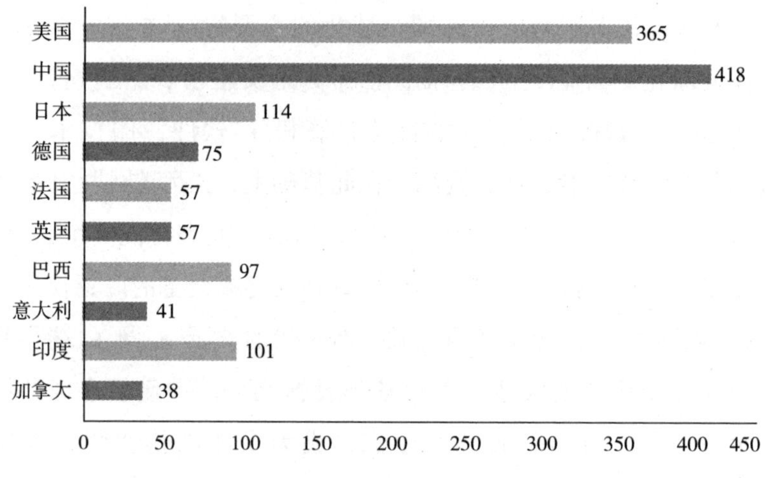

图 3-1　数字化密度对 GDP 的影响

注：以 2014 年价格水平计算，数字化密度增加 10 分将帮助前十大经济体显著提升 2020 年的 GDP。单位为十亿美元。

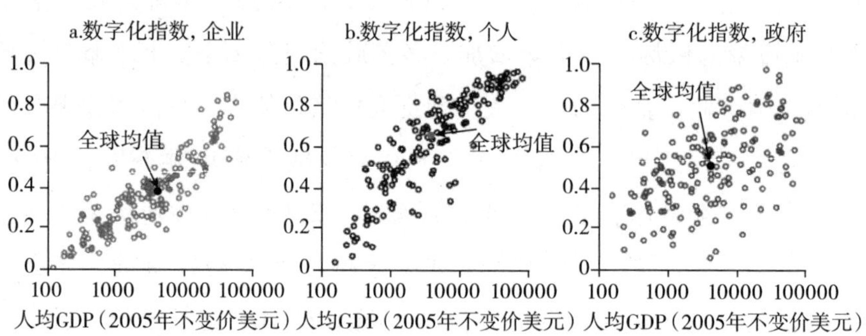

图 3-2　数字技术在全球大部分地区迅速推广

资料来源：2016 年世界发展报告工作组。

牛津经济研究院和埃森哲共同开发的“数字化密度指数”更形象

地刻画这一影响。数字化密度指数是用来衡量数字技术在各国企业和经济中的渗透程度。研究显示，提高数字化密度能显著促进经济增长。以 2014 年的价格水平计算，数字化密度在此后的 5 年内增加 10 分（100 分制），将使发达经济体的 GDP 年均增长率提升 0.25 个百分点，使新兴经济体的增长率提升 0.5 个百分点，到 2020 年美国和中国将分别获得 3650 亿美元和 4180 亿美元的新增产值。

2. 适应新技术变革的 E 国际贸易等新型贸易方式应运而生

在国际贸易领域中也出现了不同于货物贸易和服务贸易等的一种新型贸易方式，即 E 国际贸易方式，并成为国际贸易体系中至关重要的一环。以比较有代表性的跨境电商为例，根据国际电信联盟的数据，2016 年全球的互联网用户达到了 35 亿，其中至少有 17 亿是全球 B2C 电商使用者。当前全球电商市场保持着接近 15% 的年平均增长，预计到 2020 年交易规模将达到 3.4 万亿美元，同时全球电商消费群体也将超过 23 亿人。2014 年全球 B2C 电商市场规模超过了 2500 亿美元，据估计到 2020 年将达到 1 万亿美元；同时全球 B2C 电商的消费者规模也将从 2014 年的 3.09 亿人增加到 2020 年的至少 9 亿人。预计到 2020 年，全球电商销售额将占全球零售营业额的 29.3%。

特别是全球电子商务支付体系、安全认证体系等领域技术的发展，大大提高了生产、交货、支付的电子化程度，推动着数字产品和服务市场的形成。在产业结构转型升级、信息技术飞速发展等因素的带动下，客户对信息产品和服务的个性化、特殊化需求得到了进一步的激发和拓展，成为互联网消费的主流。在以全球产业结构转型升级为推动力、新技术发展为保证、新需求为牵引的背景下，跨境电商、E 国际贸易的进一步深入发展，从理论上可以视为全球普惠贸易时代的到来。E 国际贸易不仅改写了传统国际分工理论的基础和诸多规则，改变了贸易生态，更是数字化推动全球化浪潮的重要动力：扁平的交易模式将推动更平等和普惠的全球化，并加速企业，尤其是中小企业和发展中经济体企业全球化运营的进程。E 国际贸易的新型全球化的推动作用主要体现在几个方面，即无国界的生产消费互联、无国界的个性化定制和无国界的数据资源共享。

首先，改变了国际比较优势理论基础。传统的比较优势理论认为，各国比较优势的形成基础是自然资源、资本、劳动力和人力资源等方面存在着差异。而在跨境电商中，信息的地位越来越重要。信息基础设施的发达程度和信息产业的规模比重，都极大地影响了一国在国际贸易甚至世界经济中的竞争实力和竞争地位。E 国际贸易凸显新型全球性的重要特征。

其次，让中小企业成为新型全球化主体。传统国际贸易均由大型跨国公司主导，国际贸易流程非常复杂。随着互联网技术的进步，使企业外部交易成本比内部管理成本下降更快，企业的边界和规模持续缩小，企业出现平台化、小微化的趋势；另一方面，平台经济的崛起，为小微个体与世界市场的直接对接创造了条件。服务全球化时代下由大型跨国公司主导全球价值链的局面或将被打破，提升了中小企业参与跨境贸易的意愿，有助于促进中小企业融入全球价值链。如果说，前全球化时代主导的国际分工形态是基于产业间、产业内或产品价值链分工基础上的协作的话，那么新经济的主导分工则是基于平台共享前提下的分工——这种分工形态主要体现为小微个体力量的崛起和产出的多样化。

对此，多年前美国著名专栏作家托马斯·弗里德曼就曾预见，“如果说全球化 1.0 版本的主要动力是国家，全球化 2.0 的主要动力是公司，那么全球化 3.0 的独特动力就是个体和中小企业在全球范围内合作与竞争。”

第三，数字流动成为 21 世纪全球化新特征。随着数字经济的快速发展，全球化的内容形式都发生了巨大变化——数字流动成为 21 世纪全球化的新特征。根据麦肯锡数据，在 2005—2014 年的 10 年间，跨境宽带流量增长了 45 倍，预计在未来 5 年内还将增长 9 倍。这 10 年间，全球跨境资本、货物、服务和数据流动以及外商直接投资使全球 GDP 增加了 10%，单在 2014 年就相当于 7.8 万亿美元，其中有 2.8 万亿美元是由数据流产生的，占 36%。数字经济正以每年 10% 以上的速度在高速发展，是全球经济增速的三倍以上。未来几年，数字经济在全球经济的占比将达到 22.5%。根据华为发布的《全球联接指数（2016 版)》，2015 年，全球电子商务交易额高达 24 万亿美元，占全球商品交易总额的 30%。美国占据全球 36% 的 B2B 销售额，其次是英国，占 18%，日本占 14%，中国占 10%。

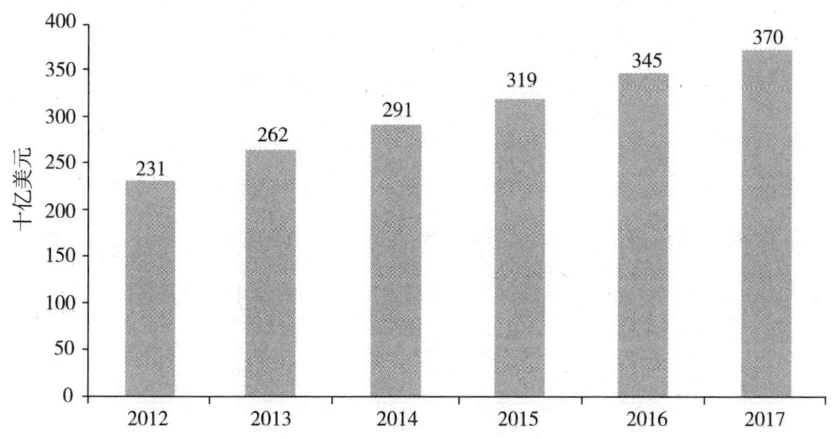

图 3-3　近年来全球数字经济出现爆发式增长

资料来源：Forrester Research。

二、实现从贸易大国迈向贸易强国的重要途径

世界经济近现代发展史表明，贸易强则产业强，产业强则经济强。英、美、德、日等大国崛起，对外贸易都发挥了关键作用。从发展目标看，“十三五”及未来更长时期，中国将着力推动对外贸易从数量扩张转向质量提升，从“大进大出”转向“优进优出”。“优进”就是要从我国的长远和根本利益出发，提升高档消费品、先进技术、关键设备和重要零部件以及部分资源和原产品。“优出”就是不仅要出口高附加值

的消费品，更要推动出口资本性商品和技术服务的“全产业链出口”，这是贸易强国的一个根本所在。

自二战以后，国际贸易利益分配便形成了南北两极分化的格局，发达国家凭借其先进的技术或资源因素占据着贸易优势地位，主导着世界贸易长达一个多世纪并呈长期保持优势的态势。近百年来，许多发展中国家曾尝试多种改革手段，企图实现贸易额的快速增长、贸易条件的改善和贸易地位的提升，但一直收效甚微。数字经济时代的到来带来了新的机遇，国际贸易并不太多强调国家的天然资源基础而依赖于数据信息技术的开发利用，其优势的获取能力具有后天的可培育性，数字经济和互联网时代给了发展中国家“弯道超车”的机会，并使得中国有望领跑全球数字经济，实现“超越”的难得机遇。

当前，中国、美国、英国、德国、日本在跨境电子商务竞争力方面排在全球前五名。根据商务部统计数据，目前中国外贸电子商务平台已经超过 5000 家，开展跨境电子商务业务的外贸企业超过 20 万家。2015 年跨境电子商务试点城市的 B2B 进口和出口规模分别达到了 176 亿元和 118.7 亿元。从就业看，2015 年中国电子商务的就业人数达到了 2690 万，每年带动新增就业超过 300 万。《2016 年世界互联网发展乌镇报告》显示，互联网推动更多跨境货物、服务贸易，使更多消费者和企业摆脱国家边界限制，中国数字经济爆发式增长。“十三五”期间，中国将大力实施网络强国战略、国家大数据战略、“互联网 +”行动计划等一系列重大战略和行动，促进数字经济进一步创新发展。根据 2016 年国务院办公厅印发《国家信息化发展战略纲要》要求，到 2020 年和 2025 年，我国信息消费总量分别要达到 6 万亿元和 12 万亿元，电子商务交易总额分别要达到 38 万亿元和 67 万亿元。新一代信息技术及互联网革命给中国提供“全面超越”的机会。目前，主要国际贸易形式仍为一般贸易、加工贸易、小额边境贸易和采购贸易，但 E 国际贸易的增速将大大高于这四种贸易形式的增速。

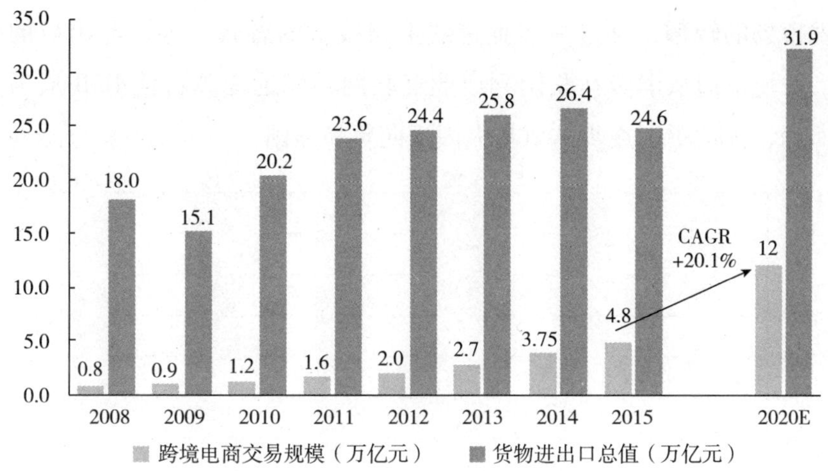

图 3-4　中国跨境电子商务交易及进出口贸易规模

资料来源：商务部、海关总署、艾瑞、阿里研究院等。

借助新技术变革和以普惠和共享为主要特征的 E 国际贸易，全面优化全球产业布局，不断提高全球资源配置能力，深度融入全球经济体系，通过优化传统贸易流程、创新贸易模式，有效改善了贸易生态环境、制造业产业结构不合理和区域贸易失衡等传统贸易方式的弊端，重塑中国在全球价值链、产业链和贸易链中的地位。

国务院 2015 年 6 月发布《国务院办公厅关于促进跨境电子商务健康快速发展的指导意见》，预计 2016—2020 年我国每年跨境电子商务增速在 30% 以上。据中国电子商务研究中心报告显示，2016 年我国跨境贸易交易额达到 5. 85 万亿元人民币，同比增长 28. 2%；跨境网络零售交易额达到 1. 25 万亿元人民币，占总交易规模的 21. 4%。其中，跨境电子商务的零售进口额达 3060 亿元人民币，出口额达 9440 亿元人民币。在跨境电商的进出口结构中，出口占比达到 82. 08%，进口比例 17. 92%。按交易模式分，跨境电商 B2B 交易占比达 88. 7%，B2B 交易占据绝对优势，跨境电商 B2C 交易占比 11. 3%。根据福布斯报告预测，到 2020 年，B2B 电商市场的价值将高达 6. 7 万亿美元，是价值 3. 2 万亿美元的 B2C 电商市场的一倍多。这个趋势正在倒逼传统工厂和专业批发市场的转型，并进一步促进线上与线下的融合、进口与出口的融合。跨境电商从消费互联网到产业互联网的深远变革将使 B2B 成为大势所趋，推动中国逐步从贸易大国迈向贸易强国。

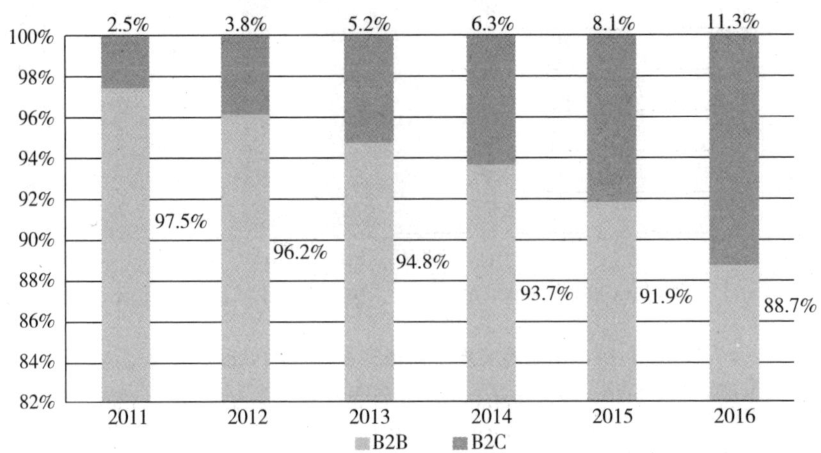

图 3 –5　2011—2016 中国跨境电商交易规模 B2B 与 B2C 结构

资料来源：中国电子商务研究中心。

三、塑造面向下一代国际贸易先发优势的迫切需要

(一) 适应全球新工业革命的更高要求

E 国际贸易是全球产业结构转型升级及新技术、新需求、新模式的协同推动。以第四次工业革命为代表，以智能增长和绿色增长为基本方向，以新一代信息技术和新能源技术为主要特征的全球生产力重组，不仅促进全球价值链、产业链、供应链和服务链重构，克服因劳动力成本比较优势而形成的对传统生产方式的过度依赖，也通过重新定义生产与消费关系，克服跨境商品和服务供应链分割化问题，为全球经济开辟新的增长道路，为新型全球化发展集聚新的力量和新的发展势能。

随着全球经济的深度一体化以及信息与通信技术引起的交易成本和运输成本的大幅度下降，国际贸易交易主体和交易手段出现了巨大的变化，从而形成了以包括跨境电子商务在内的国际贸易新业态。B2B 模式仍是跨境电子商务的主要模式。跨境电子商务模式涵括了电子商务全模式，主要有 B2B、B2C、B2G、C2C、C2B 等。跨境电子商务相比原来的国际贸易交易模式出现了以下几个方面的变化：

一是交易主体的变化：原来的交易主体是企业对企业，而采用跨境电子商务方式以后，中间品和资本品的交易主体仍然是企业对企业，但是它们之间形成了供应链上下游的关系，因而是供应链贸易，而最终品交易主体是企业对消费者。二是交易内容的变化，原来货物贸易和服务贸易基本是分开的，但是在目前的跨境电子商务平台，可以通过订阅方式进行货物的物理传输，同时也可以通过跨境交付的方式传输数字产品。三是交易合同的变化，传统贸易主要基于以贸易合同的业务模式，而跨境电子商务主要基于互联网电子商务平台。四是订单类型的变化，传统国际贸易大批量、少批次、订单集中、周期长，而跨境电子商务正好相反，是小批量、多批次、订单分散、周期短。五是结算方式的变化，原来采用信用证结算方式，而跨境电子商务大都采用第三方支付方式。随着国际市场需求的不断变化，新的商务模式也在不断地推陈出新，并逐步整合全球物流技术、数字技术、支付体系及全球采购系统等，进而形成更高层次的 E 国际贸易。

（二）重塑全球大流通格局的迫切要求

当前，从全球范围内看，国际邮政小包、国际快递、海外仓、国际物流专线、边境仓、保税区与自贸区物流、集货物流、第三方物流与第四方物流等几种比较常见的跨境物流模式，特别是移动互联网的普及和发展，对跨境电商和物流活动会产生巨大影响。跨境物流要根据跨境电子商务发展趋势不断创新服务模式，为其提供更加优质的物流服务。通过优化供应链流程，跨境物流与电子商务可以建立合作关系，在物流运输、仓储、线路规划等方面开展深入合作和交流，电子商务、E 国际贸易要与国际物流保持密切合作，重组国际流通大格局。

从发展情况看，2009 年中国超过德国，成为全球最大商品出口国；2012 年，中国商品贸易总额首次超过美国，成为全球第一大贸易体，已成为全球 120 多个国家的第一大贸易伙伴，和 70 多个国家和地区的第二大贸易伙伴。目前，中国进出口占全球货物贸易的 10% 以上，为“入世”前的三倍之多，因而中国对世界经济的影响力越来越大。然而，从贸易便利化环境看，仍存在较大短板。以物流成本为例，现代流通能力是一个国家的软实力和核心竞争力，是一个国家综合国力的重要组成部分。我国流通能力仍相对较弱，物流成本仍较高。我国物流成本占到总成本的 18% 左右，而美国和日本都是 8% 左右，欧洲一些先进国家的物流成本也在 6% ~7%。物流作为现代流通的一个核心部分，商流、物流、信息流、资本流以及人的流动，都可以通过互联网和信息的快速传输降低成本。世界银行 2016 全球商业运营环境报告显示，综合比较世界区域和主要经济体跨境贸易指标来看，我国排名仅为全球第 96 位，与发达国家存在非常大的差距。因此，促进我国贸易便利化和资源配置水平，提高大流通效率迫在眉睫。

表 3-2 不同区域或关境区跨境贸易指标（2016 年）

单位：小时、美元

国家/区域	排名	得分	出口耗时：合规	出口所耗费用：边界合规	出口耗时：单位合规	出口所耗费用：单证合规	进口耗时：边界合规	进口所耗费用：边界合规	进口耗时：单证合规	进口所耗费用：单证合规
东亚及太平洋地区		68.67	51.4	395.7	74.7	166.9	59.3	420.8	69.7	148.1
经合组织高收入国家		9.333	15.2	159.9	4.5	35.6	9.4	122.7	3.9	24.9
撒哈拉以南非洲		48.96	108.2	542.4	96.6	245.6	159.6	643.0	123	351.3

续表

国家/区域	排名	得分	出口耗时：合规	出口所耗费用：边界合规	出口耗时：单位合规	出口所耗费用：单证合规	进口耗时：边界合规	进口所耗费用：边界合规	进口耗时：单证合规	进口所耗费用：单证合规
中东及北非		54.2	65.4	445.1	78.8	351.1	119.7	594.3	104.7	384.6
奥地利	1	100	0	0	1	0	0	0	1	0
韩国	31	92.48	14	185	1	11	6	315	1	27
德国	35	91.77	36	345	1	45	0	0	1	0
法国	1	100	0	0	1	0	0	0	1	0
马来西亚	49	86.74	20	321	10	45	24	321	10	60
美国	34	92.01	2	175	2	60	2	175	8	100
日本	52	85.9	48	306	3	15	48	337	3	23
中国	96	69.13	26	522	21	85	92	777	66	171

资料来源：World Bank. Doing Business 2016：Measuring Regulatory Quality and Efficiency，PP：183 －246. http：/ /www. Doing business. org /reports /global － reports /doing － business －2016。

包括跨境电子商务在内的 E 国际贸易将大幅提升贸易效率与增长，其机制主要体现在两个方面：一是在宏面层面，E 国际贸易推动了全球统一市场的进一步形成。相对于传统国际贸易，E 国际贸易借助互联网，实现了贸易流程的最短化，使全球贸易的交易费用大为降低。二是大大提升物流产业流通空间与效率。相比于传统国际贸易方式，E 国际贸易最突出的优点在于拥有高效便捷的信息数据流、物流和资金流。这在时空上重组了物流产业。中国物流产业目前正处在“物流硬件升级阶段”末期和“物流成本管理时代”初期的发展阶段。未来随着数字技术与 ICT 基础设施的发展，“智慧物流”成为大趋势。根据中商产业研究院发布的《2017 年中国物流行业现状及 2018 年市场发展预测》报告，预计未来 5 ~ 10 年，物联网、云计算、大数据等新一代信息技术将进入成熟期，全覆盖、广连接的物流互联网将加快形成，物流数字化程度将显著提升，众包、众筹、共享等新的分工协作方式将得到广泛应用，服务经济、体验经济将更加深化，人工智能技术将快速迭代，物流机器人使用密度将达到每万人 5 台左右，物流赋能改造传统物流基因，“智能革命”改变物流市场格局。

E 国际贸易重组了产业链、价值链、供应链、服务链、资金链和数字链，建立在互联网平台上的跨境电商，凸显出全球性的特征。例如，以 B2C 为代表的跨境电商使“世界商店”成为可能。在跨境电子商务出现前，“世界商店”的概念听起来似乎遥不可及。跨境电子商务 B2C 模式出现后，“中国制造”可以通过跨境网络直接销售给全球范围的海量用户，“世界商店”成为可能。传统外贸出口一般包括“中国工厂—中国出口商—外国进口商—外国批发商—外国零售商—外国消费者”6 个环节，中间环节的流通中介特别是海外进口商，获得了最大份额的利润。而通过跨境电子商务，我国企业把触角延伸到海量的国外用户，打通了国际贸易和国内贸易界线，增加了我国在国际贸易价值链中“切蛋糕、分蛋糕”的话语权：中国企业得以涉足国外流通环节，有利于增强定价主动权，形成新的外贸增量；跨境电商的店小二部分替代了国外消费环节的分销商和售货员岗位，使就业岗位从国外向国内转移。同时也有利于提高外贸质量，“中国制造”到达国外消费端的中间环节更少，销售价格更低，利润率更高，资金回流更加快速，市场反应更加敏捷；品牌和消费者之间可以一瞬间面对面，打破了传统的品牌生长周期理论，有助于在海外拓展中国自主品牌，逐步摆脱“中国制造”代工形象，让海外市场认可中国品牌。

当前，以阿里巴巴速卖通、兰亭集势为代表的本土跨境外贸平台开始崛起，这些跨境电商平台开拓了独立于境外大型跨境电商巨头的出口便利渠道，克服了原先以阿里巴巴国际站为代表的“线上询盘，线下交易”模式的局限，缩短了产业链中间环节，为国内中小企业拉近了与国外消费者之间的距离，带来了丰厚的利润。国内现阶段拥有许多优质的跨境电子商务平台：如以阿里巴巴国际站、敦煌网为代表的 B2B 平台，以兰亭集势为代表的 B2C 平台，以阿里巴巴速卖通为代表的 C2C 平台。

展望未来，全球电子商务模式正从 B2C 升级到 M2C（Maufactory to Consumer，工厂直达用户）。由于传统跨境 B2C 模式只能提供网页信息化，无法从根本上解决语言障碍、市场需求、市场推广以及经过层层中间商带来的利润被压缩问题，因此，跨境电子商务需要从 B2C 模式升级到 F2C 模式，通过 F2C 模式，通过大数据网络了解全球市场，可以实现商品信息直接送达，并通过跨境电子商务平台实现交易和物流到达，再结合保税仓能够有效降低出口门槛，拓展一国商品海外扩张，进而重构全球现代大流通格局。

四、引领全球贸易走出低谷的新引擎

当前，全球经济与世界贸易增长存在陷入“低增长陷阱”的风险。全球贸易增长乏力，对世界经济增长拉动作用大幅下降，全球贸易增速低于经济增速成为常态，对全球带来了较大冲击，其中一个重要表现是贸易冲突加剧，全球化遭遇逆转。从未来重振全球贸易发展看，要扭转世界经济持续性放缓甚至衰退的根本在于创新下一代贸易方式，通过改变贸易形态大幅提高全球经济体生产力、提高资本和技术的配置效率、通过数字信息技术和互联网深化全球价值链分工效率与合作水平，扩大数字创新基础设施投资。因此，代表下一代贸易方式的 E 国际贸易将有助于突破贸易保护主义壁垒，为全球开辟了新的增长道路，成为创新和引领全球新一轮贸易增长繁荣的新引擎。

全球经济贸易增长乏力背后更多的是结构性因素所导致：首先，全球价值链面临新的重整与重构。2016 年 9 月，经济合作与发展组织（OECD）发布题为《世界贸易为何如此脆弱，政策可以发挥什么作用?》的研究报告。报告认为，世界贸易放缓的一个因素是生产工序的国际分割碰到了瓶颈，国际分割重回区域性的生产网络而非全球分配的供应链体系。在经历了20多年的垂直专业化贸易的快速扩张后，支撑世界贸易增长的“全球价值链”开始停滞。中间投入品进口的放缓反映出世界货物贸易的增速低于服务贸易的增速。

其次，逆全球化风潮导致经济全球化进入“间歇期”。当今世界是一个充满动荡的世界，是一个新机遇与新挑战层出不穷的世界，是一个国际体系和国际秩序深度调整的世界。本质而言，“特朗普主义”并不是个别现象，民粹主义抬头，英国全面开启“脱欧”谈判进程，以及欧洲多国大选掀起极右翼主义都表明，建立在自由主义基础上的发达市场经济国家，通过全球化获取超额资本收益的全球跨国资本及其精英阶层，成为对全球化担忧的主体，更加倾向保护主义。尤其具有风向标意义的是美国从自由贸易轨道开始转向“特朗普主义”的核心是以“美国优先”的全球利益再分配，因此，无论是就业政策、产业政策、贸易政策、能源政策以及外交政策无不与所谓的纠偏“全球化”为出发点，重构全球秩序与格局。受此影响，2008年国际金融危机后，“全球化”进入深度调整期，特别是全球需求的萎缩和增长低迷导致全球存量市场资源进一步收缩，在经过长期由全球化和全球贸易推动的经济增长之后，各国政府在经济困难时期越来越多地寻求保护本土产业。近年来出现的各种形式的保护主义、分离主义在内的“逆全球化”甚至是“去全球化”的现象，不仅影响了经济全球化的深入发展与合作，也导致全球经济与贸易增长遇阻，凸显了经济全球化进入“间歇期”。

由此，在这轮去全球化，甚至是反全球化思潮的影响下，全球贸易投资保护主义日渐增强。根据2016年《全球贸易预警》（*Global Trade Alert*）统计数据显示，2010年来，发达国家实施贸易保护措施（包括反倾销条例、原产地规则、进口配额制、出口配额制、进口许可证制、进口押金制、外汇管制、最低限价制和更严格的技术、卫生、检验标准等多种形式）数量激增，特别是美国，2015 年实施贸易保护措施 624 项，为 2009 年的 9 倍。其中，2015 年美国采取了 90 项贸易歧视措施，位居各国之首，成为限制贸易自由化最激进的国家，这对全球经济也是一种非常大的伤害。历史数据显示，美国以及 12 个西欧经济体名义 GDP 增速在 1930 年、1931 年分别下滑 5%、7%。而贸易的下滑更为明显，对比全球生产以及出口额可以发现，出口的下降幅度大于产出，且恢复的程度和速度都滞后于产出。全球贸易量在 1929 年到 1933 年间降幅达 25%，且接近 50% 的降幅是由贸易保护导致的。贸易保护带来的恶性竞争助推了全球经济的进一步下行。

第三，区域贸易协定与全球贸易治理的“碎片化”。目前的国际贸易规则仍以最终产品为对象，对以中间品贸易为特征的价值链贸易形成了较大的不兼容性。据联合国贸易与发展会议（UNCTAD）统计，全球已形成 400 多个 RTA（区域自贸协定），这种类似“意大利面碗”的 RTA 不仅增加了商品贸易跨国流通的复杂性，其逆全球化的“竞争性区域集团”的形成，也导致大量的贸易转移，割裂了全球价值链的分工与合作。

而另外，较高的贸易摩擦成本和贸易投资保护主义对全球价值链贸易是极大的损害。在全球价值链下，中间产品贸易壁垒会产生累积和放大效应，显著提高贸易保护成本。中间产品要进行多次跨境交易，即使这些关税和非关税措施水平很低，保护程度也会被多次累积，进而严重影响最终产品成本与价格。因此，必须进一步降低平均关税水平，削减关税峰值和最高关税，鼓励部门贸易自由化（零关税），抑制关税升级，取消进出口中的配额和其他数量限制。

特朗普宣布退出 TPP，TTIP 谈判也面临困境，这意味着由美国主导的两大区域经济合作协定面临难产风险。其可能带来两种影响：一方面，全球贸易碎片化风险进一步上升。两大协议难产并不意味着美国贸易霸权的退出。从根本上说，TPP 和 TTIP 是美国维护其在国际贸易规则领域领导权的一种手段，目的是通过拉拢亚太或欧洲国家，形成符合美国国家利益的贸易合作圈。没有了 TPP 和 TTIP，美国仍会在其他领域谋求贸易主导权，例如强势主导 NAFTA 谈判，或对 WTO 规则提出修改意见。这意味着全球贸易规则将面临更大的不确定性，给各国贸易发展带来新的风险。

另一方面，新兴市场将寻求弥补美国缺口，区域合作格局面临重新洗牌。多边贸易协定的推进难度较大，而各种区域性的自由贸易协定将大幅增加，可能会导致国际投资和生产的转移与重新布局，使得全球产业链、价值链面临重组，国际贸易投资格局更趋多元化。这客观上有利于新兴市场争取国际贸易话语权、构建更加合理的国际经济新秩序。例如，近期亚洲多个国家对亚太自贸区、区域全面经济伙伴关系协定（RCEP）表现出更积极的态度。RCEP 若建成，将是世界上涵盖人口最多、区域最广、成员最多元、发展最具活力的自贸区，对世界经济发展和全球贸易投资便利化将起到积极的推动作用。

五、抢占新型国际贸易规则主导权的战略选择

随着全球互联网、云计算、大数据以及新一轮数字技术的广泛应用与融合，传统贸易规则与贸易形态正在发生革命性变革。然而，当前，国际贸易规则在很大程度上是为在实体货物和面对面服务交付的国际贸易环境而制定的，面向下一代贸易规则体系明显滞后，主要体现在以下几个方面。

（一）全球跨境电子商务规则框架尚处于空白

2016 年亚太经合组织（APEC）工商领导人峰会聚焦“重新设计贸易”，国际贸易体系重构、深化区域一体化进程，以及 21 世纪新一代贸易协定等前沿性议题。但总体而言，目前跨境电子商务国际通行规则尚未建立。跨境电商在全球发展已经 20 多年，各国发展程度不尽相同，

美、欧、中等国规模领先，许多小国还没有跨境电商。由于各国跨境电商的发展重点、利益诉求不同，目前跨境电商还没有形成统一的国际规则，甚至连跨境电商的概念仍没有特别严格而科学的界定，只有世贸组织和个别区域自由贸易协定以及多边国际协定中有关于跨境电商规则的一些议题和条款。

事实上，对跨境电子商务等国际规则的讨论从 20 世纪 90 年代就已经开始，早在 1996 年 WTO 第一届部长级会议就将电子商务纳入多边贸易体制《关于信息技术产品贸易的部长宣言》，核心是信息技术产品的关税减让。1998 年第二届部长级会议通过了《全球电子商务宣言》，电子商务成为正式议题，并被定义为通过电子方式的生产、分销、市场营销、销售和服务的交易。2001—2003 年 WTO 总理事会主持召开了五次关于电子商务的专题研讨会，重点包括：特定电子传输的内容分类、进口税收征收、竞争、司法管辖、法律适用等。WTO 服务贸易委员会关于跨境电子商务的讨论包括：电子商务范围、电子商务最惠国待遇和透明度、国内法规和承认、竞争和隐私权保护、提供方式的市场准入、国民待遇及关税和分类。货物贸易委员会的讨论包括：与电子商务相关的商品市场准入、海关估价条款的适用性、进口许可证程序、关税和其他税、与电商相关的标准和原产地规则。知识产权委员会的讨论包括电子商务的著作权保护、商标保护、新技术运用等。贸易与发展委员会的讨论包括电子商务对发展中国家和中小企业影响等。但这些议题仅处于讨论阶段，并未形成国际规则。

在区域层面上看，目前，国际上已经有一些区域性的协调机制。例如东盟设计了 e－ASEAN（即电子东盟），公布了 e－ASEAN 框架协议，第 5 条就涉及了电子商务内容，主要包含鼓励电子商务发展的内容，其余条款有相当部分与促进 ITC 产品和服务有关。另一个是大湄公河次区域经济合作中的电子商务合作平台。2015 年中国商务部推动了《GMS 跨境电子商务合作平台框架文件》（注：大湄公河次区域经济合作，简称

GMS），提出了框架性的合作原则。2016 年 2 月 29 日至 3 月 4 日，联合国国际贸易法委员会通过了《跨境电子商务交易网上争议解决技术指引》，整个文件是在中国代表团提出的第三轨道的基础上形成的，遵循了中国代表团提出的框架设计。2016 年 7 月 4 日，美国提出了一份可供 WTO 讨论的有关电子商务规则概念的文件，表明美国对在 WTO 框架内讨论跨境电子商务规则的关注。

从多边的角度来看，WTO 的规则管辖范围包括所有货物贸易和服务，包括通过互联网的国际贸易。相关的协定是《关税暨贸易总协定》（GATT）和《服务贸易总协定》（GATS），GATS 涵盖服务贸易。在现行的关贸协定中，一些条件已经阻碍了互联网在国际贸易中发挥更大的潜能。目前大部分成员都意识到电子商务的巨大潜力，都具有尽早制定规范电子商务国际规则的意识和需要，许多多双边机制、协定已将电子商务作为重要的议题，电子商务规则正在成为 WTO 谈判和各个自贸区谈判的新热点。截至 2016 年 3 月，向 WTO 通报的 269 个区域贸易安排中有 65 个协定包括电子商务条款。包括美国、欧盟、日本、加拿大、新加坡、巴西在内的不少国家，都向 WTO 提出了关于电子商务规则方面的提案。从多边国际机制来看，APEC、OECD 等多边机制都有关于电子商务的一些重点倾向和共识。美国主导的 TPP 中有专门的跨境电子商务章节，在中国近两年签署的双边自由贸易协定已开始将跨境电子商务的相关条款纳入。从各国对跨境电商的关注和采取的行动来看，跨境电商国际规则已在酝酿中，若有强有力的大国引领和推动，跨境电商国际规则制定俨然可期。

（二）增强中国参与并主导制定 E 国际贸易规则的紧迫性

对于全球最大出口国的中国而言，挑战更不可小觑。WTO 框架下的国际贸易，本质上是西方发达国家制定的贸易规则，我国是规则的遵守者。而跨境电子商务是一个新兴业态，我国与发达国家处在同一起跑线。随着我国跨境电子商务等新型国际贸易方式在国际上的地位越来越突出，我国可引领建立跨境电子认证、在线交易、跨境支付、跨境物流、通关、商检等标准规范，从而掌控国际贸易的主导权，但目前来看，仍存在贸易等相关规制设计的诸多难点。

近年来，中国跨境电子商务迅速发展，已成为位居美国、欧盟之后的全球第三大跨境网购目的国，跨境电子商务也成为引领中国贸易强国建设的新引擎。目前中国电商业务在全球发展最快、市场最大，而且在跨境电商模式探索方面最为领先。中国通过跨境电商综试区等“先行先试”，已就跨境电商初步创建了一套运营良好的监管服务体系，形成了“可传播、可复制”的经验，完全可以引领全球跨境电商发展，并引领跨境电子商务国际规则制定落到实处。但从现实条件来看，中国引领跨境电子商务国际规则制定还存在三大难点：

一是跨境电商的定义不明确。在 WTO 框架下，货物和服务由不同的协议来监管，即关税贸易总协定（GATT）和服务贸易协定（GATS）。对数字贸易如何定性，是将其归为“货物”还是“服务”，将直接影响数字产品在跨境交易时的法律适用和相关待遇。

在这个问题的立场上，国际上仍存在很大争议。WTO 关于数字产品贸易的谈判中，美欧之间是有分歧的。而美国自身在 WTO 谈判中主张数字产品在分类上应归属于“货物”，但是国内法律已清楚地将数字商品排除在“货物”之外，也存在一些矛盾和不一致的地方。联合国国际贸易程序简化工作组对电子商务作了明确定义：采用电子形式开展商务活动，包括在供应商、客户、政府及其他参与方之间通过任何电子工具共享非结构化商务信息，并管理和完成在商务活动、管理活动和消费活动中的各种交易。美国政府在其《全球电子商务纲要》中也指出：电子商务是通过互联网进行的各项商务活动，包括广告、支付、交易服务等。但美国对跨境电子商务的认知主要指“数字贸易”。中国在内的发展中国家除了关注数字产品，也关注通过电子商务进行的实物贸易，包括与实物贸易相关的税收、支付、物流、贸易便利化和

"单一窗口"数字口岸等。截至目前，各国对跨境电子商务还没有形成统一的概念和定义，这就使得国际规则制定中往往难以把握全局性的共同规则。

二是各国利益诉求不相同。美欧等发达国家与发展中国家在电子商务国际规则方面诉求重点是不一样的。美欧发达国家服务贸易占 GDP 的 70% 左右，发展中国家平均 35% 左右，所以，发达国家的诉求会主要偏重于服务方面，发展中国家会在货物方面。美国要求不对电子商务征收关税，欧盟则不赞成对电子商务永久性免征关税，而这个关税也主要指数字贸易和技术贸易。作为全球最大的数字经济大国，中美也存在较大差异和分歧：一方面，中美处于数字经济和数字贸易发展的不同阶段，中国正处于实体数字化、工业化与信息化还未深度融合的发展阶段。而美国已处于数字实体化，进入由信息化向数字化转型的高级阶段，这决定了中美在理解数字经济和数字贸易方面存在立场和角度的不同。另一方面，中美对跨境电子商务的定义和利益诉求不同。中国是依托实体产品及其数字化嵌入全球价值链；而美方是数字产品主导全球价值链。中方更关注跨境网络商品消费、跨境货物流动便利化等问题。而美方关注的是以数字产品为核心的跨境数据自由流动、消除数据本地化存储障碍、电子传输免征关税、ICT 产品免税问题。

2016 年 7 月初，美国向世贸组织提交了一份提案，明确表达了美国方面的诉求，共 16 个方面，包括取消数码产品关税、非歧视原则、跨境数据流动、互联网免费开放、避免设施本地化、禁止强制技术转让、保护重要源代码、改进创新的认证方法、产品加密、数字贸易框架、标准制定、数字贸易海关便利化、合格评定程序等。中国目前还没有明确的中国方案，但从企业的诉求来看，重点在各国税收限制、各国的物流通关效率、身份认定与认证、权益保护、国际支付、知识产权、纠纷处理等方面。

三是相关法律规制不健全不完善。跨境电子商务不同于传统商务，它从根本上颠覆了传统商务中时间、空间和价格方面的旧规则。中国跨境电子商务从理念上来说，是对传统对外贸易规则的根本变革。此外，中国跨境电子商务的信用体系、税收体系、监管体系、支付体系等都有待建立与完善。特别是在 2016 年 4 月 8 日，财政部、海关总署、国家税务总局就联合发布了《关于跨境电子商务零售进口税收政策的通知》，自此跨境电商零售进口商品不再按“物品”征收行邮税，而是按“货物”征收关税、增值税、消费税等，行邮税税率也同步进行了调整，其中影响最大的是在国内建设保税仓模式的企业，一旦税改落实，成本增加，产品的售价会提高，势必会影响销量。虽然现在新政有所暂缓，但必须着眼长远，重新界定跨境电子商务等新型贸易方式、新跨境监管模式，跨境电商如何升级自身供应链，对政策进行新的顶层设计。

我国作为全球第一大电子商务大国，正积极发起并推进与跨境电子商务相关议题的磋商与谈判。阿里集团作为行业领军可先提出《跨境电子商务贸易行为守则》，建立“世界电商平台”（eWTP），然后与全球代表性电商成立行业联合会商定，向相关政府或国际组织提出倡议示范守则（Accord）。中国政府也可在世界贸易组织中按诸边协定谈判的路径发起推动《电子商务协定》的谈判和签订。

新型贸易亟须一个全球性的贸易框架来规范。因此，中国应该积极引导并与美国加强合作，率先制定全球跨境电子商务规则、法律和标准。须避免全球贸易治理的碎片化，减少跨境电子商务的障碍，积极通过诸边或多边谈判提出一个包括实体产品、数字产品，以及跨境物流、跨境支付、电子认证、在线交易、信用体系、数字贸易争端解决机制等在内的，加强消费者信任和产品安全的全球性标准和规则，从而逐步构建面向未来的全球统一、透明、公平的 E 国际贸易规则新框架。

六、增进全球消费互联及其消费者福利的必然选择

互联网平台以及信息技术的发展允许消费者在全球购物，从其他国家的市场购买所需的产品和服务，导致全球消费互联时代正在加速到来。如果把信息时代划分为三个阶段，那么早期1.0时代的全球信息互联网完成了信息与信息的互联；到2.0时代的人类社交互联网，完成了人与人、人与信息的互联；到3.0时代的全球消费互联网将完成人与人、物与物以及人与物的万事万物的全面互联。智能移动设备、可穿戴设备、下一代互联网正在将万事万物连接起来。预计未来10年，全球将有70%、接近50亿人的全球消费者通过PC、手机等连接到全球消费互联网中。全球互联，缩短了空间距离，增强生产、交换、消费关系的依存度，突破了国家、地区及领域的界限和阻碍。只要遵守我国进出口贸易的规则，消费者就可以购买任何国家的商品，也有利于消费者和用户成为跨境贸易的新主体，大大增强了“消费者主权”，对于消费全球化的推动作用主要体现在三个方面，即无国界的消费者互动交流、无国界的个性化定制和无国界数据资源共享。

目前，中国中产阶级电商用户在5亿左右，消费升级需求旺盛，随着消费需求和消费观念升级，需要不断满足正在向细致化、多样化、个性化发展的需求，E国际贸易的发展对于改变中国投资消费失衡、增进消费者盈余和福利具有非常大的潜力。中国电子商务研究中心（100EC. CN）监测数据显示，2016年中国网络零售市场交易规模达53288亿元，相比2015年的38285亿元，同比增长39.1%。预计2017年全年中国网络零售市场交易规模达6.1万亿元，较2016年增长29.6%。按比重来看，2016年中国网络零售市场交易规模占到社会消费品零售总额的14.9%，较2015年的12.7%，增幅提高了2.2%。网络购物用户规模达到5亿人，相比2015年的4.6亿人，同比增长8.6%。而到2020年，电子商务预计将占中国消费总量的24.2%，高于

2014 年的 9.9%。

通过大数据和互联网重构“人、货、场”等商业要素而形成的一种新的商业业态。2017 年 4 月，马云在 IT 领袖峰会再次提及新零售，并对新零售进行了比较详细的阐述。他谈到，线下与线上零售深度结合，再加智慧物流，服务商利用大数据、云计算等创新技术，构成未来新零售的概念。随着新零售的发展，本质是通过平台型企业带动作用，让大数据和互联网技术应用于商业，优化生产制造，降低交易成本，提升消费潜力，从而带动整个经济动能提升。2017 年 6 月天猫宣布帮助国货品牌集体出海，将利用阿里巴巴核心电商板块 20 亿商品库，依托过去十几年打造的涵盖交易、支付、物流、营销、数据、技术等方面的新商业基础设施，将天猫生态模式逐步复制并落地到东南亚、印度以及 200 多个国家和地区，提高当地电商效率，服务海外消费者。

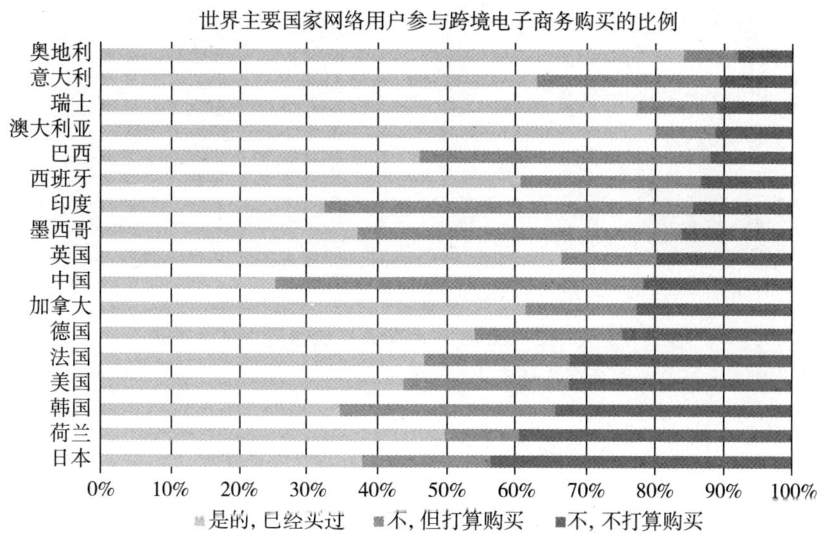

图 3－6　全球消费互联的时代正在到来

资料来源：DHL 调研报告 *Shop the Word*（2016）。

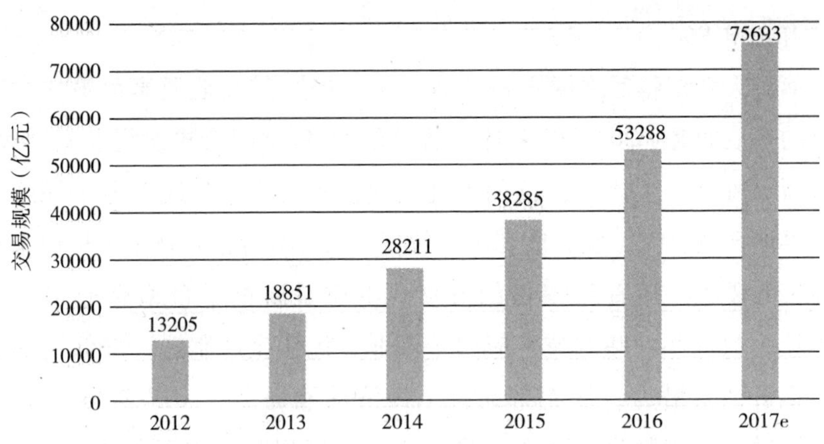

图 3-7 2012—2016 年中国网络零售市场交易规模

资料来源：中国电子商务研究中心。

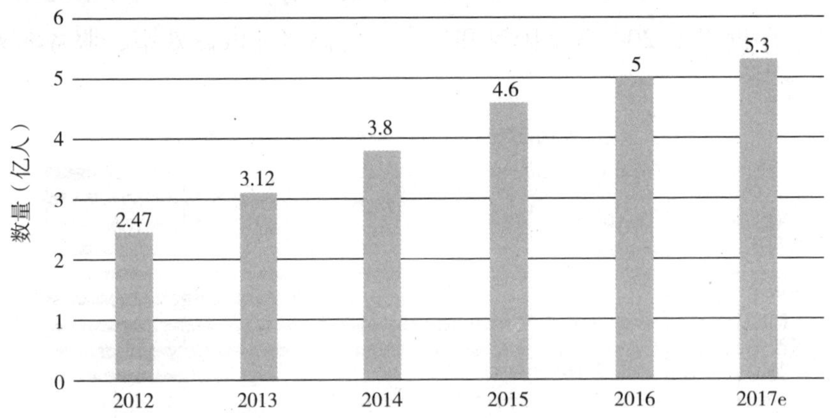

图 3-8 2012—2016 年中国网络购物用户规模增长

资料来源：中国电子商务研究中心。

（分报告三撰稿人：中国国际经济交流中心张茉楠）

分报告四

发展E国际贸易的时代背景与现实基础

随着信息技术革命不断深入发展，信息技术装备已逐步覆盖全球。这构成E国际贸易发展的时代背景。在信息技术革命推动下，信息基础设施已成为人类最重要的新增基础设施，全球产业业态深刻变革，全球社会也已信息化，发展E国际贸易已经具备坚实现实基础。

一、信息基础设施已覆盖全球的时代背景

随着互联网技术创新的深入发展以及信息技术装备的应用，全球互联网不断发展壮大，由美国扩展到全球，不断把越来越多的人群卷入其应用之中，成为人们工作生活不可或缺的信息技术基础设施。20世纪40年代，信息理论萌芽之后，信息技术不断加速深入人类生产生活中，加速物化为对人类生产生活影响最大的信息基础设施。概而言之，全球信息基础设施的形成经历了四个大的阶段。

（一）互联网的美国军方使用阶段

第一阶段，美国军方网络各自为政的初期阶段（1962—1972年）。携从世界各国吸纳的科技人才优势，二战后美国爬上了全球科技中心的权力宝座，开启美苏冷战阶段，也开启了全球互联网的美国军用网络阶段。在美苏争霸过程中，受1957年苏联抢先发射第一颗人造地球卫星Spunik一号的刺激，为确保美国本土和海外防卫力量免遭苏联第一次核打击之后仍有一定生存和反击能力，美国产生了设计分散性指挥系统的需要。出于这种需要，美国国防部成立了高级研究计划署（Advanced Research Projects Agency，ARPA），并于1962年提出设计一种由一个个

分散的指挥点组成的分散指挥系统的构想。当部分指挥点被摧毁后，其他指挥点仍能正常工作，并且幸存指挥点之间能继续保持顺畅联系，发挥正常指挥功能。为了将该构思付诸实施，1969 年美国国防部 DARPA 决定资助建立名为“阿帕网”（ARPANET）的计算机互联网。这个网络把加利福尼亚大学、斯坦福大学、犹他州州立大学的计算机主机连接起来，位于各网络结点的计算机采用包交换的信息传输方式，通过专门的接口信号处理机（IMP）和专门的通信线路实现网状互连。“阿帕网”就是全球互联网的最早雏形。截至 1972 年，经过不断扩展，阿帕网上的网点数已达 40 个。这 40 个网点彼此间可相互发送我们现在称之为电子邮件（E - mail）的小文本文件，也能利用文件传输协议发送大文本文件，包括数据文件（FTP）；同时还能把一台电脑当成另一台远程电脑的终端使用远程电脑上的资源，即 Telnet 功能。当时在早期全球互联网上开发的 E - mail、FTP 传输和 Telnet 等应用功能现在还在使用，比如 E - mail。当时，陆军用的电脑是 DEC 系列产品，海军用的电脑是 Honeywell 中标机器，空军用的是 IBM 公司中标的电脑。每个军种的电脑在各自的系里都运行良好，但却不能共享资源。这是全球互联网发展的美国三军各网络各自独立运作的阶段，主要特征是互联网开发在于满足美国军方需求，互联网功能开发尚处于初级阶段。

（二）互联网的北约军方使用阶段

第二阶段，TCP/IP 协议产生后的北大西洋公约组织各成员军方网络进一步跨网络互联阶段（1972—1974 年）。在发现不同软硬件计算机信息传输面临的问题之后，1972 年世界电脑界和通讯界专家在华盛顿举行了第一届国际计算机通信会议，决定成立全球互联网工作组，负责建立能保证计算机间通信的标准规范，即“通信协议”。1973 年，卡恩在研究的基础上吸纳瑟夫一起考虑 TCP/IP 协议的各个细节。1974 年 12 月，卡恩、瑟夫的第一份 TCP 协议详细说明正式发表。由瑟夫领衔的小组率先制定出了详细定义的 TCP/IP 协议标准。经测试，IP（Internet

协议）和 TCP（传输控制协议）最终问世，合称 TCP/IP 协议。这两个协议定义了在电脑网络间信息传输的先进方法，推动了“阿帕网”互联互通整合。在美国军方网络互连的同时，北大西洋公约组织的各成员军种的计算机也分军种接入了这个网络。全球互联网跨网络互联局面开始形成，但整体还是处于满足军事用途阶段。

（三）互联网应用的全球扩散阶段

第三阶段，各种网络大发展并互联形成真正意义上全球网络的阶段（1974—1993 年）。20 世纪 70 年代末到 80 年代初，美国各种各样的网络应运而生，网络的春秋战国时代到来。80 年代初，ARPANet 取得了巨大成功，但没有获得美国联邦机构合同的学校仍不能使用。为解决这一问题，美国国家科学基金会（National Science Foundation，NSF）20 世纪 80 年代中期牵头组建了 NSFNET，以改进教育和科研领域的基础设施，抵御欧洲和日本先进教育和科技进步的挑战和竞争。NSF 自己出资，建立名为 NSFNET 的广域网。1986 年 NSF 投资在美国普林斯顿大学、匹兹堡大学、加州大学圣地亚哥分校、依利诺斯大学和康纳尔大学建立五个超级计算中心，利用 ARPANET 发展出来的 TCP/IP 通讯协议，通过 56Kbps 的通信线路连接形成 NSFNET 的雏形。后经过几次升级，NSFNET 的子网迅速增加，构成全球互联网基础。1982 年，美国北卡罗来纳州立大学的斯蒂文・贝拉文（Steve Bellovin）创立了集电极通信网络——网络新闻组（Usenet）。1983 年，纽约城市大学建成了一个以讨论问题为目的的网络——BITNet。在这个网络中，不同的话题被分为不同的组，用户可以根据自己的需求，通过电脑订阅，这个网络后来被称之为 Mailing List（电子邮件群）；1983 年，美国旧金山还诞生了另一个网络 FidoNet（费多网），即公告牌系统。这个网路就是后来的全球互联网 BBS。进入 90 年代之后，美国互联网实际上已成为“网际网”格局：各子网分别负责自身架设和运作费用，而这些子网又通过 NSFNET 互联起来。NSFNET 成为全美互联网的骨架。

与此同时，美国之外也产生了许多类似的民用网络。且不说欧洲日本在互联网领域的发展，中国的互联网事业也在此期间取得了长足的进步。1986 年 6 月至 1993 年 3 月，中国在研究的基础上开始在一些科研部门和高等院校之间组建小范围的互联网，并为少数高等院校、研究机构提供电子邮件服务。1987 年 9 月，由北京向德国成功发出第一封电子邮件，标志着中国在加入全球互联网道路上迈出了实质性一步。1994 年 4 月，中关村地区教育与科研示范网络工程开始接入互联网，实现和全球互联网的 TCP/IP 连接，并开通了互联网的全功能服务。随后，ChinaNet、CERnet、CSTnet、ChinaGBnet 等多个互联网络项目在全国范围相继启动。随着计算机网络在全球的拓展和扩散，美洲以外的网络也以各种方式直接和间接地接入 NSFNET 主干网或其子网，构建起了覆盖全球的互联网，完成了从洲际网向全球互联网的跨越。

（四）全球互联网功能大开发阶段

第四阶段，全球互联网功能应用集中大开发阶段（1993 年至今）。随着全球互联网硬件基础设施在全球的普及和互连，全球实际进入了一个信息共享的大网之中，为全球共享互联网功能提供了条件。1993 年，随着超文本互联网网页软件技术的出现以及其后的逐步完善，网页浏览器软件直接升级了人们沟通的工具，不仅能够实现视觉沟通，还能够实现听觉沟通。全球互联网成为新型、便捷、费用低廉的通讯传输基础工具。更为重要的是，互联网网页人性化开发趋势，直接降低了网络应用的技术门槛，使普通人不经培训也可上网冲浪。这使全球互联网成为所有人都可应用的沟通工具，也使互联网深深嵌入人类社会的各个沟通环节，替代传统的沟通方式，实现原来遥不可及的功能。至此，互联网进入了各领域应用功能大开发的时代，互联网进入实质性普及应用阶段，并不断改造着人类社会。当前，各个经济体在以飞快的速度接入全球互联网，全球互联网正以人们始料不及的惊人速度向前发展。全球互联网在加速全球化，渗透到全球各个角落，渗透到人类生活的方方面面，并冲破国界限制联通世界各国。

总之，互联网已覆盖全球，延伸到世界各角落，为 E 国际贸易孕育发展提供了肥沃土壤。当前，以互联网为核心的信息技术基础设施加速改造人类交流沟通方式，推动人类社会经济加速“平台化”，包括国际贸易在内的人类经济领域以该公共基础信息平台作为演化基础支撑。这构成我们这个时代 E 国际贸易发展的大背景。

二、已具备坚实的信息技术设施应用基础

作为信息基础设施的表现形式，全球互联网已经成为人类当今世界最重要的新增基础设施，其技术和装备的应用已经深入到人类社会经济生活的方方面面，推动产业变革。随着关键技术的日趋成熟，全球信息技术的应用进入了大规模拓展期。当前，互联网应用已初具规模，使用覆盖了全球半数以上人口，成为最重要的新增基础设施。E 国际贸易发展已经具备坚实的信息技术设施应用基础。

（一）全球已经具备 E 国际贸易的信息基础设施应用基础

首先，全球信息基础设施应用规模持续扩张表现为，虽然在五大洲互联网用户数占全球用户总数的比例不同，但已覆盖全球。一是全球互联网用户数在持续快速增长。如图 4－1 所示，2008—2015 年，全球互联网用户数增长平稳，增长率达到 30%，同比增长 9%。根据世界互联网统计机构数据，截至 2016 年 12 月底，全球互联网用户总计 36.96 亿户。其中，互联网用户数在发展中国家的发展速度更快。如图 4－2 所示，印度互联网用户 2015 年同比增长率达到了 40%，远超世界平均增长率。2015 年 3 季度，印度已超过美国，成为继中国之后的第二大互联网用户市场。这表明，互联网基础设施正快速覆盖全球。二是互联网全球覆盖率呈现较大差异。根据世界互联网统计机构的数据，如图4－3 所示，截至 2016 年 12 月底，亚洲互联网用户占全球总数比例继续上

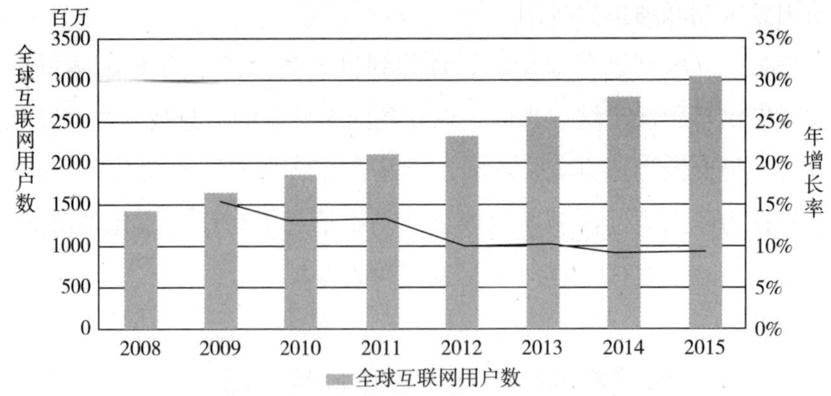

图 4 -1　全球互联网用户数变化趋势（2008—2015 年）

资料来源：Mary Meeker《互联网趋势》（Internet Trends）2016 年度报告。

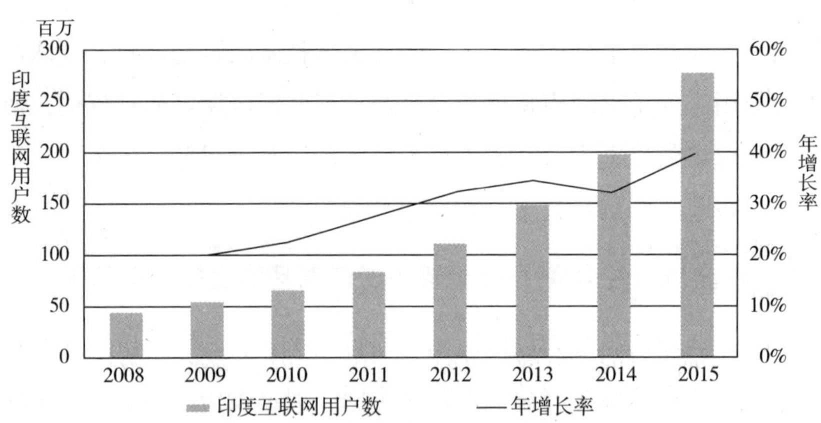

图 4 -2　印度互联网用户变化趋势（2008—2015 年）

资料来源：Mary Meeker《互联网趋势》（Internet Trends）2016 年度报告。

升，已经占到 50.2%，依然保持用户数全球第一的地位；欧洲地区用户数居世界第二，占到全球用户总数的 17.1%；拉美和加勒比海地区用户数世界第三，占全球总数的 10.4%；非洲的互联网用户总数占全球总数的 9.1%；北美地区互联网用户总数位居世界第四，占全球总数的 8.7%；中东地区的互联网用户总数占全球总数的 3.8%，大洋洲占全球总数的 0.7%，比例最低。其中，亚欧大陆总体约占 76%，欧亚非总体约占 85.1%。可见，虽然各地区互联网用户数占全球总数的比例不一，但全球互联网用户遍布全球已经是个不争的事实。

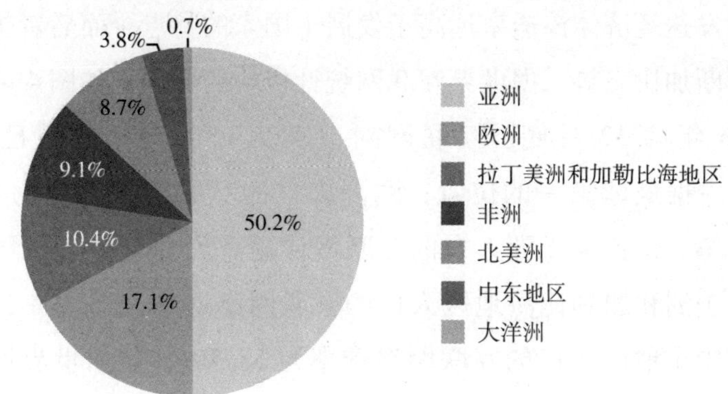

图 4－3　全球互联网用户地区分布（截至 2016 年 12 月底）

资料来源：Internet World Stats－www.　internetworldstats. com/stats. htm。

其次，虽然互联网实际用户数在各大洲的分布并不均衡，但全球信息基础设施应用规模仍然持续大幅扩张。据世界互联网统计机构的数据，如图 4－4 所示，截至 2016 年 12 月底，亚洲地区互联网用户规模最大，约为 18. 56 亿户；其次是欧洲，约为 6. 3 亿户；位于世界第三位的是拉丁美洲和加勒比海地区，约为 3. 8 亿户；非洲实际用户数约为 3. 36 亿户；北美地区变化不大，实际用户数保持在 3. 20 亿户左右；中东地区实际用户数约为 1. 42 亿户；大洋洲仅有约 0. 28 亿户互联网用户。其中，亚欧大陆互联网用户约为 24. 86 亿户，欧亚非互联网用户约为 28. 246 亿户。

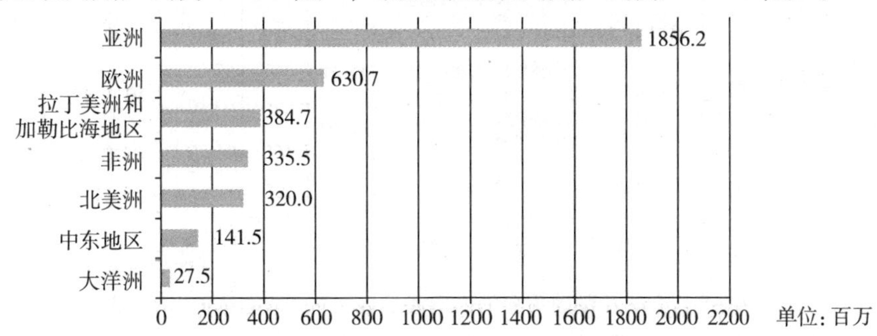

图 4－4　全球互联网用户的地理分布（截至 2016 年 12 月底）

资料来源：Internet World Stats－www. internetworldstats. com/stats. htm。

第三，信息基础设施应用规模持续扩张，在互联网对人口的渗透率上表现为发达经济体渗透率远高于发展中国家的特点，而后者扩张的步伐呈现不断加快态势。据世界互联网统计机构的数据，如图 4 –5 所示，截至 2016 年第 12 月底，互联网对北美人口的渗透率就已经达到 88. 1%，占据全球第一的位置；欧洲人口的互联网渗透率为 76. 7%，处于世界第二位；大洋洲人口的互联网渗透率为 68. 0%，位居世界第三；拉丁美洲和加勒比海地区人口的互联网渗透率为 59. 4%，位居世界第四；中东地区人口的互联网渗透率为 56. 5%，位居世界第五；亚洲和非洲人口的互联网渗透率分别仅为 44. 7% 和 26. 9%，远低于世界平均值 49. 2%，排名分列倒数世界第二和第一。渗透率是指一国网民数占其总人口的比例，反映了互联网在该经济体的普及率。全球互联网渗透率的现状表明，与亚非发展中国家在当今世界竞争格局中的落后状态相适应，其在世界信息技术革命中也处于落后状态，但随着信息技术硬件成本降低，扩张步伐在加快。

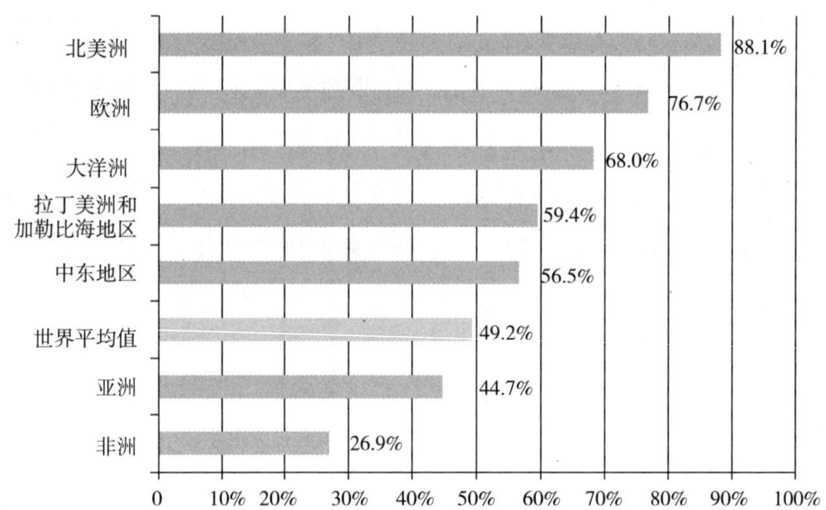

图 4 –5　全球互联网用户的人口渗透率（截至 2016 年 12 月底）

资料来源：Internet World Stats – www. internetworldstats. com/stats. htm。

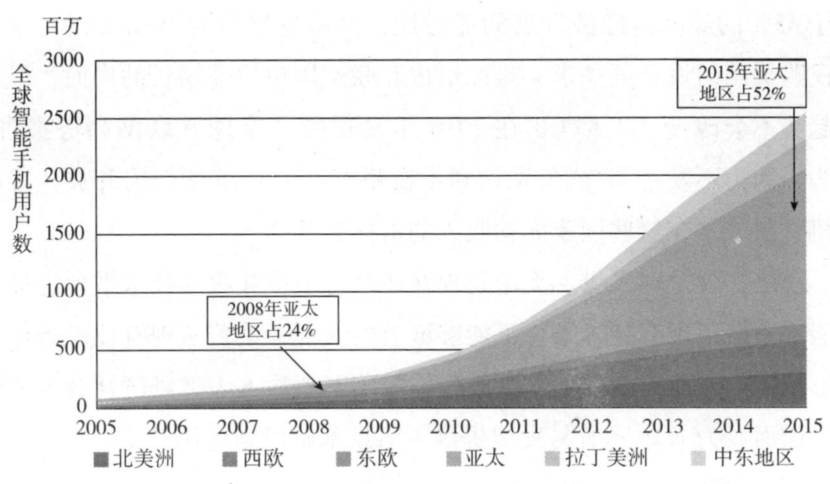

图4－6　全球智能手机用户变化趋势（2005—2015年）

资料来源：玛丽·米克尔（Mary Meeker）：《互联网趋势》（*Internet Trends*）2016年度报告。

第四，全球信息基础设施应用规模持续扩张表现在，全球互联网规模增长率趋势增速虽然放缓，但规模还在不断攀升。据世界互联网统计机构的数据，世界互联网用户规模还在以每年大约2亿左右的规模快速上升，总规模持续增加。从图4－1可以看出，互联网用户增长率并不随着互联网用户规模的增加而增加，而是在下降，2012年增长12%，2015年增长9%。另据2016年KPCB的《全球互联网趋势报告》，如图4－6所示，2015年，全球智能手机用户的增长率相较于2014年的31%，已放缓至21%。而且，全球智能手机单位出货量急剧降低，只有10%的增长，而2014年度为28%。安卓手机继续抢占iOS的市场份额，在美国的销售价格持续下降。可见，新互联网用户获得的难度加大，但总体规模还在扩张。KPCB在2014年5月发布了一份《全球互联网趋势报告》认为，造成互联网用户增长率下降趋势的主要原因是，"互联网普及率高于45%的经济体的网民增速在放缓，互联网普及率低于45%的经济体的网民增速虽然在增加，但难以抵消互联网普及率高于45%的经济体的互联网用户增速放缓的影响。考虑到互联网普及率低于45%的经济体经济发展的滞后性，经济发展收益增加难以支撑其国民购买网络设备的需求，难以形成互联网用户快速增长的局面，但增长趋势不会改变。”① KPCB 在 2016 年发布的《全球互联网趋势报告》认为，因为不发达和/或欠发达和不富裕国家的新市场尚未开放，智能手机材料成本在这些国家人均收入的占比非常高。

总之，就全球来讲，无论是现在还是将来，互联网技术平台已最大可能地覆盖了现有技术条件下能够覆盖的人群，覆盖了现有技术条件下能够覆盖的产业。全球信息基础设施应用不断深入人类经济社会生活的方方面面，为 E 国际贸易发展提供了信息基础设施应用沃土。

（二）我国也已具备 E 国际贸易的信息基础设施应用基础

在互联网创新和应用方面，我国是后来者。但是，我国互联网发展速度较快，后来居上，已经是全球规模最大的互联网市场，也是升级换代最快的市场之一。

首先，我国互联网事业突飞猛进，基础资源占有量可观。中国互联网络信息中心（CNNIC）发布的《中国互联网发展状况报告（2016）》显示，截至2016 年 12 月底，我国拥有 IPv4 地址 3. 38 亿个，IPv6 地址 21188 个/32，域名总数为 4228 万个，其中，以“. CN”域名总数约为 2061 万个，占中国域名总数的比例为 48. 7%，居全球国家域名第一，年增长率为 25. 9%。“. 中国”的域名总数约为 47. 4 万个，年增长率为 34. 4%。中国网站总数为 482 万个，“. CN”域名下网站总数约为 259 万个。我国国际出口带宽为 6640291Mbps，年增长 23. 1%（如图4 -7），其中，我国国际经济贸易互联网带宽相对落后（如表 1 -1）。

---

① 徐长春，贾文学 . 2014 年全球互联网引发的变革研究［M］//国际经济分析与展望（2014—2015）. 北京：社科文献出版社，2015：406.

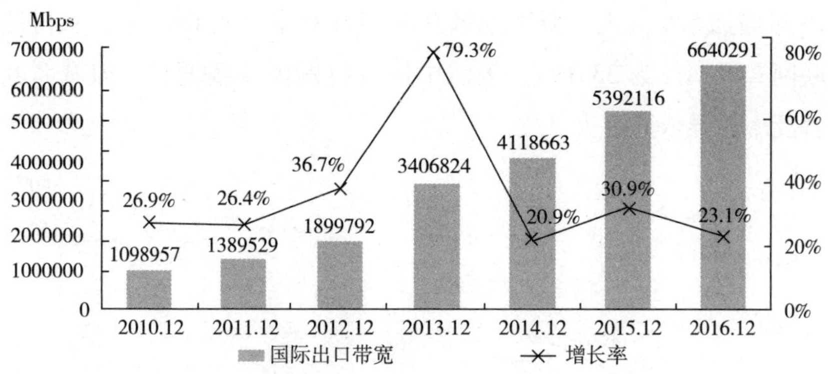

图 4－7　中国国际出口带宽及其增长率变化趋势

资料来源：CNNIC 中国互联网络发展状况统计调查，2016 年 12 月。

表 1－1　主要骨干网络国际出口带宽数

	国际出口带宽数（Mbps）
中国电信	3886527
中国联通	1700446
中国移动	959108
中国教育和科研计算机网	40960
中国科技网	53248
中国国际经济贸易互联网	2
合计	6640291

其次，我国互联网应用发展快速，网民规模全球第一，但普及率（人口渗透率）不高，尚有较大普及空间。如图 4－8 所示，中国互联网络信息中心（CNNIC）发布的《中国互联网发展状况报告（2016）》显示，截至 2016 年 12 月底，中国互联网网民规模达到了 7.31 亿，相当于欧洲人口总和，位居全球第一，较 2015 年全年新增网民 4299 万，互联网普及率为 53.2%，较 2015 年增长了 2.9 个百分点。经历近 10 年快速增长后，中国网民规模增长率趋于平稳。中国网民普及率不高的根本原因是农村互联网普及率低。截至 2016 年 12 月底，如图 4－9 所示，我国农村网民占我国网民总数的比例为 27.4%，规模为 2.01 亿，较

2015 年增加 526 万人。城镇地区互联网普及率达到 69.1%，农村地区互联网普及率仅为 33.1%。虽然中国农村网民持续增长，但城乡互联网普及率差异依然巨大。

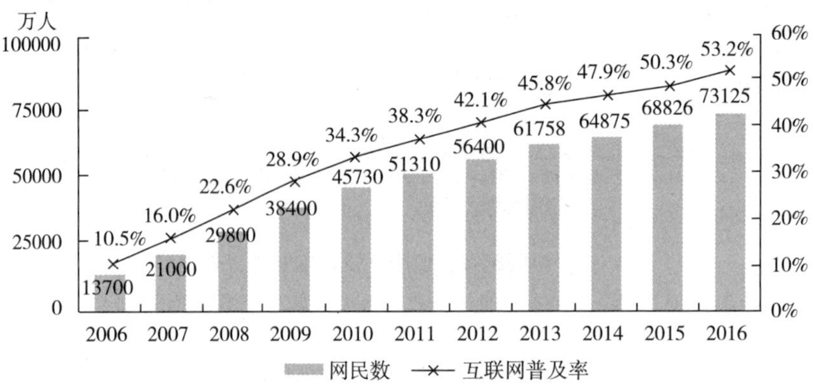

图 4-8　中国互联网网民规模和互联网普及率发展趋势

资料来源：CNNIC 中国互联网络发展状况统计调查，2016 年 12 月。

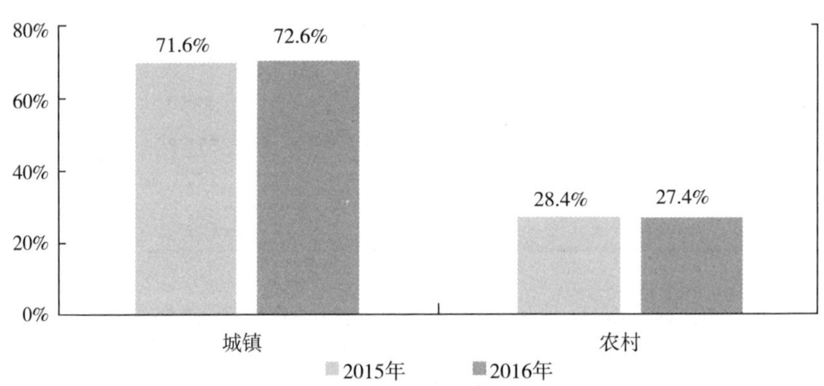

图 4-9　中国城乡网民分别比例

资料来源：CNNIC 中国互联网络发展状况统计调查，2016 年 12 月。

第三，我国互联网应用移动化趋势明显。中国互联网络信息中心（CNNIC）发布的《中国互联网发展状况报告（2016）》显示，截至 2016 年 12 月底，手机网民规模达 6.95 亿，占比达 95.1%，较 2015 年同期增长 5.0 个百分点，增长率连续 3 年超过 10%。而台式电脑、笔记本电脑网民比例分别为 60.1% 和 36.8%。可见，台式电脑、笔记本电脑的使用率均出现下降，手机不断挤占其他个人上网设备的使用。

第四，我国企业的互联网应用几乎全覆盖。如图 4 - 10 所示，中国互联网络信息中心（CNNIC）发布的《中国互联网发展状况报告(2016)》显示，我国企业互联网使用比例近年来出现快速增长态势。截至 2016 年 12 月底，全国使用互联网办公的企业比例达到 95.6%，首次突破 90% 关口。可见，我国互联网基础设施的应用后发先至，应用水平较高，基于人口规模的应用规模明显强于世界其他国家，但因农村人口较多且经济水平偏低而人口渗透率尚处于中下水平，但对互联网的依赖不断加强的态势明显。

图 4 - 10　中国企业互联网使用比例发展趋势

资料来源：CNNIC 中国互联网络发展状况统计调查，2016 年 12 月。

总之，信息技术基础设施已经渗入全球各国人民的生产生活之中，成为人们不可或缺的基础设施。国际贸易的众多环节已离不开互联网，信息基础设施的进步为 E 国际贸易的深入发展奠定了坚实基础。

（三）全球信息基础设施发展趋势有利于 E 国际贸易发展

随着信息技术装备大量进入人类生产生活以及新的创新成果的出现，全球信息基础设施将呈现新的模样。

1. 现有信息技术平台将面临升级

当前，在经历了多年三大互联网关键技术革命成果消化之后，2014

年全球科技公司 IPO 又出现了新的高峰。依据以往经验，未来信息技术又将有新的突破，现有技术平台面临升级。

从科技公司每年 IPO 的数量发展趋势看，关键技术创新或又面临新一轮突破。如图 4 - 11 所示，三大互联网关键技术面世以后，科技公司 IPO 融资额和风险资本融资额的高峰期发生在 1999 年和 2000 年，而相关科技公司 NSDAQ 市值高峰出现在 2000 年。随后，科技公司 IPO 融资额一路走低。这种情形一直持续到 2013 年。科技公司 NSDAQ 指数在波动中走高，表明科技公司现有信息技术的应用创新活跃，新产品使用价值得到市场的认同。科技公司 IPO 融资额走低表明，推动科技公司市值增加的新科技要素没有增加，科技创新活跃度降低。2014 年，科技公司 IPO 融资额明显创出新高，风险资本融资额创出新高，NASDQ 指数也创出新高，科技公司创新活动再度活跃。总体来看，当前，科技公司新的原创技术开发再次启动，现有信息技术平台面临升级局面。

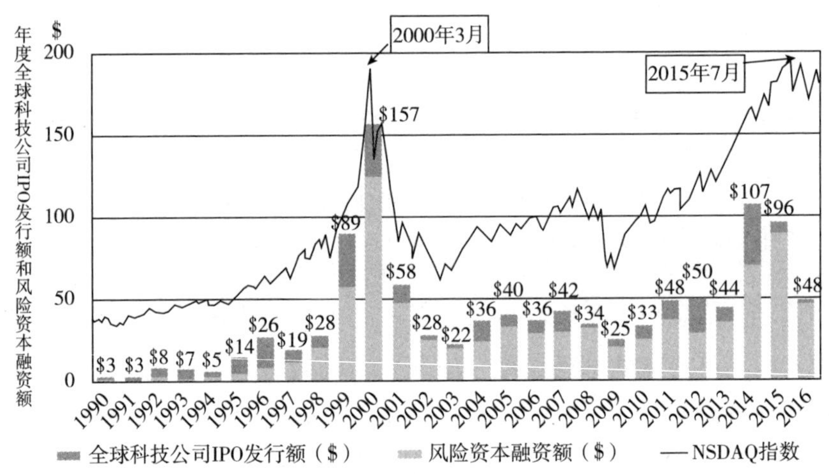

图 4 - 11　1990—2016 年 6 月全球在美上市科技公司 IPO 和风险融资额变化趋势

资料来源：KPCB。

现在看来，传感器信息技术、软件化基础设施（SDI）及预测分析/机器学习这三大领域是突破的重点。基于传感器的信息技术是指传感技术的数字化和功能拓展，它在虚拟和现实之间创造出一个世界，共同产生新的功能模型。软件化基础设施由通过软件协调和控制的计算、传输和存储技术组成，这种方法能够使信息技术在没有人工干预的情况下快速和自动发挥作用。预测分析和机器学习技术将用于加强数据分析，改善战略与操作决策。机器学习可用于尝试创建智能网络，这种网络不再依赖人工管理；预测分析技术可用于越来越多的领域，如预报网络性能，增强网络安全，查获浪费、欺骗和资源滥用等。

总之，当前科技公司的融资额高企及新技术模型的出现意味着，信息技术在面临新的突破，新的信息技术产生已在路上，现有信息技术平台面临升级。这更加有利于 E 国际贸易的发展。

2. 全球信息技术应用不断移动化

在产业链的纵向上，全球信息技术领域的革命性技术突破尚没有实现，只是在原有技术平台横向应用领域取得了一定发展。随着移动设备的增加和廉价化，全球信息技术出现了移动化趋势。

首先，全世界利用移动设备上网用户的规模呈现爆发式增长态势，可以说，用“井喷”形容一点都不为过，但逐渐见顶。如图 4 – 12 所示，2014 年 5 月，全球利用移动设备浏览网页的用户规模增长幅度较上年同期几乎全部翻倍，出现拐点式快速增长。其中，亚洲和非洲移动用户规模增长幅度明显高于其他经济体，该两洲利用移动设备浏览网页网民所占比例 2014 年分别为 37% 和 38%，较 2013 年同期分别提高 14 和 20 个百分点，明显高于全球平均值的 11%，加速增长态势十分明显。这主要是因为亚洲和非洲在信息化过程中启动较晚，有后发优势，信息化发展直接搭上了移动化的便车，直接跨越台式电脑期进入了移动设备期。北美和欧洲引领信息化发展，其信息化过程是个自然演化过程，网民对传统上网设备的依赖性很强，面对移动化浪潮，走了一条逐步用移动设备替代传统台式电脑的路径，移动化方面进展稍慢，但增长率也分别实现了 8% 的提高。

虽然移动化速度在降低，但是，没有改变全球移动用户规模扩张的

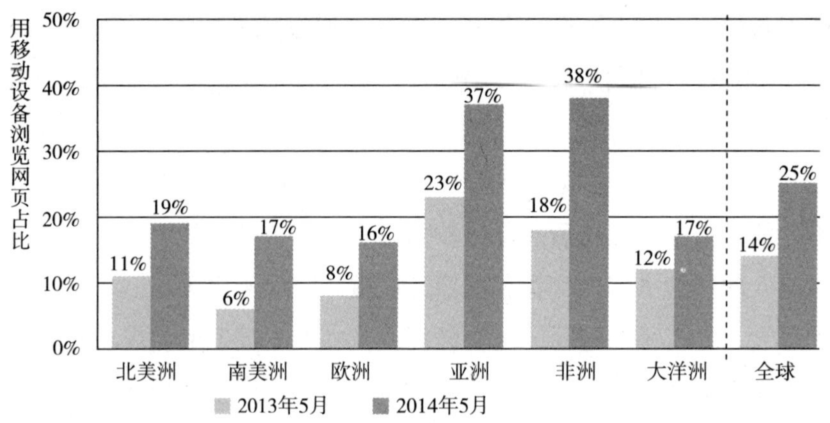

图 4－12　全球移动互联网用户变化趋势

资料来源：Mary Meeker Internet trends，2014。

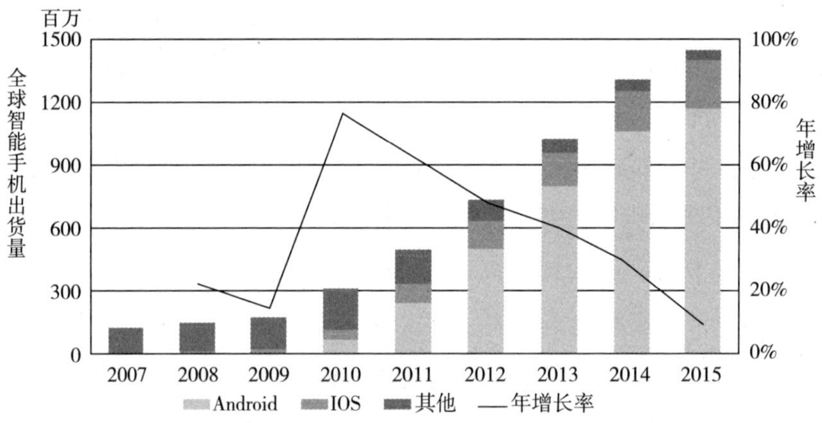

图 4－13　2007—2015 年智能手机出货量变化趋势

Source：Marpen Startey Research，2016。

基本态势。根据 Mary Meeker 发布的《互联网趋势 2016》，如图 4－13 所示，在经历了 5 年大幅增长之后，全球智能手机用户增长速度大幅放缓，2014 年增长 28%，2015 年增长 10%。这意味着全世界利用移动设备上网用户的规模逐渐见顶。但这还没有改变全球移动用户规模扩张的基本态势。全球互联网移动化步伐加快，有其经济和技术的合理性。近年来，随着信息化技术的进步和完善，计算设备、记录设备、连接设备等信息化设备的成本大幅下降，上网资费也大幅下降，手机等移动设备上网在经济和技术上都具备了大众化普及的基础。移动化更加有利于 E 国际贸易的发展。

3. 大数据将为 E 国际贸易发展提供更加有力支撑

随着信息技术和网络技术的进步和日趋成熟，数据采集成本不断降低，数据处理成本不断降低，大数据时代的经济合理性日渐具备。全球信息技术应用的大数据时代加速到来，为 E 国际贸易发展提供更高平台。

首先，科技进步使得数据存储成本和数据处理成本大幅降低，为大数据时代加速到来奠定了坚实的物质基础。据 KPCB 的统计，自 1990 年至 2013 年的 24 年间，数据存储成本每年以 38% 的速度跨速下滑，宽带使用成本每年以 27% 的速度降低。2008—2013 年，智能手机的成本也以每年 5% 的速度降低。与此同时，数据计算处理成本每年以 33% 的速度下行。当前，数据的存储和计算成本都已经降到历史的低点，甚至普通百姓都能消费得起。这奠定了信息技术平民化的基础，推动大数据时代快速到来。

其次，在数据采集和处理成本的快速降低及网络技术进步的条件下，信息技术用户不仅成为信息设备的使用者，而且成为全球网络数据库的重要构建者，互联网上积累的数字信息量呈爆发式增长。在互联网技术日益普及的条件下，网民不仅成为已有数据的使用者，还通过把图片、视频以及文字和音频等数字信息上传网络，变身为网络数字通用信息数据库的构建者。互联网既是全世界互联网用户的乐园，也是全球各领域信息的汇聚池。如图 4－14 所示，据 IDC 的研究预测，2005 年以来，全球互联网信息积存量强劲增长，2013 年的同比增长率已经达到 50%，纯数据增量已经超过 4ZB。在全球互联网信息积存量持续增长的基础上，2016 年的增长量将达到 13ZB。全球互联网信息呈现爆发式增长，为大数据时代的到来提供了数据资源基础。

在诸多因素共同推动下，互联网大数据时代的窗口已开启。2014

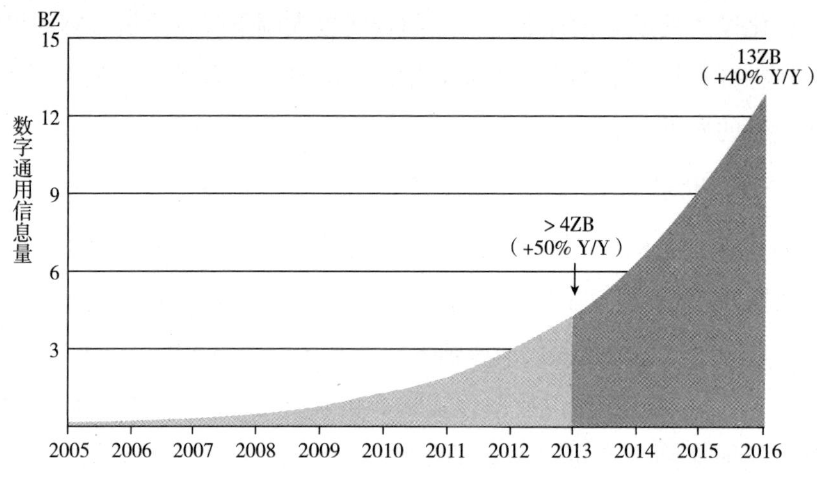

图 4－14　数字通用信息增长趋势

资料来源：IOC Digtal Univese，data as of 5/14。

注：1 petabyte = 1MM gigabytes，1 zetabyte = 1MM petabytes。

年，利用网络大数据给贷款客户进行信用评级、支撑信贷业务开展的网商银行已经获得政府批准进入市场运作。这标志着互联网大数据信息的价值已进入大规模商业开发应用时期，大数据时代窗口已开启，人类已经迈入大数据时代。

可见，互联网技术面临新的突破，并将在新的平台上进一步深化对人口生产生活的影响。这表明，信息技术基础设施进步将进一步增加国际贸易对其依赖性，使国际贸易更加电子化，变身 E 国际贸易，为 E 国际贸易发展奠定更高的平台。

三、已具备 E 国际贸易的业态变革基础

在信息技术革命的推动下，三次产业的信息化快速改变着传统产业业态，呈现新的发展趋势和特点。全球产业的信息化变革，进一步为 E 国际贸易发展提供了肥沃的业态变革土壤。

（一）农业产业已经并继续加速信息化业态变革

由于信息技术改变了农业生产资料的操作方式和农业生产资料的组合方式，在信息化条件下传统农业业态快速改变而呈现出全新的发展趋势及特点。

首先，信息技术的应用和农业互联网、物联网的形成使农业装备呈现信息化、智能化、自动化的趋势及特点。一是农业机械呈现智能化和自动化的趋势及特点。在农业机械大型化的基础上，基于 GPS、GIS 等的现代信息技术装备武装到这些农业机械上，为农业机械的自动化和远程操作管理奠定了基础，使农业机械驾驶、施肥、喷药和播种等传统操作可以实现智能化和自动化，使劳动者从繁重的劳动中解脱出来。二是基于现代信息技术的遥感、传感等先进技术装备在农业上的应用，为农业生态系统的自动化和远程操作管理奠定了基础，为农业田间动态监控和人工远程管理奠定了基础。例如，在农业灌溉方面，基于互联网、物联网提供的技术便利，利用农田土壤水分数据自动采集系统可以远程监控土壤墒情、酸碱度、养分、气象等农作物生长环境状况。根据这些数据，智能节水灌溉系统能够自动控制农田的灌溉水量、肥料量。也就是说，农业已经能够实现灌溉的智能化、可控化。另外，借助现代信息技术装备，农业病虫害防治、作物管理等传统农业生产操作也可以实现远程化、自动化管理。总之，以计算机为中心，依靠互联网、物联网的联通，集感知、传输、控制、作业为一体，基于现代信息技术综合集成的智慧农业生产装备体系已经成型，并在农业生产系统中快速应用起来。农业信息化、智能化、自动化趋势势不可挡，并推动高效设施农业生产模式成为一种历史潮流。

其次，随着现代信息技术的渗透，农业营销模式呈现电商化趋势及特点。随着智能移动终端的发展，农业电商发展所需的外在条件日趋成熟。农业电商平台的兴起削弱了长期困扰市场的信息不对称问题，削减了产品到达用户的中间渠道环节，降低了购销双方大量的时间和经济成本。通过互联网能够有效整合农业生产者、经营者和消费者之间的关系，搭建起农业交易电子商务平台，为众多农业企业提供优质的交易网络平台。由于农业电商可以有效保障农产品供销渠道的畅通，降低交易成本，增加农民收入，又可通过信息对称有效控制农产品市场风险，农业营销模式呈现快速电商化趋势。

第三，在现代信息技术创新和应用的大力推动下，农业产业整体呈现集约化、标准化和农产品质量可追溯化的趋势及特点。一是农业生产工具的信息化、智能化和自动化发展，意味着农业生产装备的现代化以及农业的设施化，要求农业生产规模化和集中化，也就意味着随着农业信息化的深入发展，农业产业将呈现集约化的发展态势，将来农业生产的兼并集中不可避免，农业龙头企业引领、农业服务企业辅助将成为普遍现象。二是随着农业的信息化和集约化，农业生产将呈现标准化趋势及特点。互联网、云计算等先进的信息技术在农业中的广泛应用，使得建立覆盖面广、针对性强的农业标准信息库成为可能。统一、标准、规范、精准的数据库系统，进一步推动有效的农业发展行业研究标准和相关数据产生，为农业进一步发展提供流程指导和农业标准动态数据库资源支持。这种正反馈机制，在标准化带来的经济红利的刺激下，不断推进农业标准化进程，先是在农业技术标准化的基础上刺激农业生产流程的标准化，再进一步推进农业管理的标准化，打造标准化的农业生产方式。而且，由信息化推动的农产品供给和消费的可预测性和可计划性也为农业标准化提供了助力。三是随着农业的信息化和集约化，农产品质量可追溯化趋势及特点成为现实。随着信息技术在现代农业中的应用，农产品安全保障体系——农产品质量可追溯体系借助信息识别技术得以实现。农产品安全问题是我国农产品生产经营的最大难题，也是举世关注的焦点问题。借助于互联网技术，农业企业将二维码、移动终端、物联网等先进信息技术和装备在农产品的生产加工、流通、销售等诸多环节推广应用，形成包含农副产品的产地、采摘时间、采摘人、包装日期、化肥使用情况、农药使用情况等可追溯信息的标签；在此基础上构建质量安全追溯服务平台，建立责任体系，保证质量合格、绿色环保、无公害的农产品提供给消费者。监管部门据此建立农产品上下游追溯体系，实现农产品生产全程可追溯，借助农产品质量标准建设，并辅之以市场准入机制，最终形成标准化的农产品，推动知名农业品牌的打造，有效保障农产品的质量与安全。

总之，在信息技术革命的推动下，农业生产呈现信息化、智能化、自动化趋势及特点；农业营销模式呈现电商化趋势及特点；农业产业呈现集约化、标准化和农产品质量的可追溯化趋势及特点，农业产业越来越呈现工业化的特征。

（二）制造业已经并继续加速信息化业态变革

信息技术的创新与应用，将对制造业的基础装备、营销模式和生产方式产生革命性影响，使制造业装备呈现数字化、网络化、智能化的趋势及特点，使个性化定制取代标准化生产，使营销模式快速电商化，使制造业行业资源配置社会化。

首先，信息技术的应用使制造业生产装备呈现数字化、网络化、智能化和自动化发展趋势及特点。信息技术是制造业高度发达的结果，也首先推动了制造业的整体信息化。一是制造业的基础细胞——企业已经快速信息物理系统（Cyber Physical Systems，CPS）化，CPS已经成为高水平企业装备的基本配置。在基础装备信息化的基础上，借助于物联网和服务网，制造企业可将生产过程中涉及的机器、存储系统、生产设施等都融入信息物理系统之中，构建起数字化物理网络系统，有效实现制造业与服务业的融合。制造过程中，企业通过智能机器、存储系统等方面的处理，对制造企业的生产、销售、物流和服务等各个环节，都形成有效的端到端集成，进而实现信息交换、动作触发和动作控制等职能，使得制造企业的制造、工程、材料、供应链等诸多环节的控制与管理得到有效优化。二是企业信息化的集体行动，推进了制造业行业整体的装备信息化。借助于制造业大数据、制造业互联网平台，制造企业不仅可以实现与单个制造企业内部的点对点链接，而且能够通过建立整个制造行业的资源共享平台，实现与平台内部所有制造企业间的有效对接，从而整合所有参与制造企业的技术、资金等要素资源，增加合作的广度和深度。在互联网平台上，各参与制造企业为了能够长期从平台中获得利益，会维护自身良好信誉，主动维护整个信息平台，从而形成较为稳定的全面合作模式，逐步形成制造企业价值网络，实现行业系统流程的优化和合作，推进制造企业的共同发展。在点对点链接基础上构建的制造行业合作信息平台内，诸多互联网资源在制造企业之间的流动，并不存在先后顺序，而且不存在消耗减少的问题，能够持续地供给所有的参与企业连续使用。与此同时，互联网平台具有“规模经济”的特点，参与的制造企业越多，合作信息平台越完善，越能准确反映整个行业的实际需求动态及其变化，从而参与合作的制造企业将得到更大的效用，体现出一种合作规模经济的特征。这样，制造业行业整体的装备也就呈现信息化的趋势及特点。三是制造业生产高度智能化和自动化。在信息化条件下，制造诸环节以一种高度柔性与集成的方式进行生产，既借助计算机模拟的人类专家的智能活动，进行分析、判断、推理、构思和决策，取代或延伸制造环境中人的部分脑力劳动，又通过收集、存储、完善、共享、继承和发展人类专家的制造智能。依托智能机器，智能制造成为制造业生产方式的基本形态。总之，在信息化的推动下，无论是单个企业内部还是包含所有企业的制造业整体，生产装备都呈现数字化、网络化、智能化和自动化发展趋势及特点。

其次，随着现代信息技术的不断渗透，制造业生产呈现从“硬性制造”向“软性制造”转化的柔性化趋势及特点。在信息技术装备对生产链条覆盖率越来越高的条件下，企业制造的流程发生了改变。企业首先将制造企业信息系统与客户信息系统相接，获得客户的个性化需求信息，综合客户的具体精细需求信息，然后结合自身装备状况和自身信息库中产品设计图样信息，修改调整成满足用户个性化需求的产品设计，最后利用生产装备完成产品生产。这和过去的不考虑客户个性化需求的大批量标准化生产完全不同，已经从“硬性制造”向“软性制造”转变。软性制造，是指在制造过程中，不单单追求产品本身的价值，而是通过拓展更多、更丰富的制造服务的系统解决方案力求更多的附加值。相对于“硬性制造”来说，软性制造更强调产品通过软性的、无形的内置软件、附带服务等解决方案谋求利润，是依靠“看不见”的、更加重要的软实力。相对于传统制造业，如今的制造业更多需要互联网等信息技术支撑的有关软件，并辅之以与这些软件相适应的信息技术硬件的大力支持。目前，发达国家还提出“硬件复兴”，实际上硬件的复兴也是通过软件功能的扩展来实现的，依靠云端计算能力等软件技术，让硬件变得更加智能。总之，软性制造不再仅将“硬件”视为影响制造的重要环节，而更加重视“软件”在制造业中发挥更加重要作用，通过制造服务化或提供系统服务，可为制造业创造更大的价值。面对信息革命的冲击，制造业在未来发展过程中，将逐步放弃“硬性制造”模式，更多地从软件、服务、附加值等角度，关注销售服务、提供系统解决方案等软性业务，据此推动制造企业获取更多附加价值。

第三，在信息技术应用不断强化的条件下，制造业营销模式呈现线上线下互动的市场营销电商化新趋势及特点。在信息化时代，制造企业纷纷通过打造线上线下相结合的营销模式，利用电商大大提升营销效率。一是制造企业都在积极尝试电商营销模式，利用互联网技术，通过互联网、大数据等先进技术，快速、有效地把握用户实际需求，进而针对客户偏好的用户体验流程改善营销手段和方式，重新打造企业营销环节，以更好地满足用户体验，确保制造产品和服务的内在价值被充分发掘，以低成本高效率完成原材料采购和产品销售，利用互联网技术开展无所不在的营销，提高企业市场营销效率。二是针对网上电商营销模式还不能完全满足消费者实际需求的情况，制造企业正在形成线上线下协同营销、相互支持的新营销模式。通过实体店提供网下产品展示服务，企业让消费者通过网络了解产品及服务，然后通过线上方式预约设计师根据客户描述直接设计个性化解决方案，再通过线下门店开展与客户面对面的讨论，进一步修正之前的方案，最后签订相关合同。之后，公司将设计方案传递至工厂或其他生产者进行生产。最后，由就近实体门店配送安装，完成这个销售过程。这样，在大数据时代，制造业营销模式不仅改变了传统的实体店模式，还在继承实体店和电商营销模式优点的基础上，立足客户个性化需求，逐步形成了线上线下互动的市场营销电商化新趋势及特点。

第四，在信息技术应用不断强化的条件下，全球制造业价值链融合与重构呈现近乎同一起跑线竞争的趋势及特点。借助信息技术，互联网成为全球最重要的信息沟通基础设施。在互联网的世界里，世界各个角落的企业都是透明的。在互联网制造交易平台的支撑下，制造信息源由单一交易中心发布变为互联网制造信息服务提供商，一改过去的交易信息发布的单一性。这个全球制造业价值链大融合与重构带来了巨大影响，使其呈现新的趋势及特点。一是由于互联网平台带来的透明性，研发导致的核心技术传播呈现新的特点。由于互联网具有开放性和全球性，制造业能够更加迅速便捷地获得国外的相关技术，使基础材料、核心零部件和设计等方面技术迅速扩散，模糊了国际产业链上游依次传递的界限。二是由于互联网平台带来的信息透明性，世界各经济体制造业设计能力扩散呈现新的趋势及特点。借助互联网，制造业设计技术和成果，快速在全球扩散，各经济体制造业的功能设计、结构设计、包装设计等能力差距具备了快速缩小的条件。三是由于互联网平台带来的信息透明性，使国际贸易呈现新的趋势及特点。互联网导致的透明性，使产品信息突破各经济体设置的贸易障碍直接抵达遍布全球的消费者，使原来由于贸易渠道限制而不得不“贴牌”销售企业的新产品获得了快速直接进入国际市场的机会，改变了国际贸易的基础。总之，信息技术的应用，模糊了国际产业链上下游的划分，使全球各经济体制造企业在大致相同的起跑线上竞争，全球制造业价值链融合与重构呈现近乎同一起跑线竞争的趋势及特点。

第五，在信息技术应用不断强化的条件下，制造业企业生产管理模式改变，使企业管理呈现扁平化和社会化的趋势及特点。一是企业内部互联网信息管理平台的出现，降低了企业内部人员沟通交流的成本，使企业内部人员更便于参与企业管理，侵蚀着原来金字塔形企业组织管理结构赖以存在的高度层级化的基础，使更加扁平化的组织结构更有利于企业发展，企业管理呈现民主化趋势及特点。二是企业面向外部公众信息平台的出现，方便了企业与社会的及时便捷沟通，便于企业组织社会资源参与企业生产过程，比如业务外包、聘用兼职人员、用户需求采集等，使企业生产更加社会化。总之，在传统的制造企业经营管理理念中，制造企业管理者往往是以厂商作为中心，追求标准化、大规模生产，以此降低生产成本，获得竞争优势。在信息化时代，制造企业生存和发展的权利已经由制造企业转向用户，用户的需求成为制造企业生产、制造的导向，传统以厂商为中心的金字塔形管理方式，正在转变为以企业员工集体智慧为基础，管理组织扁平化，以消费者为中心，以个性化销售、柔性化生产和精准化服务为重点，以产业链上下游、合作者及竞争者共同形成利益为目标的民主化管理方式。

总之，在信息技术应用日益普遍化的今天，制造业呈现生产装备信息化、生产方式柔性化、销售模式电商化、管理方式民主化的特点，并使全球制造业价值链融合与重构呈现近乎同一起跑线竞争的趋势及特点。

（三）服务业已经并继续加速信息化业态变革

与对第一产业——农业和第二产业——制造业的影响相比，信息技术应用对服务业的影响更加显著，几乎深入到服务业发展的各个环节和方面，使其呈现新的发展趋势及特点。

首先，信息技术应用使服务业装备呈现信息化的趋势及特点。在信息技术应用的冲击下，服务业信息获取、发布、传导都越来越高度依赖现代信息技术装备。随着移动互联网的发展，平板电脑、手机、可穿戴设备（如智能眼镜、手表、皮带、衣服、鞋子等）、汽车导航屏幕、家电操作界面、门禁显示等都成为信息获取和传播的载体。随着物联网技术的发展，未来泛在终端的愿景是所有的物品都嵌入芯片，可以进行信息感知和发布。市场信息进一步呈现泛在化，获取信息载体的多样化，使得服务业装备更加依赖现代信息技术装备。

其次，信息技术应用使服务业呈现去中介化、信息平台化和服务企业去中心化的趋势及特点。在信息技术应用的冲击下，货物运输市场提供直接车货匹配对接服务的移动平台如雨后春笋般大量涌现，服务于干线运输的车货匹配平台的“卡行天下”、专注于高质量运力服务的“易流 GPS”、定位于城市配送服务的“速派得”等平台都开始高速成长，传统的信息部、中介服务等都面临货运 APP 的挑战，传统的货运场站中介服务都感受到互联网平台的巨大压力，纷纷转型组建自己的信息平台进行经营。随着信息平台服务企业的不断成长，信息平台服务企业取代传统的大垄断服务企业成为各行业的主导者、组织者，传统服务行业的垄断力量都在削弱，传统服务行业呈现去中心化特点。传统以信息代理为盈利核心的经纪人、代理业、中介服务业、中间零售商等业态将面临转型甚至消亡，原来大垄断服务企业的中心地位被信息平台服务企业所取代，呈现去中介化、信息平台化和服务企业去中心化的趋势及特点。

第三，信息技术应用使服务业企业提供的服务和产品呈现极致化和长尾化的趋势及特点。信息化时代是“消费者主权”的买方市场时代，服务业是体验经济，即使对生活必需品、必要服务的消费，消费者都在追求极致化的体验。简洁、友好的服务界面，参与感强、趣味性高的销售和服务过程设计，创新的商业、营销模式等都可以帮助商家转变传统呆板的服务模式，建立极致化的客户体验，造就顾客满意和顾客忠诚。信息技术应用让依托信息平台服务的服务业企业的客户反馈信息实时传递和呈现在经营者面前，服务的“好评”和“差评”成为影响消费者行为的重要因素，进而成为影响企业经营的生命线。这就在一定程度上改变了传统服务市场“逆向选择”和“道德风险”的信息不对称难题，形成市场正向反馈和良性循环的淘汰机制。这种信息对称的结果是服务质量提升和服务产品质量的极致化，消费者个性化需求和服务体验获得服务提供者真正意义上的重视，围绕顾客极致化体验的服务产品优化、创新成为商家关注的焦点。与此同时，在信息化时代，当商品储存流通展示的场地和渠道足够宽广（如互联网平台），几乎任何以前看似需求极低的产品，只要有人卖，都会有人买。这种长尾化的流通展示特征使服务业产品的个性化程度进一步提升，服务体验的定制化空间进一步加大，需求极低的产品在全时全域市场面前也变得具有规模化需求特征。

第四，信息技术应用使得服务业产业整合呈现越来越平台化整合的趋势及特点。在平台主导的服务业市场环境下，服务业企业多是轻资产企业，其整合更多地表现为平台型市场整合。信息平台是由互联网和应用终端驱动的“半开放的中间组织”形态，是提供了交易规则和互动环境的虚拟交易市场，是企业间竞合的经济生态基础。与传统的联盟、并购、持股等市场整合模式不同，平台整合是一种开放的（加入和退出平台）、不以产权交易为基础的市场整合模式。在信息化时代，平台整合模式越来越成为服务业企业市场整合的表现形式。

第五，信息技术应用使服务业企业盈利模式呈现间接化、多维度化的趋势及特点。信息技术的应用使传统相对直接、简单的盈利模式变的更加复杂和间接化，“羊毛出在猪身上，狗来买单”的情形很多。在信息化时代，服务企业盈利可以利用平台经济的准中立性收取间接费用。信息平台于入驻企业及其客户可以是双边或多边市场企业，平台的盈利模式可以采用交易分成（如 Ebay）、支付分成（如 Paypal）、流量收费

（如淘宝直通车）、广告营销（如淘宝钻石展位）等方式，都不直接向用户收取的费用；也可以利用大规模用户基础对少量用户收费。“免费”经常是互联网企业借以吸引大规模用户和流量的“引爆点”，但免费服务的平台常常在庞大免费用户中提供收费的附加或特殊服务，以改变维度收费的方式（业内常称“降维”）获取盈利。如免费试用的“微信”和“360 杀毒”平台，以社交游戏、软件推广等形式盈利，拥有大规模免费用户的 QQ 依靠对少量 VIP 用户的收费盈利，等等。整体来看，服务业企业盈利模式日益呈现间接化、多维度化的趋势及特点

第六，信息技术应用使服务业企业营销模式日益呈现社会媒体化和搜索引擎优化的趋势及特点。信息技术的应用使数字媒体逐步成为信息传播的主流渠道，利用互联网和各类社交媒体、社交网络平台进行营销也逐步取代了传统平面媒体，BBS 社区、知名论坛、博客、百科、贴吧、微博、微信等自媒体和社交网络成为现代服务企业营销的主渠道。与此同时，电商平台和搜索引擎的发展使得搜索引擎优化（SEO）成为企业营销领域的新宠。一些用户量巨大的搜索引擎、平台都会向企业出售关键词，企业愿意付费以便使自己的企业或产品呈现在顾客关键词搜索结果的前端，与关键词相关的搜索引擎广告也快速发展。总之，信息技术应用，使服务业企业营销模式日益呈现社会化媒体和搜索引擎优化的趋势及特点。

可见，在信息化时代，服务业呈现装备信息化、服务去中介化、信息平台化和服务企业去中心化、服务和产品极致化和长尾化、产业整合平台化、盈利模式间接化和多维度化、营销模式日益社会媒体化和搜索引擎优化的趋势及特点。

总之，随着互联网技术的进步及其装备在各行各业中的应用，国民经济各部门都已经互联网化了，使各行业产品通过互联网进行跨境交易更加便捷。三次产业营销模式的互联网化为 E 国际贸易的发展奠定了坚实的经济基础。三次产业业态的变革为 E 国际贸易快速发展奠定了

坚实的基础。

四、已具备 E 国际贸易的社会变革基础

以互联网为核心的信息技术本质上是通信技术的集大成者，其基本社会功能是实现人们之间的更顺畅、更保真的信息沟通。在把世界各地的人们联通在一起后，以信息加工和传递功能为基础，以互联网为核心的信息技术成为改变人类社会的最大变量。

（一）通过增加信息传播渠道改变着大众信息源格局

随着互联网的发展和信息技术的进步，互联网已成为集图像、声音和数据为一体的“三网合一”多业务媒体综合平台，成为大众获取信息的重要源头，并通过便利性和积极性逐步改变信息源头重要性的位次，使人们对网络信息的依赖越来越大。互联网已经超越传统报刊、广播和电视等媒体的影响力，成为任何人都不敢忽视的“第四媒体”，成为社会舆论整合的重要媒介。2016 年的美国选战，两大总统候选人都通过互联网影响选情，为自己造势。特朗普的“通俄门”事件更是成为影响美国国内政治的核心事件之一，充分显示了互联网在现代社会舆论整合中的力量。

（二）通过改变人的信息沟通方式改变着人们行为方式

全球互联网提供了一种全新的全球性信息基础设施，使人拥有了更加便捷的沟通方式。由于信息利用方式的改变，人类更加依赖这种新的沟通方式，使人的行为呈现新的特点。一是由于信息技术进步，人类远程感觉得以实现，超越了时空限制，传统信息交流环节正在被网络沟通所取代，人的衣食住行等日常行为正日益呈现互联网化的特点。二是由于互联网对人的经济活动的渗透，使得人的经济活动日益互联网化。制造业正在由工业革命带来的批量大规模标准化生产向个性化柔性制造转变；基于信息技术的精细控制技术，农业正在由粗放式化学农业向精细

化现代农业转变。经济基础业态的改变正在前所未有地改变着人类社会的基础，推动人的所有行为日益互联网化。

（三）通过改变人们信息获取渠道改变着人类社会生态

随着移动互联网的发展，人们可随时上网获取当天最新的天气信息、新闻动态和旅游信息，为人们优化日常生活和出行安排提供了支持；互联网的发展，使人们可以足不出户在家里炒股、网上购物，通过收发电子邮件、短信完成与外界的信息沟通；互联网的发展使远程会诊和教育成为可能，使远程医疗和教育成为可能，人们在家里就可以享受大城市的优质医疗资源服务，不出国就可以享受发达国家的优质教育资源，如此等等。总之，通过自身便利性和经济性的优势，全球互联网已经逐步取代传统的平面媒体等传统渠道，成为社会大众低成本、高效率获取信息的主渠道，并从各个方面逐渐改变了人们的工作和生活方式，使社会生态呈现全新的模样。

（四）通过改变人们信息获取渠道改变着人类政治活动

互联网创造的信息分布格局奇迹，正在改变人类政治活动的基本格局，给现有政治活动提出了极大挑战。由于信息技术获取的时间先后，人类社会正出现信息贫富差距的扩大，青年人成为即时信息的富裕群体，而中老年人则成为信息及时更新的落后群体；由信息化带来的传统业态的变化则快速改变人们获取财富的速度，由信息化带来的财富分配不平等快速出现，带动人们社会价值观格局快速改变；网络带来的信息全球性流通加剧了文化渗透和冲突，改变着国际安全格局，使国际政治呈现新的态势。互联网通过改变人类信息获取的方式正在快速改变着传统政治赖以存在的社会基础、经济基础和运作模式，改变着人们是非评判的标准，从而改变着人类政治活动的基本格局。

（五）通过改变传统活动方式改变着国际格局

基于互联网技术的电子政务、电子商务、电子公务等新的活动方式，正在前所未有地提高着国家经济和政治活动效率，积累形成的大数据也在改变着国家综合国力的累计方式，快速改变着综合国力提升的方式，改变着全球各国综合国力的对比；基于互联网技术的电子医务、电子教学等交叉融合网络的开放性和全球化，促进了人类知识的共享，正在改变着创新成果在全球的分布格局，改变着传统基于技术革命的国际政治经济周期表现形式，使全球各经济体由于技术差距带来的综合国力差距呈现缩小趋势；基于互联网的国家关系整合正在加速，“网上一带一路”正在加速改变国际格局；由于互联网成为各国经济社会发展最基本基础设施之一，网络竞争已成为国家间和企业间高技术竞争和人才竞争的新高地；网络安全和信息安全成为国际博弈的新领域，增加了国际政治博弈的新维度。当前，互联网已经发展为国际格局演化的最重要因素之一。

总之，以互联网为核心的信息基础设施已经成为人们生活工作不可或缺的基本要素，信息技术成为改变人类社会的最大变量，通过超越人类信息传递的时空限制，不仅在改变着人类社会的社会基础，改变着人类社会的国际竞争模式，使人类社会发展呈现全新的模样。人类社会活动的互联网化使得人类生产生活的方方面面都越来越依赖互联网，从而夯实了 E 国际贸易发展的坚实基础。E 国际贸易发展已经具备坚实的人类社会变革基础。

五、已具备 E 国际贸易的政府变革基础

随着信息技术基础设施的普及，作为市场监管者，政府也深深地卷入了信息技术的应用之中，利用信息技术推进政府政务工作。截至目前，适应 E 国际贸易发展的政府变革已经具备基础。

（一）电子政务已经越来越成为主流

经过近 20 年的发展，我国在政务信息化方面取得了非常卓越的成

效，但 2014 年我国电子政务在国际上排名仅为第 70 名，电子政务的在线服务、基础设施和人力资本等三方面指数值均与其他发达国家相差较大。[①] 在“互联网 + 政务”的推动下，我国电子政务加速发展。就全球来讲，电子政务已经越来越成为主流，主要表现在以下几个方面。

首先，政府越来越多地依靠门户网站为主渠道提供政务信息服务。以相对落后的我国为例，截至 2016 年 6 月 20 日，各省级政府通过其门户网站和网上政务服务平台（大厅）发布的各类行政权力和政府服务事项数量共计 44797 项，涵盖行政许可、行政处罚、公共服务等多个类别，涉及教育、社保、医疗等多个领域。[②] 美国、英国等发达国家更是通过门户网站提供相关信息服务。可见，政府门户网站和网上政务服务平台（大厅）已经成为各国政府部门发布权威信息、提供公共信息服务的主要渠道。

其次，基于互联网的政务服务呈现集中化趋势。以中国为例，以实体政务服务大厅为载体的集中服务模式全面普及。截至 2011 年底，我国 31 个省（区、市）就共设立政务（行政）服务中心 2912 个（含各级各类开发区设立的服务中心），其中，省级中心 10 个，市（地）级 368 个，县（市）级 2534 个。30377 个乡镇（街道）建立了便民服务中心。[③] 截至 2017 年 6 月 20 日，全国已有 16 个省建立了省级实体政务服务大厅，5 个准备建立省级政务服务大厅，11 个暂不考虑设立或未准备建立省级政务服务大厅。[④] 随着信息技术应用的深化，政府部门越来越多地把传统事项搬到互联网上进行，进行网上审批核准，办公终端趋向集中。这为实体政务服务大厅的出现创造了条件，各国政府出现了利

① 王舵．“互联网 + 政务”：电子政务发展新模式［J］．人民论坛，2016（3）：96．

② 国家行政学院电子政务研究中心．省级政府网上政务服务能力调查评估报告（2017）［R］．2017 - 06 - 20．

③ 国家林业局信息化管理办公室．我国互联网 + 政务发展现状与四大特征，2016 - 08 - 04．

④ 国家行政学院电子政务研究中心．省级政府网上政务服务能力调查评估报告（2017），2017 - 06 - 20．

用互联网集中办公的趋势。

第三，政府监管和服务出现了线上线下相结合的一体化模式。在监管方面，政府部门出现了利用大数据开展的事后监管模式，利用线上数据比对线下市场主体实际作为，实现监管升级。在服务方面，政府各部门通过跨部门整合政务服务资源，优化服务流程，逐步消除“信息孤岛”，构建多级联动、规范透明、资源共享、业务协同的网上政务服务体系。同时，又立足实际，政府一定程度上提供针对特殊群体的线下服务。

总之，信息技术已经渗透到政府办公的方方面面，电子政务大行其道，政务办公已经电子化。在国际贸易领域也出现了这种变革迹象，海关、商检、外汇管理开始出现信息共享，传统业务流程借助信息技术不断优化组合，E 国际贸易的政府变革已经深入开展。

（二）推动政府改革压力越来越大

随着政府监管与服务的信息化，随着监管对象的信息化变革不断加深，政府面临的变革压力越来越大。

首先，理念变革面临的压力越来越大。随着市场主体的信息化、产业的信息化，政府监管部门只有利用信息技术监管才能与监管对象的信息化变革接轨，才能跟上监管对象变革的步伐。所以，运用传统的监管理念对信息化的监管对象进行监管已经难以有效监管。信息化倒逼政府监管部门的监管理念进行变革，由事前监管向事后监管转变，由现场监管向非现场监管转变。

其次，信息技术压力越来越大。当前，政府信息技术压力不是来自基本的信息化设备的操作，而是来自于数据分析处理技术的压力。随着信息量的积累，许多基于大数据的管理模式都需要处理海量数据，通过建模构建新的管理方式。由于技术门槛的存在，这些信息处理技术难以迅速在政府部门普及。这给政府改革带来巨大压力。

第三，跨部门整合给政府改革带来巨大压力。传统条件下，政府各监管部门由于监管对象不同而呈现监管领域不同的现象。这导致各部门自成系统，相互关联度较小。而信息化带来的是共享经济，是信息的集成利用。这导致传统政府部门必须信息资源共享，跨部门整合监管资源才能有效监管变化了的监管对象。所以，在信息化大潮的冲击下，跨部门整合给政府改革带来巨大压力。

第四，与信息平台企业的关系界定给政府改革带来较大压力。信息化条件下，各产业都表现为平台经济。由于信息对公共安全的特殊意义，一定程度上讲，信息平台企业实际在替政府向社会提供公共产品或半公共产品。在这种情况下，一方面要保证公共安全，另一方面又要保证市场效率，如何界定政府与信息平台企业等非政府组织的职责权限成为信息化条件下公共管理的重大问题。

所有这些压力也就是推动政府改革的动力，推动政府适应信息化大潮的要求，通过改革解决面临的问题，实现政府的全方位转型升级。

（三）E 国际贸易的政府变革基础已具备

在信息化导致的内外条件的推动下，E 国际贸易的政府变革的基础已具备。一是国际贸易监管对象的信息化推动政府监管部门适应信息化趋势进行变革，出现了信息共享、联合监管的局面，“信息孤岛”局面正在被打破；二是国际贸易监管部门适应外部环境变化的变化开始立足信息化进行业务流程的重构和创新。比如，中国的自由贸易试验区就率先推出了诸多便利跨境电商的政策创新和改革，海关、商检、外汇管理打破原来的条条框框出现适应信息化的变革。总之，在跨境电商领域，政府监管部门的变革已经深入开展，E 国际贸易已具备政府变革的基础。

六、我国 E 国际贸易发展已取得较快进展

随着全球互联网应用的深入发展，国际贸易的物质技术基础条件在

深度改变，不仅改变着商品的展览展示模式，还改变着订单达成的方式，改变着商品的通关、检验检疫和资金流动的监管方式。这使得 E 国际贸易发展呈现突飞猛进的态势，成绩骄人。借助庞大的市场和先进的信息技术应用，我国的 E 国际贸易后来居上，飞速发展，取得了令世人惊诧的业绩。

（一）我国 E 国际贸易的发展历程

E 国际贸易是从传统外贸到外贸电商再到跨境电商逐步演化而来的。其中，在 E 国际贸易的第一个时代，其主要商业模式是网上展示，交易主要通过线下来实现。在此阶段中，阿里巴巴国际站、环球资源网是这种电商平台的典型代表。之后，E 国际贸易第二个时代来临。在这个阶段中，E 国际贸易将线下交易、支付、物流等流程实现电子化，逐步形成在线交易平台。2013 年是跨境电商重要转型年，其全产业链的商业模式发生了根本变化，主要平台模式开始由 C2C、B2C 向 B2B、M2B 模式转变。

（二）全球 E 国际贸易发展迅速

据工业和信息化部国际经济技术合作中心张靖的研究结论，一是全球层面上，如表 4－2 所示，发展中国家跨境电子商务占本国电子商务比例高于发达国家。万国邮政联盟（UPU）的国际邮政包裹数据显示，2011 年到 2014 年，国际包裹增长了 48%，其中以发展中国家所占的份额最大，尤其是亚洲和大洋洲的国家。其中，亚洲和大洋洲在全球国际包裹出口中的比例从 25.5% 增长到 32.9%，进口比例从 15% 增长到 23.9%。此外，发达国家、亚洲和大洋洲呈现顺差，而拉丁美洲、加勒比海地区和过渡型经济体进口明显多于出口，呈现逆差。如表 4－3 所示，发达国家、亚洲和大洋洲的发展中国家的国际包裹交付的平均时间也相对较短。

二是发达国家跨境电子商务在电子商务中所占的规模相对一般。欧洲的电子商务贸易仍以本土为主。2012 年，欧盟 28 个国家的 16% 的企业电子商务交易主要在本土市场发生，欧盟范围内的跨境电子商务仅占7%。以丹麦为例，丹麦是欧洲电子商务领域名列前茅的国家，30%的企业有电子商务，但是这些企业中仅有10%将商品销售给其他欧盟国家的消费者。在加拿大，80%的电子商务发生在本土，与美国的跨境电子商务占15%，与其他国家的跨境电子商务占5%。日本2014年跨境电子商务仅占其B2C电子商务总量的18%。

表4-2　各地区国际邮包流量在全球中的占比（2011年和2014年）

2011年	发达国家	非洲	亚洲 大洋洲	拉丁美洲 加勒比海	转型经济体	全球
发达国家	46.3	2.4	12.1	7	2.8	70.6
非洲	0.7	0.2	0.1	0	0	1
亚洲和大洋洲	21.6	0.3	2.7	0.5	0.4	25.5
拉丁美洲和 加勒比海	1.7	0	0.1	0.3	0	2.1
转型经济体	0.5	0	0	0	0.3	0.8
全球	70.8	2.9	15	7.8	3.5	100
2014年	**发达国家**	**非洲**	**亚洲 大洋洲**	**拉丁美洲 加勒比海**	**转型经济体**	**全球**
发达国家	33.3	1.7	20.4	4.6	3	63
非洲	0.7	0.3	0.1	0	0	1.1
亚洲和大洋洲	23.6	0.4	3.1	2	3.8	32.9
拉丁美洲和 加勒比海	1.2	0	0.2	0.3	0	1.7
转型经济体	0.6	0	0.1	0	0.6	1.3
全球	59.4	2.4	23.9	6.9	7.4	100

表4-3　国际普通邮包平均运输天数（2013年2季度—2014年1季度）

	发达国家	非洲	亚洲	拉丁美洲	转型经济体	全球
发达国家	9.7	23.2	20.1	27.2	16.8	19.4
非洲	14.7	20.2	18.1	36.0	27.7	23.3

续表

	发达国家	非洲	亚洲	拉丁美洲	转型经济体	全球
亚洲和大洋洲	17.9	23.9	17.8	28.3	23.5	22.3
拉丁美洲和加勒比海	16.5	25.9	21.9	23.3	25.5	22.6
转型经济体	12.1	19.1	17.5	26.6	12.6	17.6
全球	14.2	22.5	19.1	28.3	21.2	21.0

三是发展中国家 B2C 和 C2C 跨境电子商务比发达国家所占份额要大得多。在亚洲，印度和新加坡 2013 年跨境电子商务占电子商务总额的一半以上。在拉丁美洲，哥伦比亚、巴拉圭、委内瑞拉跨境电子商务在电子商务总额中也占了很大份额。

四是美国、中国和英国是跨境网上购物最主要的目的国。2012 年，全球跨境电子商务收入为 3000 亿美元，预计到 2018 年这一数字将翻番。美国、英国、德国、澳大利亚、巴西和中国是目前最重要的跨境网上购物市场，仅这些市场 2018 年的跨境电子商务收入预计将达 3070 亿美元。最受这些市场消费者欢迎的跨境网上购物目的国（地区）依次是美国（45%）、英国（37%）、中国内地（26%）、中国香港（25%）、加拿大（18%）、澳大利亚（16%）和德国（14%）。根据波士顿咨询公司的预计，到 2025 年，亚洲市场跨境电子商务收入约占全球总收入的 40%，将成为全球电子商务的中心。91% 的加拿大人从美国网上购物，拉丁美洲国家消费者跨境网上购物最多的国家也是美国，其中巴西这一比例占 68%。欧洲国家消费者从欧洲国家内的跨境网上购物较多，但英国例外，英国主要从美国和澳大利亚进行跨境网上购物。与欧洲国家不同，从中国内地跨境网上购物的消费者来源地区则相对分散，排名第一的是中国香港地区（68% 的跨境电子商务订单来自中国内地），其次是巴西（63%）、美国（52%）。但同在亚太地区的日本和韩国更多地从美国购物而非中国。

五是网上搜索是最主要的消息渠道。如图 4－15 所示，网上搜索是

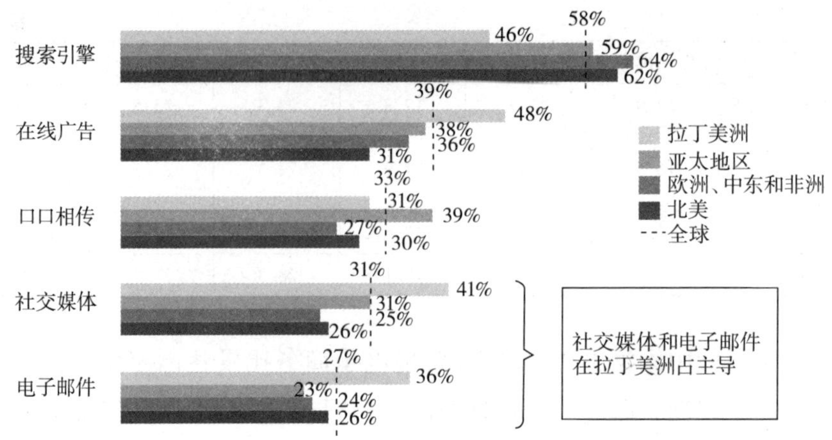

图 4－15　五种网上购物消息来源渠道

绝大多数人首选方式，58% 的跨境电子商务购物者首选这一方式。其次是在线广告 39%，最后是口口相传 33%。但是在拉丁美洲的网上搜索不如其他数字渠道发挥的作用大，在拉丁美洲，在线广告、社交媒体和电子邮件是主要的传播渠道。在亚太地区，在线广告最受中国消费者的青睐 53%，但在日本和澳大利亚受欢迎程度则相对较低，分别只占 27% 和 30%。

作为该领域后发先至的国家，我国 E 国际贸易发展迅速。首先，我国 E 国际贸易交易额、进出口总额快速上升。其次，我国跨境电商以 B2B 为主，但跨境电商零售（B2C）增长速度更快。

总之，无论全球还是我国，作为信息技术革命推动的新生事物，E 国际贸易都表现抢眼，发展迅猛，在国际经济交往中的地位日益提高。这表明，E 国际贸易发展已经具备信息技术应用、产业业态变革、社会变革等方面的基础条件。

（分报告四撰稿人：中国国际经济交流中心徐长春）

参考文献

[1] 中国国际经济交流中心课题组. 互联网革命与中国业态变革 [M]. 北京：中国经济出版社，2016.

[2] 马化腾，等. 数字经济：中国创新增长新动能 [M]. 北京：中信出版集团，2017.

[3] 世界互联网统计机构网站：www. iternetworldstats/ stats. com/ stats. htm.

[4] 国家发改委委托课题. 信息化条件下的一二三产业融合发展趋势及特点.

[5] 杨吉. 互联网：一部概念史 [M]. 北京：清华大学出版社，2015.

分报告五

我国E国际贸易发展现状与面临的主要挑战

我国跨境电商在全球发展一枝独秀，在全球范围内具有领先优势，是下一代贸易方式 E 国际贸易的重要实践，具备探索和总结下一代贸易方式理论框架的现实基础。然而，当前我国 E 国际贸易在发展环境、认识、理论、政策等方面还存在诸多挑战。

一、当前我国跨境电商发展的实践

（一）我国跨境电子商务发展历程

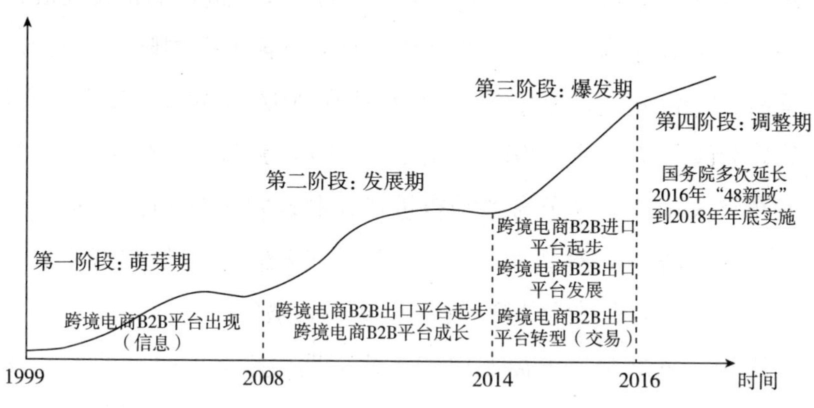

图 5－1　我国跨境电商发展历程

第一阶段（萌芽期，1997 —2007 年）：我国跨境电商起步于 20 世纪末，最初主要是帮助中小企业出口的 B2B（Business - to - Business）平台，代表企业有阿里巴巴（国际站）、中国制造网等。1997—1999 年，中国的外贸 B2B 电子商务网站中国化工网、中国制造网、阿里巴巴（国际站）等相继成立，这些跨境电商平台为中小企业提供商品信息展示、交易撮合等基础服务。其中，阿里巴巴（国际站）是目前全球最大的跨境 B2B 平台，并且已经从线上 B2B 信息服务平台，逐步发展成 B2B 跨境在线交易平台。

第二阶段（发展期，2008 —2013 年）：随着全球互联网渗透率的提高，以及跨境支付、物流等服务水平的提高，2008 年前后，面向海外个人消费者的中国跨境电商零售出口业务 B2C/C2C（Business - to - Customer/ Customer - to - Customer）蓬勃发展起来，DX. com（2006 年）、兰亭集势（Lightinthebox，2007 年）、阿里速卖通（2009 年）皆是顺应这一趋势成长起来的跨境电商 B2C 平台。跨境电商零售的发展导致国际贸易主体、贸易方式等发生巨大变化，大量中国中小企业、网商开始直接深入参与国际贸易。

第三阶段（爆发期，2014—2016 年）：2014 年中国对跨境电商零售进口做出监管制度创新，促进了中国跨境电商零售进口的迅猛发展，诞生了一大批跨境电商零售进口平台和企业，包括天猫国际、网易考拉、聚美优品、洋码头、小红书等，整个行业在 2015 年迎来了爆发式增长。

第四阶段（调整期，2016 年至今）：2016 年 4 月，财政部等 11 个部门发布《关于跨境电子商务零售进口税收政策的通知》（简称“48 新政”），对跨境电商商品进口环节征收增值税、消费税和营业税，并规定个人单次交易限值为 2000 元，年度交易限值为 20000 元。受“48 新政”影响，我国跨境电商发展跌入冰冻期。幸运的是，国务院及时调整“48 新政”实施期限，使得我国跨境电商发展赢得了合规发展的窗口期。2016 年 5 月，海关总署发布《关于执行跨境电子商务零售进口新的监管要求有关事宜的通知》，明确了过渡期内跨境电子商务零售进口商品新的监管要求，过渡期为 1 年，截止期为 2017 年 5 月 11 日（含 11 日）。2016 年 11 月，商务部为稳妥推进跨境电商零售进口监管模式过渡，延长跨境电商新政执行的过渡期至 2017 年底。2017 年 9 月，国务院李克强总理在国务院常务会议上指出，将跨境电商监管过渡期政策延长至 2018 年底。

（二）我国跨境电商规模与成长速度

1. 2016 年我国跨境电商逆势增长

尽管全球贸易增速放缓，中国跨境电商增速有所下降，但是跨境电商增速仍大幅高于货物贸易进出口增速，我国进出口贸易中的电商渗透率持续提高。2016 年是我国跨境电商发展的转折点。“48 新政”给我国跨境电商发展带来极大“震动”，但随后国务院三次延长实施期限，我国跨境电商发展依然呈快速增长势头。中国电子商务研究中心发布《2016 年度中国电子商务市场数据监测报告》显示，2016 年我国进出口跨境电商（含零售及 B2B）整体交易规模达到 6.7 万亿元，同比增长 24%，占中国进出口总额的比重从 2015 年的 21.95% 上升到 27.53%。2016 年，我国货物贸易进出口总值 24.33 万亿元人民币，比 2015 年下降 0.9%。其中，出口 13.84 万亿元，下降 2%；进口 10.49 万亿元，增长 0.6%。见表 5 – 1。

表 5 – 1　2011—2016 年我国跨境电子商务交易规模

	2011 年	2012 年	2013 年	2014 年	2015 年	2016 年
中国货物贸易进出口总值（万亿元）	23.6	24.4	25.8	26.4	24.6	24.33
中国跨境电商交易规模（万亿元）	1.7	2.1	3.15	4.2	5.4	6.7

资料来源：中国电子商务研究中心《2016 年度中国电子商务市场数据监测报告》。

从进出口结构看，中国跨境电商以出口为主。2016 年，跨境电商出口交易规模为 5.5 万亿元，占跨境电商交易总额的 82.08%；跨境电商进口交易规模为 1.2 万亿元，占跨境电商交易总额的 17.92%。见表 5 – 2。

表 5－2　2011—2016 年我国跨境电商出口及进口交易额占比

	2011 年	2012 年	2013 年	2014 年	2015 年	2016 年
进口占比	8.8%	11.5%	14.3%	15%	16.7%	17.92%
出口占比	91.2%	88.5%	85.7%	83.3%	83.1%	82.08%

资料来源：中国电子商务研究中心《2016 年度中国电子商务市场数据监测报告》。

按业务模式分，中国跨境电商目前以 B2B 为主。2016 年我国跨境电商的交易模式跨境电商 B2B 交易占比达 88.7%，B2B 交易占据绝对优势，跨境电商零售（B2C）交易占比 11.3%。见表 5－3。

表 5－3　2011—2016 年我国跨境电商零售、B2B 交易额占比

	2011 年	2012 年	2013 年	2014 年	2015 年	2016 年
零售（B2C）占跨境电商的比例	2.5%	3.8%	5.2%	6.3%	8.1%	11.3%
B2B 占跨境电商的比例	97.5%	96.2%	94.8%	93.7%	91.9%	88.7%

资料来源：中国电子商务研究中心《2016 年度中国电子商务市场数据监测报告》。

2. 跨境电商零售增长放缓，但保持高速增长。

2016 年，我国 B2C 受"48 新政"影响较大，总交易额仍增幅较大，但增速放缓。2016 年，我国跨境电商零售 B2C 交易额达到 7512 亿元，同比增长约 73%。随着中国经济持续发展和居民收入稳步提升，中国迎来了新一轮消费升级的浪潮。在这个过程中，国内消费者对海外优质、长尾、个性化商品的刚性需求突出。根据测算，2020 年跨境电商零售出口额将达到 2.16 万亿元，年均增幅约 34%；2020 年跨境电商零售进口额 1.5 万亿元，年均增幅约 43%。[①]

（三）中国—G20 其他国家：ECI 跨境电商连接指数

根据阿里巴巴跨境电子商务大数据（涉及 B2B 出口、B2C 出口和 B2C 进口），阿里研究院编制了 ECI 指数（E－Commerce Connectivity In-

① 阿里研究院. 2016 年中国跨境电商报告，2016.

dex between China and MajorEconomies，中国与主要经济体跨境电商连接指数），旨在反映中国与其他国家在跨境电商贸易方面的连接紧密程度。ECI 总指数由 ECI 进口指数和 ECI 出口指数两项分指数构成。每项分指数均综合考量该国与中国之间的跨境电商规模（绝对值）、跨境电商渗透率（潜力值）两项指标。阿里研究院研究了二十国集团（G20）国家 ECI 情况，暂不包括欧盟。目前，二十国集团（G20）贸易额占全球 80%，中国与 G20 国家之间的贸易额占中国进出口总额的 50% 以上。2015 年，在 G20 国家中，有关国家与中国的 ECI 跨境电商连接指数排名是：美国、英国、澳大利亚、法国、意大利、日本、加拿大、德国、韩国、俄罗斯、印度、土耳其、巴西、南非、墨西哥、印度尼西亚、阿根廷、沙特阿拉伯。

根据 ECI 数值，可将这些国家分成三组：强连接、中等连接、弱连接。强连接国家（ECI 分值 40 以上）：这些国家与中国通过跨境电商进行的贸易往来非常频繁，在进、出口方面都有较强连接，ECI 进口指数和 ECI 出口指数相对均衡。强连接国家包括美国、英国、澳大利亚、法国、意大利、日本、加拿大。其中，美国整体得分最高，ECI 分值为 82 分，属于超强连接。

中等连接国家（ECI 分值 21 ~ 40）：这些国家与中国通过跨境电商进行的贸易往来较多，在进、出口的某一个方面连接较强，ECI 进口指数和 ECI 出口指数不均衡。中等连接国家包括德国、韩国、俄罗斯、印度、土耳其、巴西、南非。

弱连接国家（ECI 分值 20 及以下）：这些国家与中国通过跨境电商进行的贸易往来较少，ECI 进口指数和 ECI 出口指数均不高，尤其是 ECI 进口指数过低。弱连接国家包括墨西哥、印度尼西亚、阿根廷、沙特阿拉伯。详见图 5 - 2。

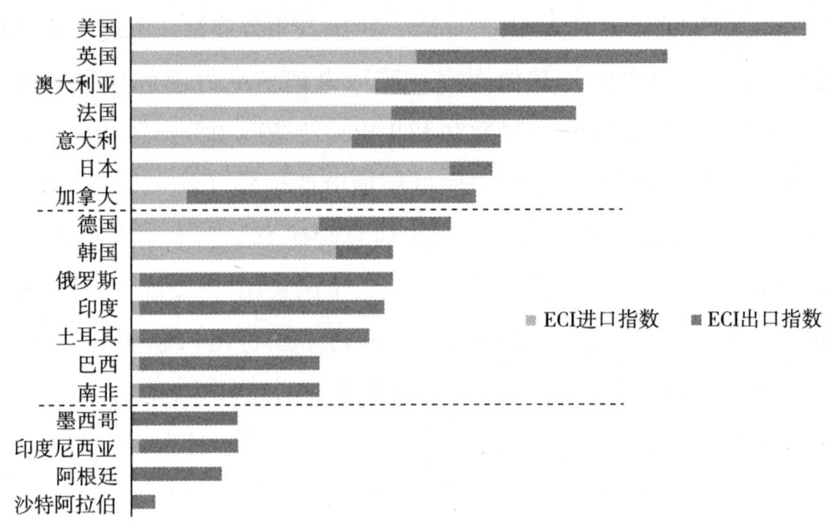

图 5－2　中国与 G20 其他国家跨境电商连接指数

（四）我国跨境电商政策演变

近年来，中国政府和社会各界高度重视跨境电商的发展，将其视为新时期中国经济发展的新引擎、产业转型的新业态和对外开放的新窗口。经过几年发展，中国通过不断完善政策制度和创新商业模式，已经初步建立了“成体系、全方位”的跨境电商零售进口监管模式，为促进中国跨境电商发展创造了良好的基础。然而，跨境电商零售作为一种新业态，仍然需要中国政府和产业界提升理论认识，持续完善政策设计，促进产业健康发展。详见表 5－4。

表 5－4　中国出台的涉及跨境电商的政策（2012 年至今）

时间	制定单位	政策名称	意义
2012 年 12 月	发改委、海关总署	中国跨境贸易电子商务服务试点工作部署会	中国跨境贸易电子商务服务试点工作全面启动，郑州、上海、重庆、杭州、宁波作为五个试点城市将“先行先试”

续表

时间	制定单位	政策名称	意义
2013 年 2 月	国家外汇管理局	《支付机构跨境电子商务外汇支付业务试点指导意见》	确定在上海、北京、重庆、浙江、深圳 5 个地区开展支付机构跨境电子商务外汇支付业务试点
2013 年 8 月	商务部等 9 个部门	《关于实施支持跨境电子商务零售出口有关政策的意见》	将跨境电子商务零售出口纳入海关的出口贸易统计，提出了对跨境电子商务零售出口的支持政策以及出口检验、收结汇等 6 项具体措施，并在上海、重庆、杭州、宁波、郑州等 5 个城市展开新政策试点
2013 年 12 月	商务部	《关于跨境电子商务零售出口税收政策的通知》	跨境电商零售出口可享退免税
2014 年 1 月	海关总署	《关于增列海关监管方式代码的公告》（海关总署公告 2014 年第 12 号）	特别针对跨境电商增设了监管方式代码“9610”
2014 年 4 月	国家税务总局	《关于外贸综合服务企业出口货物退（免）税有关问题的公告》	明确了外贸综合服务企业可作为退税主体的情形和要求
2014 年 4 月	海关总署	《跨境电子商务服务试点网购保税进口模式问题通知》	对保税进口商品及金额的规定，规范保税进口运作模式
2014 年 7 月	海关总署	《关于跨境贸易电子商务进出境货物、物品有关监管事宜的公告》（海关总署公告 2014 年第 56 号）	进一步明确对跨境电子商务的监管，区分了货物和物品的概念，对于两者将采用不同的监管方案
2014 年 7 月	海关总署	《关于增列海关监管方式代码的公告》（海关总署公告 2014 年第 57 号）	增列海关监管方式代码“1210”，全称“保税跨境贸易电子商务”，赋予了跨境电商保税进口合法身份
2015 年 3 月	国务院	《关于同意设立中国（杭州）跨境电子商务综合试验区的批复》	着力在跨境电子商务各环节先行先试，打造跨境电子商务完整的产业链和生态链

续表

时间	制定单位	政策名称	意义
2015 年 5 月	国家质检总局	《关于进一步发挥检验检疫职能作用 促进跨境电子商务发展的意见》	对跨境电子商务的检验检疫工作进行了针对性的安排
2015 年 5 月	海关总署	《关于调整跨境贸易电子商务监管海关作业时间和通关时限要求有关事宜的通知》	海关对跨境贸易电子商务监管实行“全年（365 天）无休日、货到海关监管场所 24 小时内办结海关手续”的作业时间和通关时限要求
2016 年 1 月	国务院	《关于同意在天津等 12 个城市设立跨境电子商务综合试验区的批复》（国函〔2016〕17 号）	同意在天津市、上海市、重庆市、合肥市、郑州市、广州市、成都市、大连市、宁波市、青岛市、深圳市、苏州市等 12 个城市设立跨境电子商务综合试验区
2016 年 4 月	财政部等部门	《关于跨境电子商务零售进口税收政策的通知》	关税暂设为 0；进口环节增值税、消费税取消免征税额，暂按 70% 征收；个人单次交易限值为 2000 元，年度交易限值为 20000 元
2016 年 4 月	财政部等部门	《关于公布跨境电子商务零售进口商品清单的公告》（财关税〔2016〕40 号）	公布了跨境电子商务零售进口商品清单
2016 年 4 月	海关总署	《关于跨境电子商务零售进出口商品有关监管事宜的公告》（海关总署公告 2016 年第 26 号）	明确跨境电子商务零售进口商品按照货物征收关税和进口环节增值税、消费税，完税价格为实际交易价格，包括商品零售价格、运费和保险费
2016 年 5 月	海关总署	《海关总署办公厅关于执行跨境电子商务零售进口新的监管要求有关事宜的通知》（署办发〔2016〕29 号）	明确了过渡期内跨境电子商务零售进口商品新的监管要求，暂不执行《跨境电商零售进口商品清单》中关于化妆品等商品的首次进口许可证、注册或备案要求，过渡期为期 1 年，截止期为 2017 年 5 月 11 日

续表

时间	制定单位	政策名称	意义
2016 年 11 月	商务部等	2016 年 11 月 15 日，商务部新闻发言人关于延长跨境电商零售进口监管过渡期的谈话	明确了过渡期内跨境电子商务零售进口商品新的监管要求，过渡期进一步延长至 2017 年底
2017 年 3 月	商务部等	2017 年 3 月 17 日，商务部新闻发言人就跨境电商零售进口过渡期后监管总体安排发表的谈话	现阶段，对跨境电商零售进口商品暂按照个人物品监管
2017 年 9 月	国务院	2017 年 9 月 20 日，国务院常务会议指出，要在全国复制推广跨境电商线上综合服务和线下产业园区“两平台”及信息共享、金融服务、智能物流、风险防控等监管和服务“六体系”等成熟做法；要再选择一批基础条件好、发展潜力大的城市建设新的综合试验区，推动跨境电商在更大范围发展；决定将跨境电商零售进口监管过渡期政策再延长一年至 2018 年底，并加快完善相关制度	跨境电商零售进口监管过渡期政策的再度延缓向整个行业释放了积极信号，不仅给予跨境进口行业更长的调整期，更体现了政府对跨境电商的认可和支持，有利于跨境进口电商做进一步调整和整合

注：目前已经批准的跨境电商试点城市和跨境电子商务综合试验区实施，包括杭州、天津、上海、重庆、合肥、郑州、广州、成都、大连、宁波、青岛、深圳、苏州、福州、平潭共 15 个城市。

二、E 国际贸易发展面临严峻外部形势

（一）全球贸易保护主义抬头

近年来，世界主要经济体出台多项保护主义措施，反全球化论调高涨。自 2008 年以来，G20 经济体采取了 1583 项新的贸易限制举措。美国总统奥巴马执政 8 年期间，针对别国企业和产品，尤其是针对中国企业和产品进行的反倾销、反补贴（“双反”）调查层出不穷，动用限制别国企业和产品的“一般 301 条款”“特别 301 条款”“超级 301 条款”等采取报复措施也时有发生。[①] 尤其是美国新政府特朗普上台后，已经终止了 TPP（跨太平洋伙伴关系协定）进程，要求就北美自由贸易协定进行重新谈判。反全球化趋势和民族贸易保护抬头，抑制了全球 E 国际贸易发展。

（二）现有 WTO 规则制约下一代贸易方式发展

现有的国际贸易规则和贸易政策仍停滞在 20 世纪，已无法适应以全球价值链为代表的新贸易模式的要求。目前的多边贸易规则主要是 1994 年达成的乌拉圭回合协议，其深度和广度都已无法满足当今各国产业发展需要。WTO 多边框架下的多哈回合谈判长期陷于“瘫痪”状态，而适应新的贸易方式的全球性贸易规则又未形成，导致 E 国际贸易规则不明确、不统一，制约了下一代贸易方式的发展。[②]

（三）发达国家仍然主导贸易国际规则

在当前的国际贸易规则重构中，尽管各种利益博弈激烈，但仍由发达国家主导的格局未变，美国、欧盟、日本等发达国家目前在 TTIP、

---

① 英国《金融时报》世界贸易编辑肖恩·唐南. http://next.ftchinese.com/story/001068128, 2016-06-22.

② 商务部国际贸易经济合作研究院. 国际贸易新规则正处于重构关键时期. http://www.pzhswls.gov.cn/Content.aspx? ID=20931&CID=75.

TISA 等贸易谈判中暂时占得先机，发达国家“强强联合”的态势突出，它们在议题设置上占据主导权，引导着未来全球贸易规则走向，将在很大程度上改变未来贸易规则及产业标准；发达国家借助主导国际贸易谈判来影响国际经贸关系及国际贸易规则的趋势凸显，反映了发达经济体试图在全球范围内重整贸易关系、重塑游戏规则、重新配置经济利益的战略目标。

（四）我国跨境电商进口供应链话语权弱

目前进口跨境电商货源采购多由国外专业团队代购，再销售给国内消费者。跨境电商对海外货源掌控力弱，货源品质得不到保证，造成供货不及时，甚至成为假货销售的平台。除了天猫国际、苏宁易购等大型电商与海外直接洽谈对接外，大多数跨境电商无法直接与海外品牌直接对接，很难取得国外品牌商或大型零售商的授权，跨境电商平台销售产品质量难以保障，且经常出现断货，造成客户体验比较差。

三、对 E 国际贸易的概念、理论和框架认识不够

（一）对 E 国际贸易的概念认识不统一

关于 E 国际贸易的概念，政府与企业并没有形成统一认识。E 国际贸易与跨境电商、eWTP 和数字贸易等概念混淆使用。有人简单地将跨境电商等同于 E 国际贸易。跨境电商是指分属不同关境的交易主体，通过电子商务平台达成交易、进行支付结算，并通过跨境物流送达商品、完成交易的一种国际商业活动。eWTP 是私营部门引领、市场驱动、开放透明、多利益攸关方参与的国际交流合作平台。而 E 国际贸易是一种新型的贸易方式，是依托类似 eWTP 这样的基础设施平台开展国际商品与服务交易的具体方式。数字贸易以数字交换技术为手段，为供求双方提供互动所需的数字化电子信息，实现以数字化信息为贸易标准的创新商业模式。

（二）E 国际贸易的理论内涵有待研究

跨境电商越来越向下一代贸易方式——E 国际贸易发展，打破了传统贸易方式和手段，节约了消费者的成本，增加了国家、地方税收和仓储消费，带动了就业与加工贸易的发展。目前，关于 E 国际贸易的理论研究严重滞后于实践，关于 E 国际贸易的经济学理论基础、内涵、框架体系、主要模式等仍处于探索之中，目前理论研究无法指导实践，尤其未能有效指导 E 国际贸易的发展趋势。

（三）管理部门习惯用旧思想、旧办法、旧政策管理新贸易方式

政府部门、经济学家和企业各方对跨境电商发展尚未达成共识。海关、税务、卫生检疫等多部门仍存在跨境电商是一种走私行为的观念，认为跨境电商通过小邮包裹，逃避了税收和检疫，应予以制止。政府有关部门思想滞后，缺乏对新业态和新商业模式的研究，仍旧用旧的政策来管理新业态。最明显的是 2016 年 4 月 8 日，财政部、商务部牵头联合十一部委下发了《关于跨境电子商务零售进口税收政策的通知》（财关税〔2016〕18 号文）（简称“48 新政”），给跨境电商发展带来极大不确定性。出台政策的当天，正在热火朝天开展跨境零售业务的郑州、宁波、杭州、广州、深圳等 5 个试点城市现场货物入区单量为 0，区内库存的 97% 无法继续销售。幸运的是，国务院决定延长“48 新政”到 2018 年底实行，给我国电子商务发展带来窗口期。从“48 新政”可以看出，政府管理部门仍然用一般贸易模式下的传统方式来管理新的贸易方式。“48 新政”政策基点是把保税备货模式经营商品看作是货物而不是物品。“48 新政”对税基和购买额度的限制规定，与国际邮快递及消费者行李自带相比存在明显的不公平。如购买额度方面，出国购买每人免税携带 5000 元，邮政快递由于无法实现有效监管等同于不受限制，“48 新政”下跨境电商每人每次则限购 2000 元、年限额 20000 元，这就大大制约了跨境电商发展空间。在税收方面，海外消费、邮快递为

零，“48 新政”比一般贸易还高出 30%。在监管条件方面，海外消费、邮快递无任何监管条件，一般贸易有通关单，“48 新政”有正面清单、通关单、约束条件等最复杂的监管限制。

（四）E 国际贸易方式有待规范

作为 E 国际贸易的主要形式跨境电商，从实践看管理仍有待规范。跨境电商主要有 M2C、B2C、B2B2C、B2B、C2C 和 C2B 等多种模式，每种模式都有其存在特定价值，也存在不足。

一是 M2C 模式（Manufacturers to Consumer）。指的是生产厂家对消费者的购物模式。M2C 特点是流通环节减少至一对一，销售成本降低，从而保障了产品品质和售后服务质量。优势是用户信任度高，因为这些商家需要有海外零售资质和授权，商品从海外直邮，并且可以提供本地退换货服务；痛点在于，它们的性质大多为第三方代运营，所以价位高、品牌端管控力弱，正在不断改进完善模式中。

二是 B2C 模式（Business - to - Customer）。指的是直接面向消费者销售产品和服务商业零售模式。优势在于平台直接参与货源组织、物流仓储买卖流程，销售流转高，时效性好，通常 B2C 商家还会附以“直邮 + 闪购特卖”等模式补充 SKU① 丰富度和缓解供应链压力。而痛点在于品类受限。目前此模式还是以爆品、标品为主，有些地区商检海关是独立的，能进入的商品根据各地政策不同都有限制，比如广州就不能有保健品和化妆品入境。同时还有资金压力，因为不论是搞定上游供应链，还是提高物流清关时效、在保税区自建仓储，又或者做营销打价格战、补贴用户以及提高转化复购，都需要大量资本，爆品和标品的毛利空间极低，却仍要保持稳健发展，资本注入在此刻尤为意义重大。

三是 C2C 模式（Consumer To Consumer）。指的是个人与个人之间

① 英文全称为 stock keeping unit，简称 SKU，定义为保存库存控制的最小可用单位，例如纺织品中一个 SKU 通常表示：规格、颜色、款式。

的电子商务。比如一个消费者有一台电脑，通过网络进行交易，把它出售给另外一个消费者，此种交易类型就称为 C2C 电子商务。海外买手（个人代购）入驻平台开店，从品类来讲，以长尾非标品为主。该模式比较灵活，有利于调动广大消费者参与跨境电商，商品种类量大面广。但也有很多固有问题，比如商品真假难辨、区分原有商家和海外买手会造成很多矛盾等等，在获取消费者信任方面还有很长的路要走。服务体验的掌控度不太好，个人代购也存在法律政策风险。典型的平台有淘宝全球购、淘世界、洋码头扫货神器、海蜜、街蜜等。

四是 B2B2C[①] 保税区模式。指的是以平台自营为主的一种电子商务运营模式，平台自营商品是商城主要赢利点，同时也是保证销售商品质量最有效的方式，平台运营商通过自主产品的销售保证商城的基础运营，运营商也可以建立自己的大型销售仓库，建立类似线上苏宁、国美的大型连锁超市，通过电商平台完成销售，既节省了线下的各类费用，也将客户群体扩展到所有网民。B2B2C 商城在自营基础上，允许商家申请入驻，入驻商家需要提交营业执照等实体信息，通过平台审核后，可以销售所申请的种类商品，销售中买家对平台运营商付款，根据运营商的要求商家定期申请结算，结算时需扣除对应商品的种类的销售佣金。B2B2C 商城内置多重促销方式，如商城活动、积分商城、团购（商品购、生活购）等，为自营和商家提供多种盈利方式，有效地补充基本销售功能，让消费者获利的同时也给商家带来更多的赢利点。优势在于便捷且无库存压力。痛点在于，B2B2C 借跨境电商名义行一般贸易之实，接触不到 C 端用户，长远价值堪忧。

五是保税备货模式（自营 B2C 模式）。所谓保税备货模式，通俗地讲是指跨境电商企业通过集中采购的方式，将商品由境外统一调配至国内的保税仓库。当接到消费者的网上订单之后，由境内物流公司直接从

① B 是 Business 的简称，C 是 Customer 的简称。

保税仓库取货并配送至用户手中。数据显示，目前国内从事跨境电商的企业中，60% 左右的订单通过保税备货模式由保税仓库配送至客户手中，是最为广泛采用的一种方式。保税备货模式优点主要有：

第一，速度快。由于保税备货模式中商品提前暂存于保税区仓库，一旦消费者通过网络下单，货物便可以直接从保税仓出货并配送。这样直接省去货物在国际运输中的时间，速度之快令消费者乐享前所未有的购物体验。

第二，成本低。一方面，海外集中采购已降低进口商品的采购成本。另一方面，在进口环节可以享受相关税收优惠。采购成本和物流成本的降低，自然能够为跨境电商企业提供更高的利润空间和竞争力。

第三，透明化。所谓透明化是指采用保税备货模式的商品在进口通关、检验检疫等诸多流程完全公开透明，这样便于消费者进行质量监督，必要情况下利于维护自身的合法权益。

不过，由于在采购调配时需要根据市场需求和消费者喜好进行提前预测，会导致商品库存难以精准地把控，根据市场动态进行及时调整的难度较大。

六是海外直邮跨境电商。以互联网为平台，向国内用户销售进口产品，并将商品通过跨境物流从国外直接送达交付的商业公司。海外电商直邮是国际直邮的一种，目前以万国邮政的方式为主，为发出海外本国的邮政，货品需通过两个国家的海关，并且完成两国邮政对接的模式，但是此模式目前效率较低，国际私人直邮效率低下。优势在于，有全球优质供应链物流体系和丰富的 SKU；痛点是跨境电商最终还是要比拼境内转化销售能力，对本土用户消费需求的把握就尤为重要。

（五）跨境电商出口与进口政策不匹配

从国家层面，政府对跨境电商出口与进口政策不匹配。在实际我国开展跨境电商试点城市中，政策主要是侧重于进口。对跨境电商出口一直未能出台好的政策，包括跨境电商出口退税政策不清楚。此外，中国对跨境电商进口的一般贸易方式的认定，在很大程度上也将大大限制中国商品对海外的出口。

四、我国 E 国际贸易的管理体系有待完善

（一）新贸易方式管理尚处于起步阶段

为促进跨境贸易电子商务零售进口业务发展，方便企业通关，规范海关管理，海关总署出台了以“9610”和“1210”为代码的跨境电商监管模式。“9610”适用于境内个人或电子商务企业通过电子商务交易平台实现交易，并采用“清单核放、汇总申报”模式办理通关手续的电子商务零售进出口商品（通过海关特殊监管区域或保税监管场所一线的电子商务零售进出口商品除外）。相比“9610”，“1210”适用于境内个人或电子商务企业在经海关认可的电子商务平台实现跨境交易，并通过海关特殊监管区域或保税监管场所进出的电子商务零售进出境商品。至此，在国家层面用“9610”和“1210”两种方式对跨境电商进行监管，在一定程度上规范了我国跨境电商发展，但未能从根本上定义跨境电商作为一种新的贸易方式，不同于一般传统贸易、采购贸易和小额边境贸易等贸易方式，这就无法在政策层面形成关于跨境电商一致的监管方式，造成了跨境电商发展面临诸多不确定性。

（二）跨境电商零售市场秩序仍不规范

我国跨境电商零售（主要是 B2C）在市场秩序仍较混乱，仍有不少平台上的交易企业或个人存在不少问题，归纳起来主要表现在五个方面。一是避税，利用样品、广告品或个人邮政免税政策来避税；二是逃商检，以个人邮来逃避商检，致使出现不少假冒伪劣商品；三是缺乏诚信，网络欺诈、侵权事件时有发生；四是不正当竞争，一些企业为了提高销售，利用价格战来竞争；五是缺乏知识产权意识，出现侵犯知识产权行为。此外，也存在平台寡头垄断的问题，目前全球三大电商平台，

包括阿里巴巴、亚马逊、wish 这三大平台上中国企业卖家大概有 2000 多万家，这三家平台对企业收费具有垄断权。

（三）跨部门间的协作机制还需完善

目前我国跨境电商出口以中小额交易为主，且 B2C 电子商务市场上的产品准入门槛较低，大量低附加值、无品牌充斥跨境电商市场。解决这些问题涉及海关、国检（检验检疫）、国税（纳税退税）、外管局（支付结汇）、商委（数据统计）等政府职能部门。跨境电商监管由海关科技司牵头，但在“关检汇税”环节，没有能力协调检疫、外汇和税收等部门。此外，各部门出台政策、各自为政，需要加强协调，防止政出多门，令企业无所适从。

（四）E 国际贸易市场监管法规亟待建立

目前我国在跨境电商领域还没有专门的法律法规出台，经济贸易领域的法律法规中也缺乏与电子商务相关的条款，现行的法律无法监管。比如通关方面，跨境电商的许多交易是小额交易，但是我国对于小额交易通关还没有相关的监管规定，网上交易普遍缺乏合同文本、购物凭证或服务单据，这很易引发纠纷问题。对消费者保护方面，规定不清晰，有时与发达国家的规定不能接轨，引发消费者的不信任。此外，跨境电商所衍生的许多问题，如通关、商检、退税、结汇、消费者权益、交易纠纷、知识产权和个人信息保护等方面的新问题都需要法律法规予以保障。国家层面的《电子商务法》正在制定，将来也会很快出台，但对于跨境电商尚未有明确的规定。

五、我国 E 国际贸易政策体系有待完善

由于电子商务出口在交易方式、货物运输、支付结算等方面与传统贸易方式差异较大。现行管理体制、政策、法规及现有环境条件已无法满足其发展要求，主要问题集中在海关、检验检疫、税务和收付汇等方面。

（一）物流通关报税体系不成熟

按照现行的海关监管制度，海关首先将进口货物区分为物品还是货物，然后才采用不同的管理方式。但在实际中，尤其是个人物品和企业交易都碎片化，区分个人物品和货物，是没有必要了。在通关管理体系方面，跨境电商不属于“集中申报”货物范畴，不能享受《中华人民共和国海关进出口货物集中申报管理办法》规定的特殊申报政策。虽然有些自贸区试验区，比如河南和深圳采用保税备货模式，可以采取集中申报的方式，但未能从制度上明确现有的跨境通关模式。此外，我国通关监管采用的是“正面清单”模式。按照 2016 年 4 月财政部、发改委等 11 个部门近日联合公布的《跨境电子商务零售进口商品清单》，清单共包括 1142 类商品，消费者日常购买的生活消费品基本都位列其中，包括部分食品饮料、服装鞋帽、家用电器以及部分化妆品、纸尿裤、儿童玩具、保温杯等。按照上述“正面清单”通关，现有国际天猫、唯品会等知名跨境电商平台大部分产品都无法入境。现有的“正面清单”物品无法适应快速变化的市场形势和有效满足消费者需求，灵活性不够。

（二）现行税收制度不适应

关于税收，主要有两方面的问题。一是关于进口完税价基不合理。在《关于跨境电商零售进口税收政策的通知》（财关税〔2016〕18 号文）中，跨境电商的完税价格是销售价格，包含了含国内运费和保费（按照第 392 号国务院令《中华人民共和国进出口关税条例》中“二十条（一）进口时在货物的价款中列明的下列税收、费用，不计入该货物的完税价格，进口货物运抵境内输入地点起卸后的运输及其相关费用、保险费”）。跨境电商产品税基过高，导致企业和消费者负担增加。产品销售价格上升，不利于跨境电商进口业务开展。二是关于出口退税方面。按照我国现有出口退税政策，企业若要获得出口退税补贴，需要提供进项发票。从目前我国跨境出口企业业务看，通过跨境出口的企业大部分是中小企业，生产经营成本大部分是难有进项发票，无法享受出口退税政策，不利于我国产品出口。

（三）检验检疫监管法律制度不完善

一是质量安全风险难监控。跨境电商量小、批次多、来源渠道复杂、销售模式多样等特点，决定了检验检疫部门对跨境电商进出口的产品，很难按照现行商检法的规定实施检验，质量安全风险明显提升。二是疫病疫情风险难预防。对于以跨境电商进出口的商品，检验检疫部门很难做到批批检疫，再加上收发货人采取虚假申报等方式逃避检疫，疫病疫情风险不言而喻。三是违禁物品难禁止。我国动植物检疫法等相关法律法规明确规定了相应的禁止进出境物品，通过跨境电商买卖禁止进出境物品的案例时有发生。四是有效召回难落实。由于跨境电商经营环境的虚拟性和流通服务的跨国境等特性，一旦发生产品质量安全事故或者疫情风险，对产品的召回难以落实。五是消费者权益难保证。在跨境电商交易中，由于销售者或生产商身处国外，消费者基本无法享受售后维修服务，至于实施索赔、退换货等维权行为，要么成本较高，要么根本无法维权。六是产品来源难追溯。跨境电商的海外供应链组织模式多为海外扫货，大多只能拿到货物的购货发票，而不能拿到原产地证明，产品来源难追溯。七是通关效率需提高。按传统检验检疫方式，手续繁杂，周期长、费用高，有的还造成货物滞港压港。八是检验标准需调整。婴幼儿奶粉、化妆品、食品、保健品等是电商企业最希望开展跨境贸易交易的商品。这些热点商品大多不在“正面清单”之列。九是权利义务需明确。跨境电商产业链中涉及的市场主体很多，一般包括生产商或制造商、跨境电商企业、跨境电商平台、配套服务企业（包括支付、物流、仓储等企业）、消费者等。主体的多样性、地域的广泛性、交易的复杂性，导致各个主体的权利义务界限模糊或缺失，各自的权利义务必须理清。十是监管职责需划清。通过跨境电商平台销售的进出口商品，大多已经将进出口环节和销售环节等多个环节合而为一，导致检验检疫、海关、工商、卫生、食药等各个监管部门界限不清。

（四）现行商品许可制度不适应

根据2016年3月，财政部、海关总署、国家税务总局联合发文《关于跨境电子商务零售进口税收政策的通知》要求，进口化妆品、保健品将参照国内现行许可审批制度进行管理。由于我国审批周期较长，客观上不利于消费者购买流行性季节性商品。此外，为避免工业原材料等商品通过跨境电商零售进口渠道进境，扰乱正常贸易秩序，便于日常征管操作，跨境电商零售进口税收政策实施清单管理。2016年4月，财政部等11个部门共同公布了《跨境电子商务零售进口商品清单》，共包括1142个8位税号商品。但调研发现，消费者喜欢的很多海外平价优质商品，包括几大核心品类，如化妆品、护肤品、保健品等受到首次进口、许可备案的规定，消费者需要购买的商品不在《跨境电子商务零售进口商品清单》中。为此，跨境电商平台被迫将不在清单中的商品转移至境外仓，通过邮件方式送到国内消费者。这实际上增加了政府监管的难度，减少了政府税收，降低了用户的体验。如要通过政府审批，时间长达数年，耗资巨大，已经不适应互联网时代的需求。比如，一个保健品，从立项开始到审批出来，需要经历3~5年的时间，花费将近百万元。

六、我国E国际贸易的支撑体系不完善

（一）信用体系亟待完善

与发达国家相比，我国的企业信用管理体系难以支撑跨境电商等新型贸易方式发展。企业银行贷款是和信用紧密相连的，由于我国大多数出口企业缺乏交易数据，导致无法得到银行授信，制约了我国企业发展。在跨境出口方面，有较大部分产品是卖给了个人，而现有的征信体系无法包括这部分交易。在结汇方面，出口企业通常是使用国外卡组织

或第三方支付平台。出口企业款项无法正常回流，需要委托国外金融服务机构办理结汇，交易成本非常高。

（二）物流设施难以支撑

跨境电商是分属不同关境的交易主体之间的贸易活动，物流成本与物流效率影响跨境服务的用户体验，成为影响跨境电商行业发展的关键性因素之一。以出口 B2C 电商为例，有邮政包裹、国际快递、专线物流和“传统外贸物流 + 海外仓”等方式。国际快递基本上由 DHL、FedEx、UPS 和 TNT 等国际物流巨头垄断，中国只有中国邮政参与到万国邮联体系。民营物流企业又被排斥在万国邮联体系之外，无法与有关国家的邮政体系接驳。比如，俄罗斯仅与万国邮联体系内的中国邮政合作，其他民营物流企业被屏蔽于俄境内快递派送业务之外，导致俄罗斯境内物流派送周期长（顺丰公司从华北发往美国需要 4 ~7 天、日本需要 4 ~6 天、欧盟国家需要 5 ~8 天、巴西需要 8 ~10 天，而俄罗斯则需要 12 ~14 个工作日）。另外，中国邮政有关管理也不适应市场要求。例如，中国邮政某些营业网点一旦提前完成年度任务，则会停止或减少派送新单，导致年底大量出口商品积压，限制了我国商品出口。中国邮政在全球各国缺乏相应的基础设施和人员队伍，也没有分拣能力，物流效率低下，影响了跨境电商出口。如果出口企业要与国外物流公司合作，则议价空间少，成本高，出口产品物流成本高达全部成本的 60%。海外仓配送虽然解决了小包成本高昂、配送周期漫长等问题，但也存在容易压货、运维成本高等问题。跨境专线物流虽然可通过规模效应有效降低成本，但覆盖范围有限。

（三）统计体系尚未形成

目前我国关于跨境电商各统计数据定义、数据来源、统计口径等尚不明确，导致我国跨境电商的相关数据统计很难做到精准，影响政府政策制定。比如，按照我国国务院颁布的海关统计条例规定，个人自用的商品在自用合理数量范围内的实行建议报关的制度，不纳入海关统计范围。随着跨境电商的发展，贸易碎片化的现象越来越明显，过去一些传统的贸易有一部分通过碎片化方式转移到跨境电商，通过邮件、快件的方式进出境。数据显示，中国跨境电商市场超过 60% 的商品是通过邮政体系完成。2014 年，我国出口包裹数量近 6 亿个。2015 年，中国邮政 E 邮宝业务量达 1.3 亿件，同比增长 60%；国际小包业务量 5.3 亿件，同比增长 71%。由于单个包裹价值低，大量小包业务不计入现有海关统计体系，低估了跨境电商规模。

（四）信息基础设施有待提高

与发达国家相比，我国互联网渗透率还有较大差距。我国网络基础设施建设还有待进一步提高。一是网络能力和普及水平与发达国家差距较大。目前我国宽带人口普及率仅为发达国家 27.2% 的一半，估计需要 5 ~7 年才能赶上，宽带上网速度相比于全球领先国家差距仍较大，人均国际出口带宽水平低。二是数字鸿沟问题仍然突出，城乡宽带差距较大，农村互联网基础设施建设任重道远，移动宽带 4G/3G 应用主要分布在经济发达地区，部分三、四线城市和农村地区发展不够理想。三是信息基础设施支撑传统产业融合应用处于较低水平，支撑高速率、低时延的行业应用能力不足。四是上网的资费依然偏高，有进一步降低的空间。此外，近年来国际社会信息安全事件频仍，我国信息安全的挑战与日俱增，并经历了一些重大信息安全事件的考验。网络安全已经成为影响大国关系最重要变量之一。由于核心关键技术缺失和网络基础资源短缺，网络攻击、网络失窃密等安全事件时有发生。

七、全球 E 国际贸易发展难以达成共识

（一）全球 E 国际贸易发展程度差异大

全球各国对跨境电商和 E 国际贸易态度不一，发展程度不同，利

益诉求差异较大。美、欧、中、韩、日等国家处于全球跨境电子商务发展第一梯队，巴西、俄罗斯、南非、东南亚等国家也在积极发展跨境电商，而广大非洲国家和欠发达地区跨境电商还未起步。关于跨境电商全球规则，各国诉求也不一致。发达国家出口贸易以服务贸易为主，占全部出口的 70% 左右，跨境电商强调以数字贸易为主。而以中国为代表的发展中国家，商品货物贸易占 70% 左右，跨境电商以货物贸易为主。出口结构不均衡导致各国对跨境电商国际规则诉求不一致，发达国家的诉求会主要偏重于服务方面，发展中国家是在货物方面。美国要求不对电子商务征收关税，欧盟则不赞成对电子商务永久性免征关税，而这个关税也主要指数字贸易和技术贸易。而中国偏重在通关效率方面，身份认定与认证、权益保护、国际支付、知识产权、纠纷处理等方面，全球对 E 国际贸易未能形成统一的规则。

（二）全球跨境数据治理规则不一

全球 E 国际贸易的发展，不可避免地涉及数据的跨境流动，各国对 E 国际贸易态度不一，核心因素就是数据安全。随着移动互联网发展、高性能计算突破和云计算基础设施的普及，数据的产生、存储、处理和使用已经突破了传统物理空间限制，互联网数据流动已经实现了全球同步，几乎没有时间延滞。在大数据环境下，信息创造者、接收者和使用者，信息发送地、输送地及目的地，信息基础设施的所在地，信息服务提供商的国籍及经营所在地等由于信息传输的同步，导致数据不同利益主体交互重叠甚至有冲突。数据传输的跨国界，挑战了传统的国家主权概念，带来了复杂的权责关系，尤其是跨境电商涉及全球用户信息和交易数据安全。国际社会并未对各国的数据主权管控范围进行划定，数据主权在国际法的制定方面尚处空白，各国基于理性自保的需求，积极加强本国数据的管控和本国国民在他国数据的主权，这必然导致主权交叉重复的管辖状况。在全球缺乏跨境数据管理规范的情况下，全球 E 国际贸易发展面临较大挑战。

（三）全球各地海关跨境电商税收政策不同

对于跨境电商，各国关税政策不一致。美国在电商的课税问题上一直坚持税收公平、中性的原则，给予电商一定的自由发展空间。美国从1996年开始实行电子商务国内交易零税收和国际交易零关税政策。1998年美国国会通过《互联网免税法案》，规定三年内禁止对电商课征新税、多重课税或税收歧视。2001年国会决议延长了该法案的时间。直到2004年，美国各州才开始对电子商务实行部分征税政策。2013年5月6日，美国通过了关于征收电商销售税的法案——《市场公平法案》，仍然沿用对无形商品网络交易免征关税的制度。对入境包裹关税起征点为200美元，其综合关税由关税和清关杂税构成。欧盟要求所有非欧盟国家数字化商品的供应商要在至少一个欧盟国家进行增值税登记，并就其提供给欧盟成员国消费者的服务缴纳增值税。增值税征收以商品的生产地或劳务的提供地作为判定来源地，并且对于电子商务收入来源于欧盟成员国的非欧盟企业，如果在欧盟境内未设立常设机构的，应在至少一个欧盟成员国注册登记，最终由注册国向来源国进行税款的移交。其中德国对来自欧盟和非欧盟国家的入境邮包、快件执行不同的征税标准。除了药品、武器弹药等限制入境外，对欧盟内部大部分包裹进入德国境内免除进口关税。对来自欧盟以外国家的跨境电商商品，价值在22欧元以下的，免征进口增值税；价值在22欧元及以上的，一律征收19%的进口增值税。商品价值在150欧元以下的免征关税；商品价值在150欧元以上的，按照商品在海关关税目录中的税率征收关税。日本在税收方面强调公平、税收中性及税制简化原则，避免双重征税和逃税。日本《特商取引法》规定，网络经营的收入也需要交税。日本自民和公明执政两党已确定2015年度税制改革大纲，从2015年10月起通过互联网购自海外的电子书及音乐服务等将被征收消费税。一般的做法是消费税将被加到商品价格中去，由消费者承担。

（四）全球跨境支付体系亟须改善

全球缺乏统一的法律法规规范跨境支付，支付信用安全风险、跨境消费者和商户身份认证技术性风险高，跨境交易资金流向监管难等。作为单个出口企业，很难单独与国外金融机构合作，交易成本高，一般选择境外第三方支付平台。我国出口企业海外结算 90% 都是由美国 eBay 公司完成，资金和数据由国外公司控制，存在不公平竞争。此外，我国跨境电商出口企业大部分采取的是境外结算，结算平台要收取较高的手续费，增加了企业经营成本。资金回笼也是一个突出问题，大多数卖家货款由第三方代收，境外买家支付美元不能直接到国内兑换成人民币，增加了企业经营风险。

（五）跨境电商消费者维权困难

对于国内消费者而言，通过跨境电商购买海外购商品，存在诸多售后问题。由于涉及跨境通关和物流，换货后商品物流等种种费用要消费者承担，有时候超过商品本身价格；同时，通过跨境电商购买的商品质量维权、货品丢失处理、技术售后服务等都需要耗费巨大时间成本，一旦出现纠纷，索赔有困难。主要有四方面原因。第一，运费的担负责任不明确，运费过高，交涉时间太长，手续繁琐。第二，沟通不畅，跨境网购中存在语言障碍。第三，退货产品通关缺乏明确税收规定。第四，缺乏具有公权力的国际纠纷解决机制。据全球最大的电子商务平台 eBay 统计，中国内地地区卖家在 eBay 完成的跨国交易中，平均每 100 个交易就会接到 5.8 个投诉，远高于全球平均每 100 个 2.5 个投诉的水平。

（分报告五撰稿人：中国国际经济交流中心张影强）

参考文献

［1］肖旭．跨境电商实务［M］．北京：中国人民大学出版社，2015.

［2］张夏恒．跨境电商类型与运作模式［J］．中国流通经济，2017

(1)：76－83.

[3] 丁伟．我国跨境电商服务平台建设研究［J]．改革与战略，2017（3）：152－155.

[4] 罗宁芝，刘莹，黄文丽．长三角地区跨境电商生态圈构建的瓶颈与发展策略研究［J]．商场现代化．2017（10）.

[5] 阿里研究院．贸易的未来：跨境电商连接世界［R］//2016年中国跨境电商发展报告，2016.

[6] 李迟．跨境电商问题、对策与发展趋势研究［J]．浙江工商职业技术学院学报，2015（02）：25－28.

[7] 中国电子商务研究中心．跨境电子商务重构中国外贸产业链［EB/OL］，2014－05－13. http：//www. 100ec. cn.

[8] 中国电子商务研究中心．2013年全球跨境电商交易额1050亿美元［EB/OL］，2013－08－03. http：//www. 100ec. cn.

[9] 鄂立彬，黄永稳．国际贸易新方式：跨境电子商务的最新研究［J]．东北财经大学学报，2014（2）：22－31.

[10] 蓝玉才．跨境电子商务增势旺盛［J]．中国商贸，2014（3）：42.

[11] 闫岩．跨境电商生态圈渐成［EB/OL］，2013－05－31. http：//www. eastmoney. com.

[12] 周嘉娣．我国跨境电子商务的现状分析及建议［J]．中国商贸，2013（34）：102－103.

[13] 叶华．浅谈中国外贸跨境电子商务的发展［J]．湖北经济学院学报（人文社会科学版），2013（11）：50－51.

分报告六

全球E国际贸易发展状况及其政策比较

纵观世界各国，近年来纷纷寻求国际贸易方式转型与创新，世界主要大国也纷纷将新经济战略视为新增长动力引擎，包括跨境电子商务、数字贸易等内的 E 国际贸易正处于快速发展的黄金时期。

一、世界主要发达国家 E 国际贸易战略及相关政策

（一）美国促进 E 国际贸易的政策

作为传统上习惯以创新作为优先发展战略的国家，美国政府电子商务政策走在了世界的前列。

1. 美国促进电子商务发展政策的历史过程

美国电子商务的发展与美国政府大力扶持密不可分。早在 1993 年美国率先提出“国家信息基础设施”（National Information Infrastructure，NII）计划，并取消利用互联网进行商业交易活动的限制。1995 年美国又提出“全球信息基础设施”（Global Information Infrastructure，GII）计划，以及 1996 年制定的《国家信息基础结构：行动纲领》，鼓励私人投资，推动竞争，实现开放性进入，实行灵活的管理规范，保障普遍性服务。1996 年下半年，美财政部颁布了有关“全球电子商务选择税收政策”白皮书。1996 年底，克林顿总统亲自倡导成立跨部门的电子商务管理协调机构——美国政府电子商务工作组，负责制定有关电子商务的政策措施，并协调督促相关部门实施。美国从 1996 年开始实行电子商务国内交易零税收和国际交易零关税政策。1997 年 7 月 1 日，克林顿总统颁布了联邦政府促进、支持电子商务发展的“全球电子商务框

架”。1998 年美国国会通过《互联网免税法案》，规定三年内禁止对电商课征新税、多重课税或税收歧视。2001 年国会决议延长了该法案的时间。直到 2004 年，美国各州才开始对电子商务实行部分征税政策。2013 年 5 月 6 日，美国通过了关于征收电商销售税的法案——《市场公平法案》，此法案以解决不同州之间在电子商务税收领域划分税收管辖权的问题为立足点，对各州内年销售额 100 万美元以上的网络零售商征收销售税（在线年销售额不满 100 万美元的小企业享有豁免权），以电商作为介质进行代收代缴，最后归集于州政府。仍然沿用对无形商品网络交易免征关税的制度，在税负上给予电商更多的发展空间。

美国在电商的课税问题上一直坚持税收公平、中性的原则，给予电商一定的自由发展空间。美国从 1996 年开始实行电子商务国内交易零税收和国际交易零关税政策。1998 年美国国会通过《互联网免税法案》，规定三年内禁止对电商课征新税、多重课税或税收歧视。2001 年国会决议延长了该法案的时间。直到 2004 年，美国各州才开始对电子商务实行部分征税政策。2013 年 5 月 6 日，美国通过了关于征收电商销售税的法案——《市场公平法案》，仍然沿用对无形商品网络交易免征关税的制度。对入境包裹关税起征点为 200 美元，其综合关税由关税和清关杂税构成。

2. 美国政府电子商务发展政策的基本框架及内容

“全球电子商务框架”确立了联邦政府政策的基本框架，对于美国乃至世界各国电子商务发展产生了积极影响。其中，美国政府提出了电子商务发展的 5 项原则和 9 项政策建议。

美国发展电子商务的 5 项原则：（1）私营部门必须发挥主导作用。因特网发展应该以市场为驱动，因为创新、拓展服务、广泛参与、降低价格等只有在市场主导的环境下才能实现。在受管制的行业中无法实现，即使是在某些需要共同行动的领域，政府应尽可能鼓励产业界自我管理以及私营部门带头。（2）政府应避免对电子商务的不当限制。买卖双方在通过因特网进行产品或者服务买卖并达成合法协议的过程中，尽可能将政府的参与或干预最小化。政府将严格控制对通过因特网进行的商务活动制定新的及不必要的规定，简化政府办事程序或者避免征收新的税收和关税。（3）为商业发展营造合适的环境。当政府必须参与时，政府参与的目标应是支持和创造可预测的、受影响最小的、持续简单的法律环境。对需要政府干预的领域，政府的作用应是确保竞争、合同履行、保护知识产权和私有权利、防止假冒、增强透明度、增进商业贸易、促进争端解决。（4）政府必须认清因特网的特性。因特网的优势和获得的巨大成功一定程度上应归功于其分散的本质（decentralized nature）及其自下而上的管理方式（bottom – upgovernance）。过去 60 年来，为电信、无线电和电视行业建立的规范框架可能并不适用因特网。对现有的一些可能阻碍电子商务发展的法律法规应该重新进行审议、修改或者废止，以满足电子时代的新要求。（5）因特网上的电子商务应在全球范围内促进。当今因特网本身就是个全球性市场，网上交易法律框架必须打破地区、国家和国际的界限，采取一致的管理原则。对因特网进行完全不同和多重管理只会阻碍自由贸易和全球商业发展。

美国发展电子商务的 9 条政策建议：（1）关税和税收。因特网上进行交易的产品或服务，都应是无关税的，即不应对电子商务征收新税收。因为因特网是种全球媒介，所有国家都应从这种无壁垒贸易中受益。现有适用于电子商务的税收应在全国范围内一致施行，且做到易于理解和管理。根据现有税收原则，州和地方政府应合作制定出统一、简单的电子商务税收方法。（2）电子支付系统。在电子支付系统发展初期，迅速改变着的商业和技术环境，使得制定及时、合适的相关政策非常困难。因此，法规和规则不应缺乏灵活性，不应高度约束性，否则会对电子商务发展造成潜在伤害。近期而言，电子支付个案监测做法是可取的方式。（3）电子商务通则。政府支持制定一套国际统一的贸易规范以促进电子商务。这种规范应鼓励政府对电子合同的认可；鼓励国际普遍接受电子签名及其他类似授权程序的规则；促进为国际贸易活动制定可替代的争端解决机制；制定可预测的根本原则，权责明确；让电子注册的使用合理化、简单化。（4）保护知识产权。因特网上的商务活动经常涉及知识产权销售与认证。政府应研究并征求公众对保护数据库方法的建议；促进全球共同努力，为相关专利提供有效的充分保护，建立能够决定专利要求效力的标准；在全球开展工作，以解决那些因国家不同而对因特网相关商标的处理方式不同而引起的争端；建立审议域名的分配制度，以创造更加竞争的、以市场为基础的体系，并力争造就因特网自下而上的管理模式。（5）隐私权。政府支持私营部门建立有效的、用户友好且自我规范的隐私管理体系的工作，这包括促进对个人隐私认知机制、网上选择应用、信息公平获取与利用，以及争端有效解决。对于不能完全由产业通过自身规范和技术独自解决的隐私权问题，政府应和产业以及有关各方共同寻找合适的解决方法。（6）安全。全球信息基础设施必须是安全且可以信赖的。如果用户对他们网上的通讯安全不够信任，认为他们的数据不能避免被截取或者更改，那他们也就不会利用因特网来进行商务活动。政府正在与产业界合作，采取措施，促进这种市场驱动的重要公共基础设施的发展，并满足社会和用户对安全和可靠性的需要。（7）电信基础设施和信息技术。全球电子商务依赖现代的、严密的全球电信网络，以及与之相连的信息的应用。然而，许多国家现有的电信政策正在阻碍先进数字网络的发展。美国将广泛开展国际合作，以消除竞争、客户选择、低价格和更优服务的壁垒。（8）内容。政府鼓励产业界进行自我规范，采用有竞争性的内容评价体系，开发有效、用户友好的技术工具（如过滤和封锁技术），从而使父母、教师以及其他人员能够阻挡不适当的内容触及儿童。（9）技术标准。互联网技术标准以及其他相互作用的机制应该由市场而不是政府来决定。技术变化快速，如果政府试图建立技术标准来管理互联网，只能阻碍技术创新。

作为美国政府发展电子商务的战略框架，“全球电子商务框架”反映了产业部门、消费群及网络界的广泛意见与要求，体现出联邦政府大力促进从业者与消费者参与电子商务的战略意图。自诞生之日起，框架一直是美国政府发展电子商务政策的纲领性文件，美国政府电子商务工作组每年报告执行情况，提出政策调整与更新战略建议，并促进相关政策及战略的实施。

3. 近年来美国促进数字贸易的政策

在目前已经生效的 FTA 中，美韩的自由贸易协定（KORUS）包含了最稳健的数字贸易条款。除了现有的自由贸易协定规定，KORUS 还包括互联网准入和使用的规定，以确保消费者的选择权和市场竞争。此外，美国的多边、双边协议还包括：跨太平洋伙伴关系（TPP）协议（已退出）、服务贸易协议（TiSA）、跨大西洋贸易和投资伙伴关系（T - TIP）。美国有关数字贸易的举措包括：

首先，对数字贸易内涵做出宽泛的界定。迄今为止，数字贸易仍是一个具有挑战性的新议题，目前对“数字贸易”的界定尚无定论，其内涵和外延仍在演变之中。但是从美国目前相关官方机构给出的定义来看，其既包含了货物也包含了服务；既包括最终用户使用的产品和服务的贸易，也包含了辅助数字贸易的手段（如互联网平台和应用），还包含了数据流动等。例如，美国国际贸易委员会（USITC）在《美国和全球经济中的数字贸易》（第二次报告）中对“数字贸易”的定义是：“互联网以及基于互联网的技术在产品和服务的订购、生产或交付中扮演重要角色的国内和国际贸易”。而美国贸易代表办公室（USTR）认为，数字贸易是一个广泛的概念，不仅包括消费者产品在互联网上的销售以及在线服务的提供，还包括实现全球价值链的数据流、实现智能制造的服务以及无数其他平台和应用。这就使得数字贸易中要探讨的规则比传统的货物和服务贸易要更广泛、更复杂、更具不确定性。

其次，从法律上确立数字贸易谈判原则和方向。鉴于数字贸易对美国经济发展的重要性以及在实践中美国企业遇到的数字贸易障碍，在《2015 年双年度国会贸易优先事项和责任追究法》中，对数字贸易和跨境数据流动的贸易谈判目标做出了明确规定：一是确保世贸组织、双边和区域贸易协定中的现有义务、规则、纪律和承诺，适用于货物和服务中的数字贸易以及数据跨境流动；二是确保电子传送的货物和服务在贸易规则下所获待遇不低于以物理形式传送的类似产品，并且对于数字贸易中货物和服务的分类尽可能确保自由贸易待遇的最大化，完全囊括现有贸易和新型贸易；三是确保政府避免实施阻碍数字贸易、限制数据跨境流动、要求数据本地存储或处理的相关措施；四是在出于合法政策的目实施上述一至三种的措施时，取得承诺确保管制的最小化、非歧视性、透明性，促进开放市场环境的建立；以及延续世贸组织关于电子传输免征关税的备忘录。

从目前美国在国际协定谈判中主张的数字贸易规则来看，基本上也都是围绕上述五项目标进行，例如数字产品免征关税、数字产品的非歧视待遇、数据跨境流动、计算设施本地化等。其中，第一、第二项目标涉及底层的整体贸易的技术中立和非歧视问题。

第三，建立面向数字贸易政策和挑战的组织架构。为了实现国会确定的数字贸易谈判目标，美国从 2016 年开始建立专门针对数字贸易的组织架构。2016 年 7 月，USTR 内部建立了数字贸易工作组，以快速识别数字贸易壁垒和制定相应政策规则。该工作组由 USTR 代表 Robert Holleyman 直接领导，其工作人员来自 USTR 内部的电子商务、电信、服务、知识产权、创新和工业竞争力领域。自 2016 年成立以来，数字贸易工作组已经开展了多项有成效的工作，包括：为《2017 年外国贸易壁垒评估报告》识别出最新的数字贸易障碍，制定在国际上推广数字贸易规则的战略，推动 USITC 对主要国外市场上的数字贸易壁垒开展调查和评估。此外，美国商务部从 2016 年开始在主要贸易伙伴国家派驻数字贸易参赞帮助美国企业解决相关问题。

第四，加强数字贸易影响评估和对策研究。一是从 2016 年开始，USTR 持续跟踪各国限制数字贸易的措施，在每年《外国贸易壁垒评估报告》中识别和总结各国当前存在的数字贸易壁垒。2017 年 USTR 将数字贸易壁垒划分为四类：数据本地化壁垒、技术壁垒、互联网服务壁垒以及其他壁垒。二是 USTR 数字贸易工作组在每个月度会议上，都会和相关利益主体以及来自其他机构的专家讨论一类具体的贸易伙伴采取或拟采取且可能会对数字贸易造成损害的政策类型，例如欧盟 2016 年 9 月发布的《数字单一市场战略》、数据流动和本地化壁垒、互联网使能服务（如共享经济）。另外，在 USTR 的请求下，USITC 在 2017 年 2 月宣布将开展三项调查来检查美国企业对新数字技术的使用，并评估国际贸易中数字贸易障碍对美国企业竞争力的影响。其中一项报告将向全社会公开，另外两项报告将保密。此前，USITC 曾在 2013 年、2014 年应美国参议院财政委员会的请求发布过两份《美国和全球经济中的数字贸易》报告，对数字贸易对美国经济的贡献、美国企业在国际贸易中遇到的数字贸易壁垒进行了调查和评估。

（二）欧盟促进 E 国际贸易的政策

在发展电子商务的进程中，整体上欧盟更多地发挥整体的力量推进欧盟跨境电子商务发展，维护欧盟的一体化。

1. 欧盟促进电子商务政策发展进程

欧盟将电子商务视为推行全球经济一体化和主导世界经济的重要战略措施之一，把电子商务的发展看作是欧洲地区在未来全球经济中赢得竞争优势的关键因素。自 1997 年以来，欧盟便从战略的角度来制定和规划电子商务发展的政策和框架，以指导欧洲地区成员国电子商务的发展。1998 年和 2000 年欧盟标准委员会两次向欧盟理事会提出关于互联网管理政策。1999 年欧盟提出“电子欧洲”总战略，目标之一是要在 2001 年让所有的中小学全部上网；2000 年提出建设“欧洲网络指导框架”

设想，投资建设信息基础设施和泛欧乃至联通全球的网络。“欧洲网络指导框架”设想具体目标是：欧盟每一个企业、每一位研究人员、每一个大学生，都拥有一套能够迅速进入互联网的电脑。为此，欧盟提出2001—2010年培养160万电子信息人才目标。其采取的具体政策措施有：强化职业教育与培训机制；放宽现有的技术移民政策；进一步延长具有专业知识与实践经验的老年技术人才的就业期限；鼓励妇女就业和让工薪阶层在税收政策上享有更多优惠。在欧洲范围内建立起一体化的劳动市场，逐步改革和清除欧盟成员国在社会保障和退休金方面的地域限制，实现市场一体化，欧洲开放内部市场，优化相关服务业的竞争机制，全国降低企业的生产成本，提高产品国际竞争力。欧盟的电子商务政策无论在立法思想、立法内容还是立法技术上都是很先进的。

2. 欧盟电子商务政策的基本框架

一是1997年4月欧洲委员会提出《欧盟电子商务行动方案》，从宏观的角度规定了信息基础设施、管理框架和电子商务等方面的行动原则。这个方案是从全球的角度来看电子商务的发展的，认为关于电子商务的任何规章制度必须与其在WTO框架下相关的承诺或义务相协调一致。同时，该方案还指出了电子商务发展必须满足的条件。虽然《欧盟电子商务行动方案》是从欧洲共同体的地区联盟的角度来制定的，但在一定程度上它也为全球电子商务的发展提供一个可以效仿的政策制定的模式。1997年7月欧洲各国在波恩召开了有关全球信息网络的部长级会议，通过了支持电子商务的部长宣言，主张官方应尽量减少不必要的限制，帮助民间企业自主发展以促进互联网的商业竞争，扩大互联网的商业应用，大力发展电子商务。12月，欧盟与美国发表了有关电子商务的联合宣言，与美国就全球电子商务指导原则达成协议，承诺建立“无关税电子空间”。

二是2000年3月欧盟委员会发起了一项名为“电子欧洲”（e－Europe）的行动方案。以作为其增加欧洲公民网络介入和获得信息社会服务机会的策略之一。电子欧洲行动计划是一个政治协议，其目的是确保欧盟所有成员国能够从信息社会所带来的变化中受益。它也是欧盟在电子商务里主要的政策文件之一。

三是2000年5月欧洲议会通过《电子商务指令》。该指令的主要目的是保证电子商务的在线服务能够在共同体内被自由地提供，其主要内容包括：成员国开放在线服务的市场；成员国不对电子商务合同的使用加以限制；为仅作为第三方的信息传输管道的中介创设了责任豁免；要求标明属于电子形式的广告信息；允许律师、会计师在线提供服务；要将国籍法和来源国法作为适用于电子服务的法律；允许成员国为了保护未成年人防止煽动种族仇恨，保卫国民的健康和安全，对来自他国的电子服务加以识别；确定提供电子服务的公司所在地成为其实际开展营业的固定场所，不论其网站设在何处。《电子商务指令》是欧盟发展电子商务的核心内容，它确立了欧洲单一市场准则同样适用于电子商务，其目的是防止出现因各国制度不同而导致欧洲电子商务发展受限的局面，从而推动泛欧在线服务的开展。

《欧盟电子商务行动方案》《电子欧洲》和《电子商务指令》三个文件为欧盟发展电子商务构建了一个基本框架。此外，电子商务发展中出现的诸如金融服务、数据安全、个人隐私权、网络犯罪和消费者权益保护等问题也是发展电子商务的瓶颈，应对这些问题制定一系列指令和立法等。

3. 欧盟电子商务政策的基本内容

一是电子支付方面的政策。在电子商务的网上贸易中，订货和付款手续都必须在网上完成。这时就需要银行能够提供一种特殊的金融支持。这种金融支持由银行在网络上对交易资金进行电子划拨，此即为电子支付。安全的电子支付系统对于发展BTOC商务活动是非常必需的。如果缺乏一种安全、有效和便捷的跨境在线服务支付手段，将大大削减消费者对电子商务的信心，从而最终阻碍电子商务的发展。目前电子支付的手段最常见的就是利用信用卡进行记账结算，此外也可以采取电子汇票、电子货币的方式。在目前电子支付系统开发的初级阶段，商业和技术环境变化迅速，很难制定合适又实用的政策。因此，欧盟正和相应的国际论坛上的其他政府及组织一起合作，全面考虑已经出现的电子支付方面的问题。

二是电子合同和数字签名方面的政策。在电子合同中，欧盟还要求采用数字签名的方式应该与传统的签名一样具有效力。当然这种签名应该首先经过相关的认证部门的鉴定。欧盟委员会于 1997 年 10 月以通讯的方式发布了一份《数字签名框架指南》的文件。该文件认为由于各成员国对于认证部门的操作程序以及技术认证的要求和规定不同，使加强欧洲共同体内的电子商务和在线服务的国家间市场是支离破碎的，所以欧盟委员会建议引入《数字签名的框架指南》，以改变这种状况。同时，欧盟认为，制定的数字签名框架中应该解决以下一些问题：支持认证过程的法律基础，包括出现的九字鉴别和认证技术；认证程序的可应用性；在应用认证技术的情况下，用户、供应商和第三方所担风险与责任的分配；以及使用注册认证所产生的特殊问题等等。

三是知识产权方面的政策。2001 年 5 月欧盟发布了《关于协调信息社会版权与相关权指令》。这意味着世界知识产权组织（WIPO）1996 年 12 月通过的两个新国际版权条约即将生效。在这个版权指令中，欧盟对各成员国存在分歧的复制权的定义进行了协调，并将互动式的“按需提供”传播行为涵盖在传统的传播权中。此外，欧盟对权利人的技术措施的义务、权利的例外与限制也作了很具体的规定。但欧盟的版权保护指令明显地对著作权人的精神权利有意或无意地给忽视弱化了，这被有关的专家和学者认为是对公共利益的一种挤压。

四是关税和税务方面的政策。欧盟认为，各成员国尽管原则同意不向希望通过网络空间做生意的公司实行新的贸易壁垒或者征收新的税种，但并不认为互联网应当成为全球的免税商店。对于在 Internet 上的电子商务活动是否只适用现在的税务制度，而不征新的税种，欧盟认为要根据电子商务的方式不同而区别对待：现在的税务制度对于采取间接电子商务是完全适用的，这种贸易方式与传统的邮政、电信服务相类似，对于直接电子商务而言，虽然不需要制定新的税务制度，但是必须做一些调整和修改，同时加强国家间税收方面的合作，成为一个非常重要的因素。因为成功的税收方面的应用和操作在很大程度上依赖国际联盟的合作。

五是网络犯罪方面的政策。1999 年欧盟就反对网络犯罪提出过若干建议，并向欧洲联盟部长会议和欧洲议会同时提交有关网络犯罪的报告。该报告概要介绍了反击网络犯罪的协调配套政策，并阐述了政策实施过程中的必需措施。2000 年 4 月，欧洲议会起草了一份名为《网络犯罪公约》的草案，它将成为第一个关于网络犯罪的国际公约。该草案阐述了各种针对计算机系统、网络、数据滥用的犯罪行为的适用法律及程序，这个文件的目的是协调网络犯罪的各国家间的规定，以便于在欧洲议会的各成员国之间的合作、调查、取证等工作。这个草案于 2000 年 11 月经专家组定夺，2001 年 8 月欧洲委员会部长会议签署公布实施。

六是保护消费者方面的政策。欧盟理事会和欧盟议会关于《远程合同中消费者保护指令》第 4 条至第 12 条具体规定消费者在远程服务中应该享有的权利，如知情权、退回货物的权利等等。欧盟认为这个指令中对消费者的保护并不适用于电子商务中的金融服务等。

（三）澳大利亚促进 E 国际贸易的政策

在制定电子商务相应的法规时，澳大利亚政府关注的重点是消除那些影响电子商务发展的不必要障碍，同时对诸如内容等具体方面作出规定，使之合乎公共利益的需要。

澳大利亚 1999 年颁布《电子交易法》，允许个人通过电子方式与政府部门和机构进行交易，并明确了个人可以通过电子方式签订合同的一般原则，这样就为各种电子交易方式的使用扫清了法律上的障碍。澳大利亚《电子交易法》是以《联合国国际贸易法律委员会电子商务标准法》为基础，并通过与各州和领地进行了充分的协商而制定的，用以推动电子商务在澳大利亚的成功开展。此外，澳大利亚各州和领地也相应制定了在其辖区中具有类似效果的法规，这是对联邦《电子交易法》的有益补充。

澳大利亚《电子交易法》规定需在电子表格中达到四种类型的要求（提供书面信息、提供个人签名、提交文件，以及记录或保留信息等）；在应用技术方面，《电子交易法》坚持了公平中立的原则（即不能偏重于使用一种电子签名技术）。同时，《电子交易法》还规定书面材料和电子文件在交易中具有同样的效力。

澳大利亚鼓励私人和公共部门采用认证技术，为电子商务在澳全境内的应用提供便利。澳大利亚正在积极推广电子签名的应用，并将其视为完善公共密钥基础设施建设的解决方案，这与APEC提出的“实现公共密钥基础设施（PKI）互通”的目标是一致的。目前，澳大利亚国家信息经济办公室负责在Gatekeeper © PKI框架下管理电子认证机构及其服务。电子认证的相关标准包括：与联邦政府采购政策的一致性；符合安全政策和规划；物理安全性；技术评估；符合认证政策和管理程序；个人审查；法律事务；保护隐私方面的考虑。

澳大利亚国家信息经济办公室制定了一项“跨地区跨国承认”（cross－recognition）的政策，用以鼓励在国内和国际范围内的公共密钥基础设施的互通。目前，澳大利亚正在国内有关政府部门以及利益相关国家和国际组织中积极推动上述政策的实施。

澳大利亚政府认为个人隐私和网上数据的保护对公众利益而言是非常重要的，因为有很多人担心从他们本人或第三方收集到的有关他们的个人信息会被其他私人部门使用，尤其是在国际互联网上使用。澳大利亚1988年颁布的《隐私法》是关于在联邦公共部门和私人部门中保护个人信息的主要法规。《隐私法》为联邦公共部门制定了 11 条《信息隐私原则》，为私人部门组织制定了 10 条《国民隐私原则》。这些隐私原则涉及个人信息处理过程中的所有阶段，针对个人信息的收集、使用、披露，以及信息的性质和安全性的判定提出了具体的标准。此外，这些原则还对有关人员查阅、更改个人信息做出了具体的规定。

在 1992 年《广播服务法》、2001 年《交互赌博法案》以及 2003 年《垃圾邮件法》中，澳大利亚议会分别对攻击性、非法和多余的网络内容，以及网络赌博服务制定了相应的管理制度：1992 年《广播服务法》第 5 项规定对网络内容的管理做出了规定，其目的在于防止某些网络内容对合法公民的权益造成伤害，或者防止儿童接触某些不适宜的网络内容。2001 年《交互式赌博法案》针对的目标是交互式赌博服务的提供者，而不是赌博的实际或潜在参与者。根据该法，为身在澳大利亚境内的顾客提供交互式赌博服务是非法的。交互式赌博的范围不仅包括通常所称的"网上赌场"，也包括某些利用网络进行的概率游戏，或者综合了概率和技能的游戏。《交互式赌博法案》适用于所有的交互赌博服务提供者，无论其设点在澳大利亚还是国外，也不论其是否属于澳大利亚。《垃圾邮件法》于 2004 年 4 月 10 日生效。该法案采取了一种平衡的做法，在允许网络直销和类似商业行为的同时，明确禁止滥发垃圾邮件的行为。《垃圾邮件法》的主要内容包括：在没有得到明确同意或默许的情况下，禁止向用户发送商业性的电子邮件；对寄发垃圾邮件的不合法行为进行相应的民事制裁；要求所有的电子邮件都应该含有发件人准确的详细信息。澳大利亚的反垃圾邮件战略包括：与相关国际组织密切合作，制定全球性的指导原则和合作机制来应对全球范围内的垃圾邮件问题（澳大利亚已经就打击垃圾邮件问题与韩国签订了谅解备忘录）。

（四）英国促进 E 国际贸易的政策

英国政府对电子商务的管理属于服务型，管理方式主要是制定法律、法规以及税收和信贷优惠政策。英国商业、创新与技能部（BIS）为电子商务的政府主要管理部门，负责商业政策制定、产业规划和宏观管理，同时负责欧盟有关商业法规的本地化。其他相关部门还包括：财政部、金融管理局、贸易标准局、竞争和市场管理局、电话信息服务独立监管委员会、专利局等。英国各地还设有地方法规完善办公室，负责监管企业是否达到相关商品和服务标准，是否损害消费者利益，并对违法行为采取执法。

英国政府支持包括网络零售在内的电子商务活动。早在 1998 年，英国政府就提出“信息时代伙伴计划”（IAP），工作重点放在电子政府和电子商务方面，旨在唤起中小企业的注意。2001 年 3 月，时任首相布莱尔指出，电子商务对经济增长和国家竞争力非常重要，是未来知识经济成功的基础。英国政府在 2002 年进一步确定了把英国建设成为“在西方七国中具有最广阔的和最具竞争力的宽带市场”的目标。为此，英国政府提出了“电子使者”计划。

同时，英国政府还积极采取措施，通过增加财政投资来促进企业开展电子商务活动。除了投入大量资金建设公共上网地点、网络化示范城镇和工业园区等措施之外，更重要的是通过英国电信管理办公室对电信市场进行规范和制衡，促进市场竞争。竞争环境的改善使英国上网费用持续下降，不限时上网和宽带接入服务迅速普及。同时英国政府加大对信息通信技术产业的支持力度，提出“数字英国”战略，对投资信息通信技术的小公司给予税收信贷。截至目前，英国已基本实现 2MB 的宽带接入服务。这些都为电子商务的普及发挥了重要促进作用。

总之，世界发达经济体都制定了促进电子商务发展的政策，力图抢占 E 国际贸易的制高点。当前，受到 E 国际贸易的冲击，发展中国家也在加速制定推进 E 国际贸易发展的政策措施，加入 E 国际贸易领域的国际竞争，使得这一领域竞争呈现日趋激烈。

二、全球经贸框架中 E 国际贸易的相关规则

近年来，各国讨论制定电子商务国际规则的热情空前高涨，世界贸易组织（WTO）各成员国纷纷提交电子商务提案，二十国集团（G20）领导人杭州峰会通过了《G20 数字经济发展与合作倡议》，世界软件业联盟提出更新数字贸易规则。美欧等发达国家通过跨太平洋伙伴关系协议（TPP）、跨大西洋贸易和投资伙伴关系协议（TTIP）、国际服务贸易协定（TISA）等新一代贸易协定大力推进电子商务、数字贸易有关的高标准国际规则。

（一）国际组织推进电子商务国际规则制定的进程

与传统（货物）贸易相比，围绕电子商务等新型国际贸易规则相对滞后，WTO 虽然自从 1998 年以来就制订了关于电子商务的工作计划，但相关工作主要集中在电子传输免征关税上，在建立贸易规则、推动贸易与发展等方面没有开展实质性工作。当前，国际贸易规则面临乌拉圭回合以来的首次全球重构，各方高度重视。在电子商务问题上，业界提出的主要诉求包括增加电子商务的透明度和非歧视性，简化法规和标准来便利跨境贸易，便利中小微企业开展电子商务，改善消费者保护，加强与其他国际组织的合作并讨论制定关于电子商务的国际规则。

1998 年，世界贸易组织 WTO 总理事会通过了《电子商务工作计划》，在这份工作计划中将电子商务简单界定为“通过电子方式进行货物和服务的生产、广告、销售和传递”。它不仅指基于互联网上交易，而且指所有利用电子信息技术来解决问题、降低成本、增加价值和创造商机的商务活动，包括通过网络实现原材料查询、采购、产品展示、订购、出品、储运以及电子支付等一系列的贸易活动。同年，WTO 将电子商务纳入谈判议题，内容涵盖电子商务的定义、属性归类、关税、知识产权、市场准入等内容，涉及服务贸易理事会、货物贸易理事会、知

识产权理事会以及贸易与发展委员会等部门。

WTO 将电子商务分为三种形式：一是完全通过互联网进行选择、购买并传递的交易；二是涉及电信传输功能的交易，包括网络服务功能的交易；三是通过互联网进行选择和购买，但是仍采用传统线下运输方式传递产品（包括货物和服务）的交易。电子商务的征税问题和不同产品的规则适用问题成为 WTO 谈判的关键瓶颈。1998 年，WTO 各成员方对电子传输产品免征关税达成暂时协议。目前，大多数 WTO 成员方对电子商务中通过电子化交付的服务适用于 GATS（General Agreement on Trade in Services，GATS）条款和通过物理方式运输的商品（包括货物和服务）适用于 GATT（General Agreement on Trade and Tariff，GATT）条款并没有太大争议。但是，由于电子商务的自身特性，GATS 各种模式之间的边界在电子商务环境下不再清晰。

迄今为止，在 WTO 谈判中电子商务议题都未能取得实质性进展，在 2013 年的巴厘岛会议和 2015 年的内罗毕会议上，WTO 决定延续对电子商务的暂停状态，并对电子传输产品免税的决议延长至 2017 年。由于 WTO 在电子商务谈判方面长期没有取得实质性进展，世界上重要的经济体、贸易大国以及地区为建立新的国际贸易秩序，正在转向不同形式的区域贸易协定。电子商务国际规则的建立有助于形成一个开放、安全、稳定、可信的互联网交易环境，市场的准入条件、交易规则、信用制度、IT 服务、金融及物流体系等向统一的方向发展，促进各成员方更多的企业和个人利用跨境电子商务平台开展对外贸易，降低贸易成本、提高贸易效率。

（二）主要发达国家试图主导新一轮国际规则制定

面对多哈回合谈判停滞不前的现状，以及随着电子商务在国际贸易中的地位越来越突出，各国立足于自身利益和经济发展情况，纷纷在电子商务国际规则方面提出自己的主张。美欧等发达国家利用自身的电子商务竞争优势和比较完善的国内电子商务法律法规在国际规则制定中积极强占制高点。目前，电子商务国际规则主要体现在美欧等发达国家引领制定的区域贸易协定中。在 WTO 公布的涉及电子商务的 40 多个区域协定中，32 个协定将电子商务单独设章，其中美国主导 13 个，欧盟主导 7 个，其他协定也基本上由已与美欧签署协定后的国家或地区之间互相签署。

新的国际贸易规则体系，比如 TISA、TPP、TTIP（目前处于停滞状态）等新规则体系已经带来重大变化。例如，全球服务贸易协定（TI-SA）中，期望建立电子商务、计算机相关服务、跨境数据转移等新兴领域的管制规则，强调制定适当的条款来支持通过“电子渠道”所进行的服务贸易，引导数字贸易和跨境数据流的发展。TISA（《多边服务业协议》）体现的新动向包括：范围广泛的综合协议，不预先排除任何部门或供应模式，包括金融、快递、传播、电信、电子商务、运输、物联网、数码贸易、移动通信网络、互联网等所有服务业领域；增加服务贸易协定（GATS）的附加规则，拟将国民待遇由 GATS 中选择性的承诺变为横向普适性的承诺，并包含锁定开放现状和“棘轮条款”，自动将新出现的服务部门锁定在自由化范围内；建立一些新兴领域的管制规则，如国际海运、电信服务、电子商务、计算机相关报务、跨境数据转移、运输和快递。特别是关注网络在服务业的应用趋势，强调制定适当的条款来支持通过“电子渠道”所进行的服务贸易。

（三）目前 WTO 框架下跨境电子商务发展的中国议案

2016 年 11 月 4 日，WTO 公布了由中国提交的电子商务倡议。2016 年 9 月，G20 上提出了《B202016 政策建议案》。该建议案把促进跨境电商作为一个关键因素，提议建立电子全球贸易平台（eWTP），强调了发展中国家及其中小企业（SMEs）更好地获取资本和科技，从而促进发贸易和增长的集约式发展。此外，2016 年由国际贸易中心（ITC）发布的一份报告指出，把 SMEs 导入电子商务的高速公路，其还鼓励公私领域对话以帮助 SMEs 参与跨境电子商务。

在中国议案中，主要讨论聚焦在网络驱动的跨境货物贸易的促进和便利化方面，直接支持该货物贸易的服务贸易，例如支付和物流。讨论旨在明确和改进现有多边贸易规则的适用，旨在促进发展中国家，以及中小企业（SMEs）、非营利机构更好地参与，并受益于国际贸易和全球价值链，能够有跨越式发展。主要包括以下几大方面内容：

第一，促进跨境电子商务便利化的重要途径。一是 B2C 和 B2B 交易跨境电子商务更多便利措施的需求和可行性讨论方面，探讨如何简化 B2C 模式下边境货物进出口、过境。二是在设立跨境电子商务平台的规制措施和程序方面交换信息，包括相关电子注册程序信息，讨论更为便利安全的可能性。三是在直接支持跨境电子商务提供服务的规制措施和程序方面，包括电子和在线支付、物流和快递、在线清关和其他贸易促进服务，探讨使这些方面更为合适的可能性。四是促进无纸贸易，各成员跨境电子商务和贸易商的国际贸易单一窗口的便利化，以及贸易便利化、支付、物流和快递服务的服务供应商。五是促进各成员国际贸易单一窗口之间的互联和数据交换。六是促进贸易金融创新，有关跨境电子商务线上贸易金融政策和规制措施的信息交换，研究贸易促进措施的可能性。七是促进支持跨境电子商务的服务供应商之间的合作，例如物流、快递和支付服务。

第二，提高跨境电子商务政策框架的透明度。一是发布有关跨境电子商务的法律、法规和行政措施，尽可能地向 WTO 提供该法律、法规和行政措施。二是发布、更新通过电子商务，尤其是 B2C 模式下的网络货物进出口程序描述。通过《贸易便利化协定》设立的问询机制。

第三，提高跨境电子商务的基础设施和技术条件。一是交换有关数据证书、电子签名和电子授权的政策信息，促进电子证书和电子签名以及其在跨境电子商务中适用的互相承认。二是寻求具体措施提高发展中成员跨境电子商务发展的基础设施和技术条件，包括在贸易援助框架下进行的工作，例如帮助发展中成员评估其电子商务准备工作及提高其海关数字化水平。

（四）《金砖国家电子商务框架》及其相关倡议获得核准通过

事实上，2015 年，金砖国家领导人通过了《金砖国家电子商务合作框架》，促进实现金砖国家一体化大市场。2017 年 8 月初，金砖国家经贸部长会议批准了《金砖国家电子商务合作倡议》，全面启动合作进程。这些政策的推动，为金砖国家贸易增长、产业转型升级、创造就业等创造了有利的环境，而且可以帮助发展中国家和中小企业更好地融入全球价值链。相关数据显示，金砖五国之间的相互贸易额只占五国整体对外贸易的 6%。通过电子商务的方式，能够一定程度上克服时差、空间方面的影响，为贸易增长提供新动能。2016 年，金砖五国网络购物用户数和跨境网络零售额分别占全球的 47.2% 和 23%。预计到 2022 年，两个数字将分别上升到 59% 和 41%，网络零售总额将达 3 万亿美元。

2017 年金砖国家领导人峰会核准了《金砖国家电子商务合作倡议》，明确电子商务合作的具体行动。五国部长就金砖国家电子商务达成了一项合作倡议。该倡议有三个方面的内容：（1）建立电子商务工作组。五个国家的电子商务工作会遇到一系列的需要共同处理的问题，所以成立一个电子商务的工作组，对这些问题的讨论形成机制化，推动成员国之间的务实合作。（2）加强对话与交流。加强政府主管部门与电子商务业界之间的对话，加强与金砖国家电子商务利益相关方的互动，促进信息和技术分享，加强能力建设。（3）开展电子商务的联合研究。

三、全球 E 国际贸易发展对我国的启示

（一）世界各国对电子商务等新型贸易规则的诉求差异较大

纵观全球电子商务及其规则的发展，由于谈判成员方的经济发展水平、参与能力各不相同，各成员方在谈判中的利益诉求明显不同。以中

美为例，一方面，两国发展阶段不同，中国正处于实体数字化、工业化与信息化还未深度融合的发展阶段。而美国已处于数字实体化，进入由信息化向数字化转型的高级阶段，这决定了中美在理解电子商务等贸易方面存在立场和角度的不同。

另一方面，中美对跨境电子商务的定义和利益诉求不同。中国是依托实体产品及其数字化嵌入全球价值链；而美方是数字产品主导全球价值链。中方更关注跨境网络商品消费，跨境货物流动便利化等问题。而美方关注的是以数字产品为核心的跨境数据自由流动、消除数据本地化存储障碍、电子传输免征关税、ICT 产品免税问题。

这些问题不仅存在于中美之间，全球层面也表现为一些规则分歧与冲突，很多领域不仅没有定论，也存在很多值得探讨和谈判的空间。例如，在税收方面，多数国家均将数字产品和一般产品区分开来。2003 年，欧盟对向欧盟境内企业或个人出售商品的非欧盟电子商务企业征收增值税，并将数字产品视同服务，对数字产品征收的增值税适用于服务贸易规则。因各自的优势不同，美国规定在交易原产地征税，而欧盟规定在消费者所在地征税。跨境电子商务的快速发展对许多国家产生巨大影响，一些影响跨境电子商务发展的保护主义措施正在出现，2016 年 11 月日本考虑取消中国、巴西等国家的“特惠关税制度”，2016 年 12 月欧盟公布取消跨境免税额。

（二）须加强全球电子商务政策协调并形成全球新规则框架

由于全球消费互联网的发展，需要我们重新思考生产者与消费者、企业、社会、政府之间的关系。不仅要包括政府，还需要跨国公司、中小企业、消费者、第三方主体、知识社区都加入进来，加强全球政策全球协调。同时，为了减少跨境电子商务的障碍，积极通过诸边或多边谈判提出一个包括实体产品、数字产品，以及跨境物流、跨境支付、电子认证、在线交易、信用体系、数字贸易争端解决机制等在内的，加强消费者信任和产品安全的全球性标准和规则框架，亟待制定全球跨境电子商务规则、法律和标准，在通关、税收、支付等方面探讨各自的适用规则。加强国际合作和协调，推动相关设施和信息的互联互通，实现货物信息、商品及服务信息、单证信息的在线交换与共享，提升跨境物流、跨境电子认证、跨境交易和跨境支付的效率和水平。推动监管标准互认，促进国际海关通关的电子化、统一化和标准化，简化海关通关手续，实现一站式便利通关。在此基础上，逐步形成 E 国际贸易的规则新框架。

（三）基于路径选择角度当前双边/区域/次区域谈判更易达成

由于 WTO 框架内电子商务的多边谈判长期进展缓慢，美欧不得不转向双边及区域谈判路径推行本国政策，致使发展中国家也开始在签署 FTA 时纳入体现自身利益的电子商务条款。很显然，在 FTA 中纳入电子商务条款已成为一种趋势。从选择路径看，在区域经济合作这一新的浪潮中，区域贸易协定被广泛缔结。到 2017 年 3 月 10 日，在 WTO 登记的 RTA（货物与服务不分别计算）达 443 个，其中有效协定共 270 个。双边或区域协定更易达成的原因是，双边或区域贸易协定具有缔结风险小、灵活性强、见效快等优势，而且还能发挥“贸易创造”和“贸易转移”的经济效应。因此，就目前路径选择看，在双边/区域/次区域谈判框架下，积极推进数字贸易新规制的构建。中美作为全球拥有最大的增长潜力的贸易伙伴，应加快推动中美电子商务、数字经济与数字贸易价值链合作和伙伴计划，消除数字贸易壁垒和非歧视性原则，促进数字贸易便利化和普惠发展。推动区域和次多边电子商务、数字贸易国际规则的构建，从而为主导和推动全球 E 国际贸易规则奠定坚实基础。

（四）积极引导新一轮国际贸易规则主导权须加快国内建设

当前，中国在以电子商务、E 国际贸易为代表的新一轮国际贸易规则中发挥了积极作用。2016 年 3 月，阿里正式提出 eWTP，其是由私营部门发起、各利益攸关方共同参与的世界电子贸易平台，旨在促进公私对话，推动建立相关规则，为跨境电子商务的健康发展营造切实有效的政策和商业环境。eWTP 可帮助全球发展中国家、中小企业、年轻人更方便地进入全球市场、参与全球经济。2016 年 4 月 8 日，国际贸易和可持续发展中心（ICTSD）公布了《展望 G20 中国主席年对 21 世纪全球贸易和投资体制的建议》研究报告，其中提到“G20 成员国可以支持诸边数字贸易协定的谈判”。2015 年中国商务部推动了《GMS 跨境电子商务合作平台框架文件》（大湄公河次区域经济合作，简称 GMS），提出了框架性的合作原则。但是，反观国内的体系和制度建设依然明显滞后。目前我国《个人信息保护法》尚未出台，《电子商务法》尚未正式出台，电子合同、电子商务税收、知识产权、个人隐私保护、数据安全等方面法律法规缺失。因此，需要尽快完善国内制度体系建设，全面加强 E 国际贸易等议题的谈判或磋商，积极发挥我国在新一轮国际贸易规则制定中的引导作用。

（分报告六撰稿人：中国国际经济交流中心张茉楠）

分报告七

E国际贸易的基本框架研究

E 国际贸易是指基于跨境电子商务，将互联网、大数据、云计算等现代信息数据技术应用于国际贸易中的新型经济业态，是我国国内蓬勃发展的电子商务产业向全球复制的国际版。E 国际贸易不仅包括跨境商品流通，还包括与之相关联的物流、金融、信息、技术、报关、报检、支付、结算、征信等配套服务，以及不同于传统国际贸易的信息化、数据化、智能化的新型监管方式和新的国际规则体系。E 国际贸易由于去中心化、去中间化的结构特点，在商品流通成本上远低于传统国际贸易，由于交易活动完全基于信息化和大数据平台，跨越时空局限，在服务供给和消费者体验上也是传统国际贸易所不能比拟的。E 国际贸易是信息数据技术等生产力进步条件下的生产关系变革，正在引领国际贸易发展的新潮流和新趋势。

一、E 国际贸易总体框架

基于当前 E 国际贸易的先发实践和发展趋势，E 国际贸易的总体框架可分为三个层次：第一层次为 E 国际贸易的基础支撑体系，E 国际贸易运转所需的交通物流等硬基础设施，下一代信息技术等软基础设施，金融、信用、物流等现代服务能力都集中于该层；第二层次为 E 国际贸易平台与组织，该层是 E 国际贸易不同于传统国际贸易的核心层，E 国际贸易的核心载体 eWTP（世界电子贸易平台）及依托 eWTP 的跨国公司、企业位于该层；第三层次为 E 国际贸易的通关与监管方式，由于 E 国际贸易运行方式完全不同于传统国际贸易，需要在海关通关、贸易监管等方面创造全新的制度安排。三个层次有机统一、协调互动，共同构成下一代贸易方式——E 国际贸易的基本框架。框架结构如图 7－1所示。

（一）第一层次：E 国际贸易基础支撑体系

E 国际贸易基础支撑体系由硬基础设施体系、软基础设施体系、服务保障体系三大部分组成。

硬基础设施体系是指 E 国际贸易在商流、物流、资金流、信息流中所需要的硬件支撑。E 国际贸易是在传统国际贸易基础上，融入互联网和信息技术的业态变革，因此 E 国际贸易不可能全部脱胎于传统国际贸易，在基础设施方面必须嫁接在传统国际贸易上。遍布全球的铁路网、公路网、航空网、航运网、港口网、邮政网、仓储网、物联网、保税区、配送中心、转运中心、线下展示等物流通道、节点和功能载体均可为 E 国际贸易所用，对 E 国际贸易发挥支撑保障作用。

软基础设施体系是 E 国际贸易运转的技术条件，E 国际贸易所需的信息存储、数据处理、单据生成、智能筛选、平台联通、数据交换、交叉比对、全程追溯等各类功能都需通过互联网、云计算、大数据等技术予以实现。随着技术创新和成熟应用，物联网、人工智能、3D 打印、传感网络、区块链、生物信息等技术也有望应用到 E 国际贸易中来，届时 E 国际贸易将出现更加纷繁多样的模式和业态。

服务保障体系是指物流、金融、信用、数据等各类服务商围绕 E 国际贸易商品流通过程所能提供的虚拟展示、通关报关、支付结算、金融信贷、智能征信、国际物流、企业托管等全部服务的集合。生产商、供应商与服务商依托 eWTP 有机协作，在业务链上相互嵌套。商家或消费者在购买商品时，可以自主选择物流服务商、支付结算方式；商品在进出口报关时可通过 eWTP 选择适宜的报关服务商；金融机构在决定是否给商家贷款或个人消费信贷时，可通过智能征信服务评估风险；生产商和供应商在研判未来市场变化、制定生产销售策略时，可以借助消费大数据进行市场分析，等等。总之，围绕互联网、信息化、大数据平台可提供 E 国际贸易所需的多种类型服务，可使生产商和销售商从繁重复杂的服务中解脱出来，专注于生产和销售，消费者也可以享受到更加优质便利的专业服务。

（二）第二层次：E 国际贸易平台与组织

E 国际贸易的核心是 eWTP（世界电子贸易平台）。eWTP 是利用互联网技术建立的撮合供（生产端）需（消费市场）双方，实现货物交易、服务贸易和政府监管功能的公共性基础平台。eWTP 是新兴信息技术革命的产物，是互联网技术成果市场化的重要标志，是 E 国际贸易发展的主要载体。eWTP 是生产商、供应商、批发商、分销商、零售商、消费者等贸易主体集聚，商品交易、支付结算、报关清关、物流安排、金融征信、数据分析等服务功能集成的综合性平台，是 E 国际贸易运转的核心部分，也是区别于传统国际贸易的最重要特点。eWTP 不是特指某一个平台，而是一大类平台，按照运营模式、贸易方向、投资主体、商品特点等维度可分为多个种类，每一种类都由很多平台企业组成。纳入杭州 G20 峰会成果的阿里巴巴电子世界贸易平台、河南郑州中大门、天猫国际、京东全球购、亚马逊海外购等都是 eWTP 的突出代表。同时，eWTP 代表政府行使一定监管职能，具有准公共品性质。eWTP 主要由市场交易平台、服务监管平台两大平台组成，两大平台的功能、运营主体各不相同，但彼此联通、信息共享、功能协调。

市场交易平台类似于国内电子商务平台的国际版，是连接跨国界买卖双方的互联网商贸交易平台。不同于传统国际贸易，E 国际贸易作为一种以平台经济为特点的新兴经济业态，其经济活动需要依托市场交易平台这一媒介。在该平台上进行商业运营活动和提供服务的是企业、个人等市场主体，E 国际贸易的商品展示、询盘问价、商品交易、资金往来等都需要在市场交易平台上进行，生产商、中间商、贸易商、消费者、物流方、金融机构、信息公司等各经济主体均能在该平台上汇聚交易，共同构成了 E 国际贸易的交易生态圈和产业生态圈。

服务监管平台是指将分散于工商、海关、检验检疫、食品药品监督、税务、金融监管、口岸、统计等监管部门的各自独立的信息化系统整合后的统一信息平台，各政府部门数据信息在此平台上交换共享。该平台通过与市场交易平台的联通接口，无缝实时从市场交易平台上抓取监管所需数据，市场交易平台依法向服务监管平台无偿、实时、准确供给监管信息，彻底实现由传统国际贸易的单据监管、人工检查、抽样检验向 E 国际贸易的信息备案、信用监管、智能监管转变。服务监管平台一般为政府委托有资质的企业以 PPP 模式筹建运营，政府和建设企业以股份合作形式共同参与平台管理。

与此同时，传统国际贸易中海量的跨国企业、贸易公司也是 E 国际贸易中必不可少的元素，它们也是 E 国际贸易的重要参与主体。与传统国际贸易不同的是，E 国际贸易中的跨国公司呈现出突出的去中间化、去中心化特征，所有贸易企业都在 eWTP 平台上完成交易活动，呈现 E 化特征，贸易的中间渠道被大幅缩减，流通成本大大下降，流通效率显著提升。

（三）第三层次：E 国际贸易通关与监管方式

由于 eWTP 的出现，E 国际贸易的贸易流程、海关监管流程均发生了全新变化，需要形成一套全新的运行规则和监管规则。

通关体系是围绕 E 国际贸易这一新经济、新业态，在传统国际贸易通关制度的基础上重新构建的通关制度安排。由于目前 E 国际贸易呈现多种运作模式，各模式也适用于不同的通关制度。B2B 模式由于主要为大额、大量、同品类商品贸易，适用于传统国际贸易的一般贸易通关方式。由于现有监管模式不能满足单笔小额、多批次的商品进出口报关要求，B2C、C2C 模式大多采取国际快递、国际邮政方式和个人携带方式通关。按照国际通行规则，一定金额以下小件商品可按个人物品处理，予以快速清关，且除少量行邮税外可免征关税，但如贸易规模较大，该种通关制度存在税源流失、监管缺项等问题，因此只能作为一时的解决方法，不能构成长远的制度安排。未来要依托大数据、物联网技术，建立对 E 国际贸易单件商品的实施跟踪和信息查询机制，将后置入关查验转化为前置进关备案，从物品监管转变与数据监管，真正形成面向未来的数据化通关模式。

由于 E 国际贸易较传统国际贸易具有完全不同的运作模式，其监管方式较传统国际贸易也有很大不同。从监管技术上，E 国际贸易更加依托于服务监管平台，从传统贸易的货物管理转向数据信息管理，监管重点在于掌握贸易全流程的全部数据信息。从监管结构上，打破传统国际贸易部门分割、条块分割、各管一摊的监管模式，形成一口面向企业的政府综合服务信息系统（服务监管平台）、各部门后台分工运作的新型监管格局，企业与监管部门仅通过信息系统相联系，除出现重要问题或事故外无需面对面打交道，大幅提升监管效率。从监管模式上，相比传统贸易，E 国际贸易从正面清单进口转向负面清单进口，从实物监管转向数据监管，从前置检查、合规放行转向信息备案、信用监管，通过全程信息获取和失信惩戒机制提高企业违约成本，形成违约威慑，确保各经营主体合法合规经营。

由于 E 国际贸易的运作模式、监管方式与传统国际贸易完全不同，因此基于 WTO 的传统国际贸易规则大多也不适用于 E 国际贸易，这就意味着 E 国际贸易规则体系的构建必须要在传统国际贸易规则的基础上有大量的突破和创新。特别是在 E 国际贸易的范围界定、运行模式、通关制度、检验检疫、数据流动、支付结算、知识产权、税收协定、平台建设、争端解决、隐私保护、数据安全等方面要建立不同于传统贸易、符合 E 国际贸易特点的制度安排。

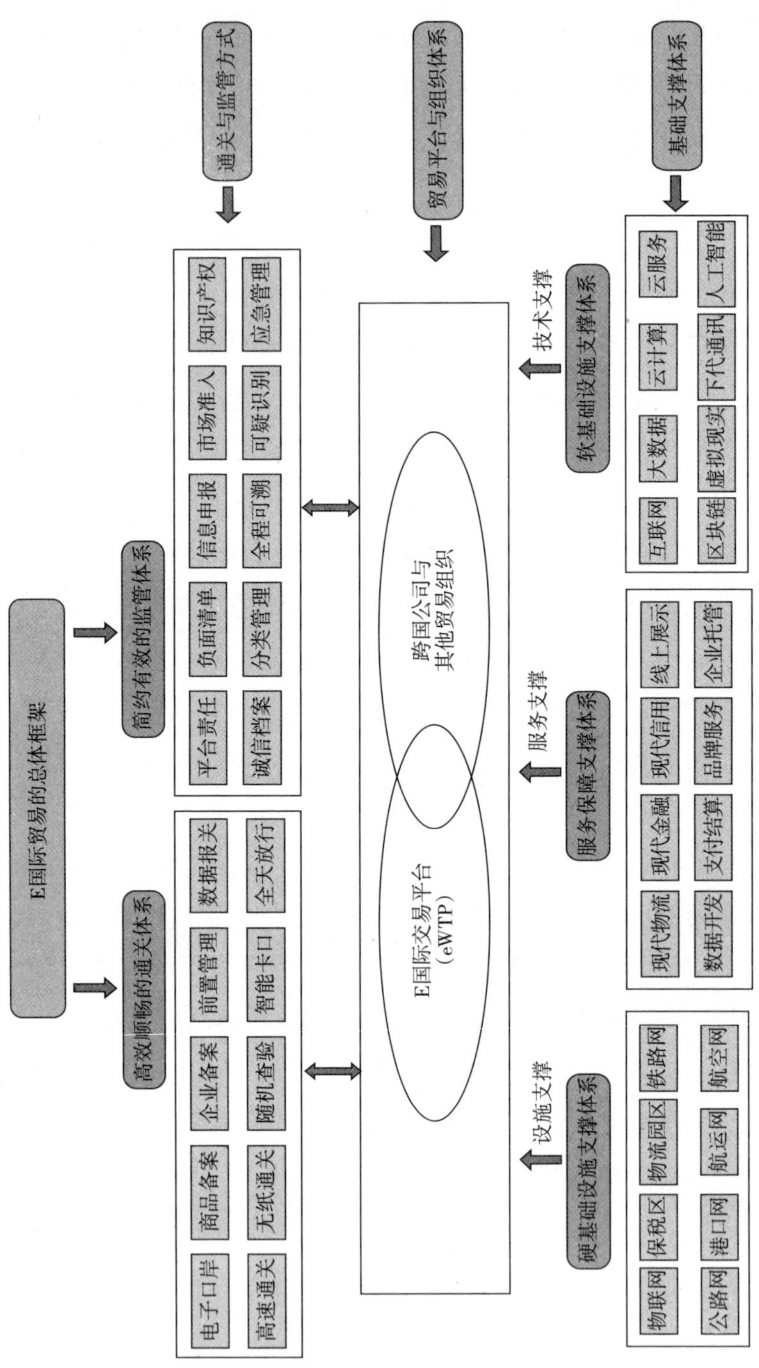

图 7－1　E 国际贸易总体框架图

二、E 国际贸易基础支撑体系

E 国际贸易的基础支撑由硬基础设施体系、软基础设施体系、服务保障体系三大部分组成，它们共同为 E 国际贸易的有效运转发挥基础性支撑作用。

（一）硬基础设施体系

硬基础设施主要指 E 国际贸易中所需要的有形物流基础设施。传统国际贸易所依赖的铁路网、公路网、港口网、航空网、集货配送中心等，也是 E 国际贸易所不可或缺的。与传统国际贸易有所区别，E 国际贸易更加强调小额订单、到门服务、数据交换，因此对海外仓、边境仓、保税区、数据中心等更加依赖。

1. 海外仓

海外仓是指 E 国际贸易的卖家在海外销售目的国建立仓库或租用仓库，将货物批量发送至国外仓库，实现国外销售、配送的跨国物流形式。当海外仓通过 eWTP 接到买方订单和卖方发货信息后，会立刻组织在距离买家最近的仓库安排物流配送。海外仓不只包括仓储业务，还包括以仓储为核心的综合物流配套体系，如大宗货物运输、跨国贸易清关、精细化仓储管理、个性化订单管理、包装配送、产品展示以及综合信息管理等。

根据运营主体的不同，海外仓可分为自营海外仓模式和第三方公共服务海外仓模式。其中，自营海外仓模式是指由 E 国际贸易出口企业建设并运营的海外仓库，仅为本企业销售的商品提供仓储、配送等物流服务；第三方公共海外仓模式是指由第三方企业建设并运营的海外仓库，并可为较多的 E 国际贸易出口企业提供清关、入库质检、接受订单、订单分拣、多渠道发货、运输配送等多种物流服务。

随着 E 国际贸易的快速发展，海外仓的功能正在逐渐升级，正在日益从仓储物流中心向数字贸易中心（DTC）的方向转变。数字贸易中心（DTC）既包含产品售前咨询、前端展示、产品营销、宣传、推广功能，又提供产品的售后维修、退换货等全方位服务，能够集售前、售中、售后服务为一体，有效对标海外买家，解决了 E 国际贸易中买家对于产品不能摸到、不能看到、难以沟通的问题。见图 7－2。

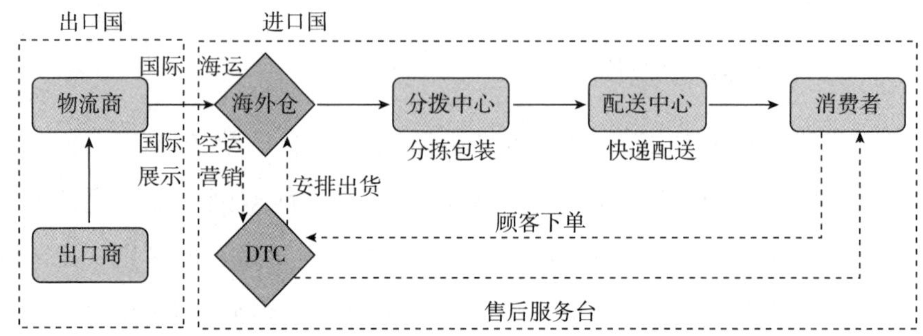

图 7－2　E 国际贸易海外仓的基本物流流程

2. 边境仓

边境仓与海外仓相似，也是 E 国际贸易在海外的仓储中心。边境仓与海外仓的不同之处在于，海外仓位于消费者所在的境外目的国和商品输入国，而边境仓位于消费者所在境外目的国和商品输入国的邻国。按边境仓的设立位置，可以分为相对边境仓和绝对边境仓。相对边境仓是指仓库设立在与商品输入国不相邻却相近的国家，而绝对边境仓则是仓库设立在与商品输入国相邻的国家。在 E 国际贸易的实际操作过程中，边境仓和海外仓的流程基本相似，可参见图 7－2。边境仓相对海外仓的主要优势在于可以有效规避商品目的国在政治、法律、税收等方面的风险。同时一般来说边境仓往往设立在邻国有特殊政策的地区，如自由贸易区、保税区或是税收土地政策优惠区等等，因而可以享受到政策优惠。

3. 保税功能区

E 国际贸易除 B2B 一般贸易通关，B2C、C2C 国际邮快递、个人携带通关外，比较成熟且未来可大量复制推广的为 B2B2C 保税备货通关。

该模式要求 E 国际贸易商品经备货后，放置于保税区，将重要监管信息报送给海关、检验检疫等有关部门，同时完成仓储、分拨分拣、境内配送等物流流程，再以邮快递形式清关，保税区在该模式中是必不可少的环节。随着 B2B2C 模式向全球推广，各国对等复制 B2B2C 模式，这就要求各国也必须建立大量保税区、保税中心、保税仓库、保税港区、自贸区、自由港区等保税功能区，区内实行境内关外管理，货物在境外和区内可以自由流通，使保税区成为 E 国际贸易的关键环节、中转中枢和物流节点。

4. 数据中心

E 国际贸易是依托 eWTP 的平台经济，E 国际贸易过程涉及全球生产商、贸易商、供应商、消费者的交易、结算、物流、商品、身份等海量信息，随着 E 国际贸易的迅猛发展，越来越多的个人将被卷入 E 国际贸易的潮流中，E 国际贸易的海量数据和信息也将呈指数级增长。为确保这些海量数据的传输、处理和存储，必须在全球建立若干大型数据存储和处理中心。这些数据中心主要包括以下几类：一是 eWTP 企业的数据中心，主要用来存放在平台上交易的相关信息；二是政府服务平台数据中心，主要用来存放企业注册数据、商品备案数据、交易监管数据；三是大数据分析企业的数据中心，大数据企业在进行消费者偏好、市场预测分析时，也会搜集大量的分析数据和一手资料；四是金融机构数据中心，存放各贸易主体在生产、经营、消费时的金融信贷、资金往来等数据；五是国家信用数据中心，主要存放采集于全社会的企业、个人信用数据；除此以外，还有大量的生产贸易企业自身的数据中心以及以上各类数据中心的备用中心等。这些数据中心既可由 eWTP 企业、政府部门、生产贸易企业自行建设运营，也可外包于专业机构建设运营。

（二）软基础设施体系

生产力进步是生产关系变革的基础，互联网、大数据、云计算技术在国际贸易中的深入应用是 E 国际贸易产生并快速发展的先决条件。依托这些技术，以及未来将更广泛应用的物联网、人工智能、虚拟现实等技术，E 国际贸易将会超越空间限制，将全球更加紧密地连接起来，这些技术也构成了支撑 E 国际贸易发展的软基础设施。

1. 互联网技术

互联网技术是 E 国际贸易发展的基础性技术。互联网技术自 20 世纪问世以来，一直保持高速发展势头，全球网民数量快速增长，特别是在发展中国家，互联网也日益普及，互联网正在日益将全球连为一个整体。近年来，在互联网技术的基础上，基于智能手机和平板电脑的移动互联网发展更为迅猛，伴随着支付体系的完善、物流体系运行效率的提高，让消费者随时随地享受互联网购物成为可能。E 国际贸易未来的发展将依托于互联网平台及移动互联网平台，互联网在全球进一步普及将彻底改变全球经济的运行方式和每个人的生活方式。

未来互联网与 E 国际贸易的深入融合将着重体现在以下几个方面：一是互联网将在全球进一步普及，更多的国家将通过互联网参与到 E 国际贸易中来，目前在一些发展中国家和不发达国家，互联网普及率仍然较低，制约了这些国家参与 E 国际贸易。二是依托互联网的贸易新模式、新业态将不断涌现，消费者和生产厂商通过互联网无缝直接连接，无需再经过大量中间商、中间渠道，整个贸易流程、供应链、产业链都将面临重组。三是对国际贸易的监管将更加精细精准，特别是将实现对小单零售国际贸易的实时动态监管。

2. 物联网技术

物联网技术是通过射频识别（RFID）、红外感应器、全球定位系统、激光扫描器等信息传感设备，按约定的程序和协议，将任何物品与互联网相连接，进行信息交换和通讯，以实现智能化识别、定位、追踪、监控和管理的一种网络技术。物联网技术的核心和基础仍然是互联网技术，是在互联网技术基础上延伸和扩展的一种网络技术，但其用户端延伸和扩展到了任何物品和物品之间，进行信息交换和通讯，实现“万物互联”。近年来，物联网技术得到了快速发展，在智能出行、智能家居、智能医疗等领域已取得广泛应用，是各国政府均十分重视发展的朝阳产业。

未来物联网技术有望和 E 国际贸易深度融合发展，主要体现在以下几个方面：一是物流运输实时监控，商品通过定位系统实时向监管平台发送位置信息，保证物流运输的安全性和快捷性；二是库存控制，商家可随时掌控保税物流区、保税物流仓内的各类商品存货信息，根据消费者需求变化可即时动态调整库存；三是便利化支付，将物联网和移动支付、网络支付功能结合起来，实现物流单、仓单和支付单的统一；四是商品售后服务领域，消费品在使用商品过程中，如出现问题，商品会自动通过物联网将有关信息反馈至商家，使商家可以为消费者提供更加快捷的服务。

3. 大数据、云计算、云服务技术

E 国际贸易是基于信息的现代商贸业态，在跨越全球的亿万次交易过程中，将会产生海量的数据信息，对这些数据的搜集、处理、分析需要大数据和云计算技术。大数据技术主要包括数据获取、数据库系统、数据分析、数据可视化等，其中数据分析特别是云计算、云服务是大数据技术的核心。通过对海量、多样、真实的数据进行分析，从中找到帮助企业决策的关键信息，对目标市场的需求和趋势做出准确判断，从而使贸易企业能够制定精准的营销方案。

大数据、云计算和云服务技术将会改变企业传统的经营模式，企业的生产销售等一切生产经营活动都将基于数据驱动而进行，对数据价值的开发和利用已经成为驱动行业发展的重要推动力。作为现代信息消费和现代服务业的重要业态，E 国际贸易将成为大数据应用的重要领域。生产企业和贸易企业所需要的数据分散在消费者、生产商、服务商、政府部门等各个领域，企业很难把信息统筹起来，大数据和云计算、云服务技术将解决这一难题。通过交易平台及其他渠道的海量信息抓取，以及智能化的数据分析，将为企业提供实时的、准确的决策支持。大数据技术是一项基础性技术，依托大数据技术，人工智能、虚拟现实技术、物联网技术都将进一步发展，将为 E 国际贸易提供更加便捷的平台和工具，提供更加友好的展示界面，创造更加多样的贸易业态。

4. 虚拟现实（VR）技术

虚拟现实技术于 20 世纪 80 年代初被提出，主要指借助计算机及最新传感器技术创造的一种崭新的人机交互手段。它使人们能够通过视觉、听觉、触觉、嗅觉，以及形体、手势或口令，参与到信息处理的环境中去，从而取得身临其境的体验感和沉浸感，实现与环境的深度交互。虚拟现实技术的最大价值在于提升消费者的沉浸感和体验感，随着虚拟现实产品和技术的逐步提升，虚拟现实在制造、教育、文化、旅游等行业应用中快速渗透，硬件商、消费者、开发者三方共赢的“平台 + 应用”闭环生态圈已经形成。虚拟现实产业当前呈现出终端产品百花齐放、技术和服务升级创新、关键技术不断突破、产品和行业标准走向成熟的良好发展态势，一批关键技术如动态环境建模技术、实时三维图形生成技术、立体显示和传感器技术、应用系统开发工具、系统集成技术等正在逐步成熟。

VR 具有以下四个重要特征：（1）多感知性，除一般计算机所具有的视觉感知外，还有听觉感知、触觉感知、运动感知，甚至还包括味觉、嗅觉感知等；（2）存在感，指用户感到作为主角存在于模拟环境中的真实程度，理想的模拟环境可以使用户达到难辨真假的程度；（3）交互性，指用户对模拟环境内物体的可操作程度和从环境得到反馈的自然程度；（4）自主性，指虚拟环境中的物体依据现实世界物理运动定律动作的程度。从近期技术趋势来看，头戴式显示系统将成为应用最为广泛、最为典型的虚拟现实系统。随着 VR 技术的不断成熟，各种“VR +”的新业态将不断涌现，特别是在 E 国际贸易领域，VR 技术应用前景广阔。利用 VR 技术，消费者仅需通过佩戴专用头盔，就能 360 度地对产品进行立体观察，仿佛设身处地对产品进行感受，将会大大提升消费品的展示效果和顾客满意度。eWTP 的各个虚拟店铺将成为各种商品的 VR 线上体验馆，针对消费者的不同需求，商家将设计各种不同的虚拟场景。同时，利用 VR 技术，商家、服务商、消费者乃至其他消费者可同时实现多人交互，VR 也将成为重要的营销渠道和工具，消费者将获得更好的消费体验。

表 7-1　VR 技术的五大发展趋势

1	VR 头盔式产品更加成熟，为用户提供更好的使用体验
2	VR 技术不断走向成熟，多人交互、无线技术将广泛应用
3	VR 与服务业特别是电子商务将实现深层次融合
4	VR 与高端制造将实现技术融合，为制造业升级增添动力
5	将形成各种“VR +”的经济新业态

5. 人工智能（AI）技术

人工智能是对人的意识、思维的信息过程的模拟，使机器能够胜任一些通常需要人类智能才能完成的复杂工作。当前人工智能对实体行业的渗透还处于萌芽期，人工智能被寄予了成为下一代产业革命驱动力的厚望。目前人工智能已经具有四种能力：（1）感知智能，在语音识别、图像识别领域由较深入的应用；（2）理解能力，可配合计算机视觉用于理解图像，来执行基于文本的图像搜索、图像描述生成、图像问答等功能；（3）数据智能，通过机器自动学习让智能设备不断自动优化算法，提升数据分析能力；（4）决策能力，使机器利用数据和模型为现有问题提供解决方案。人工智能将成为新的生产要素，人机协同将成为普遍趋势。

E 国际贸易将成为人工智能技术应用的重要领域，当前人工智能正在逐渐实现与 E 国际贸易的深度融合。机器学习需要数据的“喂养”，E 国际贸易将产生海量的数据，数据将来自于商业交易、个人信息、政府公开数据，这些数据将不断为人工智能优化算法提供素材，同时 E 国际贸易也将为人工智能提供应用场景，人工智能将进一步提升系统数据处理能力，进一步强化人机回环，提升 E 国际贸易的运转效率。人工智能应用于 E 国际贸易主要体现在以下三个方面：一是智能化客服，这将大量代替人工客服；二是智能翻译，E 国际贸易涉及全球众多语言，现有翻译软件是程序式的，难以满足实际需要，未来基于 AI 技术的智能翻译将会大大提升消费者的体验度和满意度；三是智能物流，将 AI 技术运用到 E 国际贸易的物流环节，不仅可以实现指引入库、机器人拣选、红外线称重，提高入库速度，还可做到订单全程可视化、异常处理主动化、运费结算自动化，让企业节省物流投入、缩短货品上线时间。未来随着 AI 技术的进一步发展，与 E 国际贸易的结合将会更加深入。

表 7－2　人工智能的未来十大发展趋势

1	机器学习继续成为大数据智能分析的核心技术
2	人工智能和脑科学结合成为大数据分析领域的热点
3	数据科学带动多学科融合
4	数据学科虽然兴起，但是学科突破进展缓慢
5	推动数据立法，重视个人数据隐私
6	大数据预测和决策支持仍然是应用的主要形式
7	数据的语义化和知识化是数据价值的基础问题
8	基于海量知识的智能是主流智能模式
9	大数据的安全持续性
10	基于知识图谱的大数据应用成为热门应用场景

6. 区块链技术

区块链是继 PC、互联网、社交网络、智能手机之后，人类的第五次计算革命，是基于共识机制建立起来的集体维护的分布式共享数据库，具有去中心化、去中介化、无须信任系统、不可篡改、加密安全、交易留痕并可追溯、透明性等优点。它本质上是一个可共享的、可信的、每个人都可以检查的公开账本。区块链创造了一种“信任机制”，相较于传统的信用形成方式，区块链是一种新型去中心化协议，每个人都参与到区块链的记录中，但是没有任何一个单一的用户能够控制它。目前区块链正在金融领域逐渐走向应用，数字货币、增信、确权、股权登记、金融贸易、信贷融资、支付清算、数字票据、证券交易及登记结算、代理投票、股权众筹、跨境交易、保险经纪等方面将可能是区块链最先应用的领域。

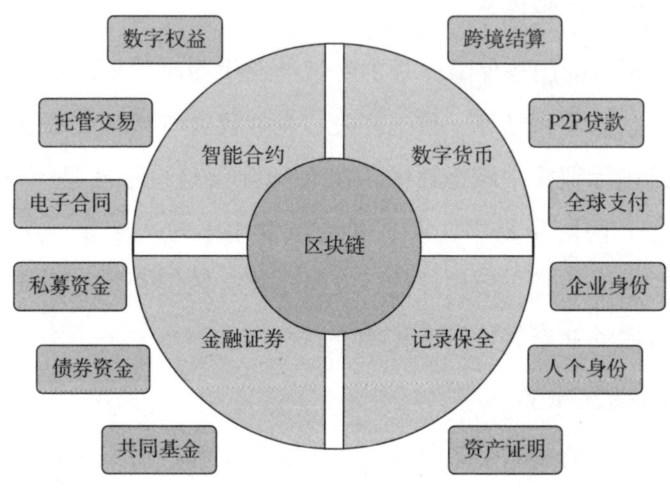

图 7－3　区块链技术在 E 国际贸易中的主要应用

区块链技术创新将会对 E 国际贸易产生重要影响，在数字货币、跨境支付与结算、票据与供应链金融、证券发行与交易、客户征信与反欺诈等方面将会有直接应用，在供应链金融、数字票据、P2P 理财、电子货币、小额信贷、跨境支付、抵押品管理及合约执行等与 E 国际贸易相关领域也有着广泛的应用前景。近期来看，区块链可能最先应用于跨境支付结算领域。区块链将可摒弃中转银行的角色，实现点到点快速且低成本的跨境支付。当前的跨境支付结算时间长、费用高，又必须通过多重中间环节，不但费时，而且需要支付大量的手续费。如因每个国家的清算程序不同，可能导致一笔汇款需要 2 至 3 天才能到账，效率极低，在途资金占用量较大，区块链技术可以解决这一问题。区块链也可避免大量违规事件和操作风险。票据业务在创造了大量流动性的同时，相关市场也滋生了大量违规操作和客户欺诈行为。区块链将减少人工的介入，所有参与方（包括供应商、进货商、贸易商、银行）都能使用一个去中心化的账本分享文件并在达到预定的时间和结果时自动支付，极大提高效率并减少人工交易可能造成的失误。

（三）服务保障体系

E 国际贸易的服务保障体系主要包括现代物流、现代金融、通关报关、信用评估、支付结算、数据开发、企业代管等多种服务。其中一些服务在传统国际贸易中较为通用，在 E 国际贸易也依然是不可或缺的。一些服务在 E 国际贸易中，业态和特点发生了较大变化，主要体现在现代物流、金融信贷、信用评估、支付结算、数据开发等领域，主要的服务方式、服务业态、特点变化如下。

1. 现代物流服务

E 国际贸易物流体系需要嫁接在传统国际贸易物流体系之上，传统国际贸易中的远洋航运、航空运输、铁路运输、公路运输、海外仓、边境仓、保税仓等各种物流形态、功能、环节在 E 国际贸易中仍然是十分重要的。与传统国际贸易不同，E 国际贸易的现代物流服务主要依托 eWTP，如图 7 - 4 所示。出口企业和个人卖家通过 eWTP 寻找符合条件、质优价廉的物流供应商，个人买家也可根据个人消费偏好选择合适的物流供应商。各物流企业通过 eWTP 接受网上派单并上门取货，通过国际海运、航空运输、国际快递、国际邮包等物流形式发往进口国，物流企业直接负责或委托报关企业代为开展报关清关业务。对于 B2B2C 模式进口货物，在保税区、保税物流中心、保税仓库完成分拣包装后以国际邮快递方式清关，并配送至消费者手中。对于国际快递、国际邮包进口商品采取邮快递方式通关，在集散中心、分拨中心、配送中心进行分拣包装，送至消费者手中。此外，如消费者对商品不满意，也可通过逆向物流体系完成退货服务。

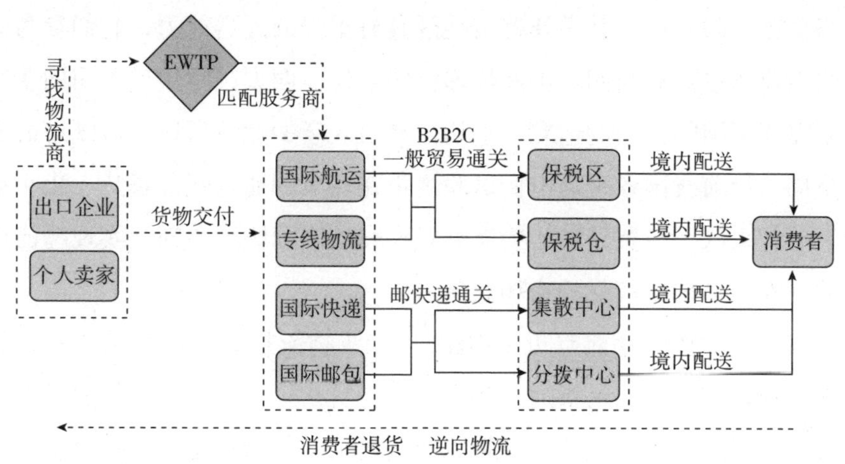

图 7-4　E 国际贸易物流服务基本流程

E 国际贸易的主要物流服务方式有以下几种：

一是航运物流。航运物流是传统国际贸易中最为重要的物流环节和物流业态，在 E 国际贸易中同样是不可或缺的。航运物流最大的优点是物流规模大、物流价格低，但劣势是物流时间较长。在 E 国际贸易中，大宗的、批量的且对时效性要求不高的商品运输可采取航运物流形式。航运物流也可与铁路物流、公路物流、水运物流等其他物流形式相结合，商品从出口国经跨洋运输至进口国到岸后，可在港口进行换装，经进口国公铁路或内河航运运输至该国内陆各个城市，从而使 E 国际贸易的商贸物流网络延伸至全球每一个地区。在 E 国际贸易中，B2B 模式的大贸商品物流，B2B2C 的集货和备货模式都可采取该种物流方式。

二是国际快递。国际快递一般采取航空物流方式。在传统国际贸易中，国际快递在全球物流规模中占比不高，但在 E 国际贸易中，国际快递作用十分重要。国际快递体系包括两大梯队：UPS、FedEx、DHL、

TNT 四大国际快递巨头为第一梯队，四大公司几乎垄断全球国际快递市场，其自建的全球物流网络时效性极高，但价格昂贵；地区性快递公司为第二梯队，如国内的顺丰、EMS 和“四通一达”等，这些公司国际网络覆盖有限，但在其主要覆盖地区具有很强的配送能力，它们参与国际快递业务主要靠与四大国际快递公司合作。四大国际快递公司的垄断大幅提高了国际快递的运费，迫切需要引入新的竞争者以突破既有的垄断格局。目前我国各跨境电商试验区正在探索的通过提前备货、化小单为大单、采取一般贸易航运物流方式，突破国际快递垄断，实现物流成本的下降，呈现出较强的市场竞争力。

三是专线物流（航空包舱物流）。专线物流是 E 国际贸易中一种较为常见的物流方式，是指通过航空包舱将货物运输到境外，再通过合作物流公司派送到目的地的一种物流配送模式，其特点是专门针对某个指定国家的一种专线递送方式，货物送达时间基本固定。专线物流能够通过规模效应降低物流成本，运输费用较传统国际快递便宜，货物清关也较为便利，目前中美专线、中欧专线、中澳专线、中俄专线等均已形成了较大的物流规模。其不足之处在于该方式具有较强的区域局限性，对出口国的揽货能力提出了较高要求，时效性方面专线物流也要慢于国际快递，但是大大快于一般的航运物流。

四是国际邮政。该物流模式是指将消费者在 eWTP 上购买的小件、单件商品，以国际邮政包裹的形式，通过全球邮政网络邮寄到消费者手中。目前全球邮政网络基本均被纳入万国邮政联盟（UPU）中。万国邮联成立于 1878 年，为解决各国邮政标准不统一、国际邮政体系混乱而设立，是商定国际邮政事务的政府间组织，目前已成为联合国关于国际邮政事务的专门机构。按照国际通行规则，一定估价金额以下的国际邮包均按个人物品进行报清关，几乎不须拆包检查，可以直接快速通关，并征收额度远低于关税的行邮税。由于通关便捷、成本较低，国际邮包已成为很多 E 国际贸易企业的首选物流形式，对四大快递公司垄断的快递行业形成竞争。但未来通过国际邮联开展 E 国际贸易的渠道可能会越来越窄。万国邮联特别是其所属的邮联大会具有国际邮费标准定价权。随着 E 国际贸易业态的快速发展特别是中国通过国际邮包进口量的逐渐增大，万国邮联正在考虑提高邮费标准，这对于通过邮政渠道的 B2C、C2C 的 E 国际贸易企业将会形成较大冲击。万国邮联渠道限制交易金额，如我国 B2C 进口平均每单单价仅 80 ~ 300 元，严重限制了大金额商品的 B2C 贸易。

2. 金融信贷服务

E 国际贸易的金融体系不同于传统国际贸易。传统国际贸易的金融服务主要针对的是大型制造商、贸易商、物流商、采购商，由于单次贸易规模大、价值高，企业信誉较好，风险评估和收放贷均较为容易。E 国际贸易多为小批件、零碎化贸易品，参与企业也主要是中小企业乃至个人，传统贸易中对大型企业的贷款申请—抵押担保—信息搜集—风险评估—资金放贷过程远远无法满足 E 国际贸易小额资金快速周转的需求，E 国际贸易更适合零售性的小额金融服务。如图 7 – 5 所示，金融企业通过 eWTP，搜集贸易企业的资质、产品、交易、财务等信息及个人的信用信息等，通过大数据和算法迅速完成信用评估，决定是否给予资金信贷及信贷金额，从而大大缩短放贷时间，为企业提供更加高效便捷的普惠金融服务。

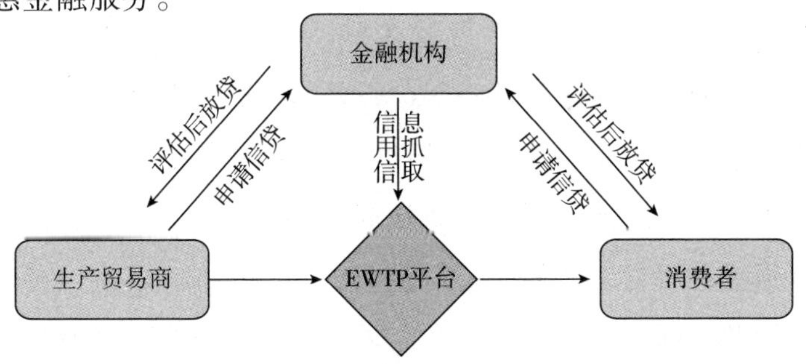

图 7 – 5 E 国际贸易金融信贷基本流程

依托 eWTP 开展的 E 国际贸易金融服务主要有以下几种：

一是抵押贷款。抵押贷款是最基本的金融信贷方式之一，在 E 国际贸易中，这一贷款方式仍是十分通用的，而且依托 eWTP，抵押贷款会更加便捷。申贷企业可在 eWTP 上通过比较，选择金融机构申请抵押贷款，金融企业可在 eWTP 上自由选择具有资质的资产评估机构，对申贷企业的抵押物进行评估，评估机构根据抵押物信息及其他关联信息出具信用评估报告，金融机构决定是否予以放贷及放贷金额，从而使申贷企业足不出户完成抵押贷款全流程。

二是担保贷款。在传统国际贸易中，担保贷款是一种十分常见的金融信贷方式，但由于担保流程手续较为繁琐，担保贷款金额一般来说相对较大，担保企业风险相对较高。在 E 国际贸易中，由于从 eWTP 获取各类信用信息的便利性，担保贷款方式可以适用于各中小生产和贸易企业，担保企业可以很容易掌握被担保主体的经营情况，从而了解风险，做出是否担保的决定。

三是信用贷款。在传统国际贸易中，金融机构在对企业和个人进行信用贷款时，往往要经过十分繁琐复杂的评估程序，信用贷款发放周期较长。在 E 国际贸易中，金融机构通过 eWTP 关于贷款方的相关信息，可利用云计算技术和既定算法迅速给出企业或个人的信用分，按照标准授予贷款，授贷十分快捷。

四是供应链金融。由于参与 E 国际贸易的供应链条上的各企业能够依托 eWTP 进行充分的信息共享，各企业间能够拥有更加密切的协作关系，供应链金融也是 E 国际贸易的重要金融服务形式。如面对消费者的订单需求，供应链上的生产商根据 eWTP 上的上游企业信用情况和长期合作情况，可与上游的原材料供应商协同贷款，解决上游企业采购资金短缺问题。面对消费者的潜在需求，贸易商可提前将商品提供给消费者，使用后再由消费者逐期分笔进行支付，其所依据的也是消费者在大数据平台上累积的信用积分。因此在供应链金融中，参与者除传统的金融企业外，整条供应链中的任何参与者包括供应商、生产商、贸易商、中间商甚至个人都可能成为金融服务的提供者和担保者。

3. 信用评估服务

如何进行信用评估是金融企业开展 E 国际贸易服务时面临的一个普遍性难题。在传统国际贸易中，贸易参与者对交易对象不熟悉，为了规避信用风险，往往选择固定的商业伙伴或有品牌影响力的贸易商进行交易，或选择信用证等包含银行信用在内的方式进行付款，但 E 国际贸易的买卖双方都是通过互联网平台联系的，双方互不见面，存在信息不对称，信用风险要高于传统国际贸易。由于 E 国际贸易主体来自于不同的国家和地区，缺乏统一的信用标准和诚信监管制度，一些欧美国家已经具备良好的诚信监管体系，但一些国家信用管理水平仍十分落后，行业约束制度缺乏。E 国际贸易主要表现为零碎、小额、海量的贸易业态，这类交易多为一次性或临时性交易，一旦发生违信违约，不能用一般贸易中繁琐的仲裁诉讼流程来处理，确保买卖双方遵守商业信用、违信违约后必须承担责任就成为 E 国际贸易的一个核心问题。

E 国际贸易的信用管理主要依托基于交易大数据的征信平台，该平台主要由企业信用数据库组成，可以记录和积累跨境电商企业、平台企业、物流企业以及其他综合服务企业的基础数据。消费者在选择商家时可以看到每个企业的信用情况，并会主动选择信用等级较高的企业。对于交易记录较好的优质企业，平台和银行等机构可以为其提供更方便的融资、贷款和物流服务。因而依托大数据就形成了基于信用的优胜劣汰机制，信用等级较高的企业将得到消费者和配套服务企业的认可，信用等级较低的企业将会被迅速淘汰。

在 E 国际贸易中，信用评估服务是围绕 eWTP 来进行的。金融机构委托具有资质的信用评估公司来提供评估服务，评估公司主要从三方面获取信息：一是利用 eWTP，评估公司可有偿或无偿从平台上获得个人的登记信息、交易信息、违约记录，企业的交易记录、违法违规记录、商品生产信息、客户评价等；二是从已建成的国家企业信息库和国家个人信息库中获得企业和个人在 E 国际贸易外的社会活动的信用信息；三是通过实地考察、多方了解、监管部门信息核查等方式掌握的企业和个人的一手评估信息。通过对以上信息的大数据分析，评估公司对企业和个人进行信用评分和评级，并向金融机构提交信用评估报告。金融企业根据报告结论，决定是否给予金融企业商业贷款或个人消费贷款以及贷款金额、风险利率等。评估服务由于全程电子化，评估效率较高，即便小如几百上千元的贷款也可迅速完成批贷且可将风险控制在较低水平上，手续费也不需很高，能够较好地解决中小生产企业和贸易企业的贷款难问题。

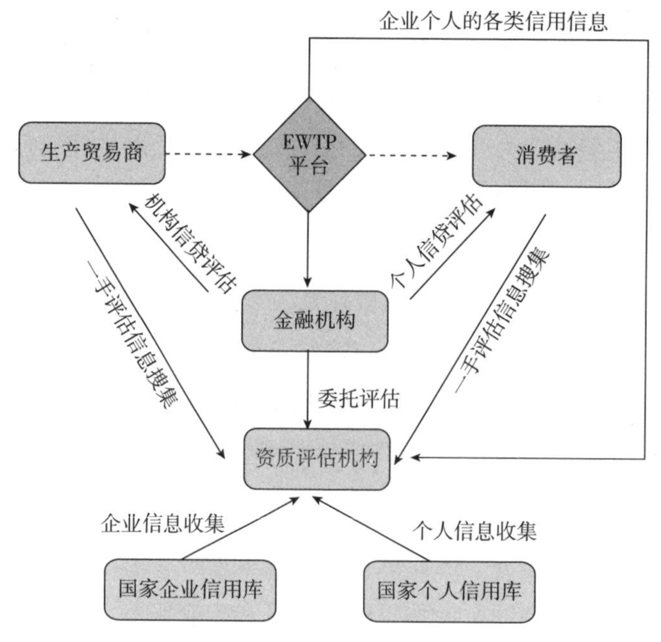

图 7－6　E 国际贸易征信服务示意图

4. 支付结算服务

支付是 E 国际贸易的关键环节。在传统国际贸易中，买卖双方通过信用证、T/T、保理等方式进行交易支付，但这些支付方式无法满足

E 国际贸易海量碎片化订单交易的业务需求，需要有更加安全快捷的支付方式。目前，在 E 国际贸易中，较为常见的支付方式有三种：

一是即以 Visa、Mastercard 为主的信用卡模式。二是第三方支付工具模式，如 PayPal、MoneyGram、Cashpay、Escrow、Monerbookers、Payoneer、ClickandBuy、PaysafeCard、支付宝（国际版）等。在这一模式下，买方先将购买商品所需欠款转入第三方支付平台账户，第三方支付机构在确定交易完成后，再将资金支付给商家，从而确保了整个交易过程的安全性，流程如图 7－7 所示。企业与第三方支付机构合作的初期可采取保证金模式，买方或卖方在第三方机构缴纳一定保证金，如出现违约，用保证金赔付。通过第三方支付工具的跨境支付还能提供相应的交易优化和保障服务，如对部分卖家提供提前放款服务（对于信誉比较好的卖家在买家没有收到货之前，提前把款放给卖家，提高卖家的资金周转率）等。三是传统的线下支付方式，如电汇、西联汇款等，但这种支付方式相对繁琐，周期较长，远远不能满足 E 国际贸易海量交易的需求，未来仅能作为 E 国际贸易支付的一种补充，而不能成为主流。

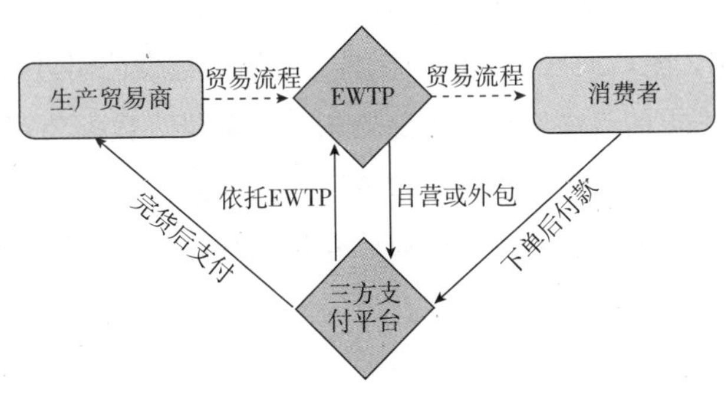

图 7－7　第三方支付工具模式流程示意图

目前 E 国际贸易支付还存在一些问题：一是一些 E 国际贸易企业或卖家不具备传统跨境贸易资格，难以进行正常的外汇核销和货款首付，因此被迫采取非常规的结汇方式。二是交易普遍存在结算周期长、货款回收期长的问题，占用企业大量流动资金，未来需要依托支付平台上建立 E 国际贸易的实时直接交易系统。三是由于 Visa 和 Master 垄断国际信用卡大部分市场，其他信用卡公司如美国运通、中国银联、大来公司、日本国际等市场份额有限，寡头垄断导致信用卡结算手续费较高。四是缺乏全球通用型、接受度高的支付系统，各国消费者支付习惯不一致，支付方式不统一，各支付平台间尚不能实现无缝对接，未来各支付平台企业间应该建立共同标准，实现对接。五是目前无论是信用卡支付还是第三方支付工具，都无法支持超过 5 万美元以上的 E 国际贸易交易订单，这对于开展大额商品贸易十分不便。六是货款回流不便且成本较高，我国 E 国际贸易企业在外汇回流方面的企业支出占到总成本的 40%。

5. 数据开发利用服务

E 国际贸易中海量的交易数据、产品信息是一个重要的资源宝库，根据这些数据信息，可以对消费者偏好、市场趋势进行分析，有利于为企业提供能够最大限度满足消费者要求、能够引领未来市场发展方向的产品和服务。在 E 国际贸易中，数据公司是不可或缺的组成部分，如图 7 - 8 所示，生产商或贸易商委托具有资质的数据公司进行市场分析，判断消费者需求的潜在变化，预测未来市场前景，数据公司根据 eWTP 上留存的海量交易数据，根据消费者不同的年龄、地域、性别、职业等分级分类判断各类消费者的消费偏好变化情况，数据公司也可利用传统的市场调查方法，从生产贸易商获得的加工采购信息等作为需求预测的辅助手段，以此为基础生成市场分析的大数据报告。生产商根据大数据报告决定生产的产品种类、产量、价格、特点，贸易商决定备货种类、规模、营销策略，从而使生产和流通过程更加精准、即时。未来 eWTP 不仅仅是商品交流和资金流转平台，更将会成为全球商业数据的集聚中心。数据资源是 E 国际贸易中最宝贵的资源，谁掌握了这些数据和信息，谁就能够准确把握市场变化的脉动，就能够最大程度地掌控市场。

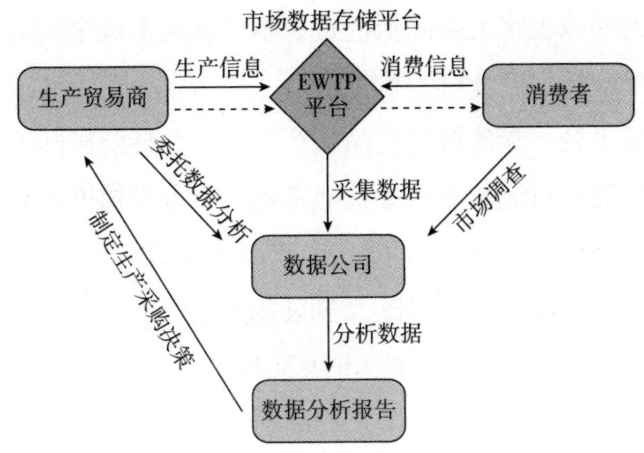

图7-8　E 国际贸易数据开发与利用流程示意图

三、E 国际贸易平台与组织

（一）eWTP

eWTP 是 E 国际贸易的核心平台，是 E 国际贸易区别于传统国际贸易的核心要素，之所以称 E 国际贸易是下一代贸易方式，正是由于 eWTP 的存在，改变了传统贸易的流程与结构，形成了全新的贸易业态。eWTP 由市场交易平台和服务监管平台两部分组成。

1. 市场交易平台

市场交易平台的主要展示界面是平台上的无数个网络店铺。供应商可将产品放在店铺中展示，消费者可在店铺中浏览产品，全部的产品信息及用户评价均可在店铺中查到，为消费者更方便地做出消费决策提供参考。网上店铺远远超越当前国内电子商务的范畴，它将全球的生产者、批发商、分销商、中间商、消费者紧密连接起来，企业的竞争已不再仅仅局限于一地一国，而将是全球性的竞争，中小微企业也不再因信息获取能力有限而处于弱势地位，而将获得能与跨国企业、大型集团同台竞技的机会，消费者因消费选择空间的扩大而大大提升福利水平，中间渠道环节的缩减也将大幅降低消费成本，从而形成全新的供求方式和重组的全球供应链、产业链、价值链。

市场交易平台一端连接着产品生产制造。在传统国际贸易中，生产制造商的产品展示只能依靠买方实地考察、卖方推销展示或是展馆样品展示，由于贸易流程、时间较长，生产商不能及时掌握消费者需求信息，对消费变化反应较慢，因此大多只能生产标准化程度高、个性化程度低的产品。在 E 国际贸易中，市场交易平台为生产制造商提供了更加便捷多样的产品展示方式，关于产品样式、功能、价格、生产流程等各种信息都可以在平台上挂出，消费者通过强大的搜索引擎可以轻易地发现需求商品，并直接下单，从而无需再经过层层的中间商、批发商和分销商，实现了生产制造商与消费者的直接对接，彻底改变了商品生产流通方式。生产商可通过平台的大数据抓取和需求分析及时掌握消费者需求变化情况，使生产制造更加柔性，更具即时响应、订单生产、预测生产能力，产品更加多样化和个性化。

市场交易平台另一端连接着国际贸易。在传统国际贸易中，由于生产商和消费者分散在全球各个国家和地区，生产环节和消费环节在空间和时间上是分割的，因此贸易商的作用是不可替代的，贸易商是连接供应链上下游的关键环节。在 E 国际贸易中，生产商可通过市场交易平台向下游厂商和终端消费者直接发布销售信息，生产商本身扮演了贸易商的角色，传统国际贸易环节和流程因交易平台的存在而被大大缩短。个人也可在平台开个人店铺，向其他消费者推介个性化、定制化产品，自然人个体也兼具贸易商功能。

市场交易平台也连接着政府监管端。传统国际贸易多表现为大批量、少批次、周期长、集装箱运输的特点，全球现行通用的海关和检验检验模式是为传统国际贸易而设定的。在 E 国际贸易中，消费者在网络店铺中选购的多是满足个人需求、个性化程度高的贸易单品，贸易也因此表现出多批次、小批量、小包裹运输的特点。为适应该特点，必须建立更加快捷高效的通关、检验检疫等监管方式。市场交易平台集成全部虚拟店铺的所有数据，海关、检验检验、食品药品监督、工商、商务、公安、金融、统计等各部门都可与市场交易平台相连接，从而获得监管所需的集成信息。

此外，市场交易平台还连接着与贸易有关的配套服务体系。在市场交易平台上，除了集聚了大量网络店铺以及全球海量生产制造商、贸易商及消费者以外，还有众多的物流、保险、银行、信息、通关、外汇等配套服务企业。这些企业嵌入市场交易平台，通过与生产商、贸易商乃至消费者的合作互动，及时获取相关贸易信息，并结合自身功能提供相关服务，找到在全球产业链分工中的位置，从而让生产商和贸易商更好地专心于生产和贸易，让消费者能够享受到更加专业优质的服务。

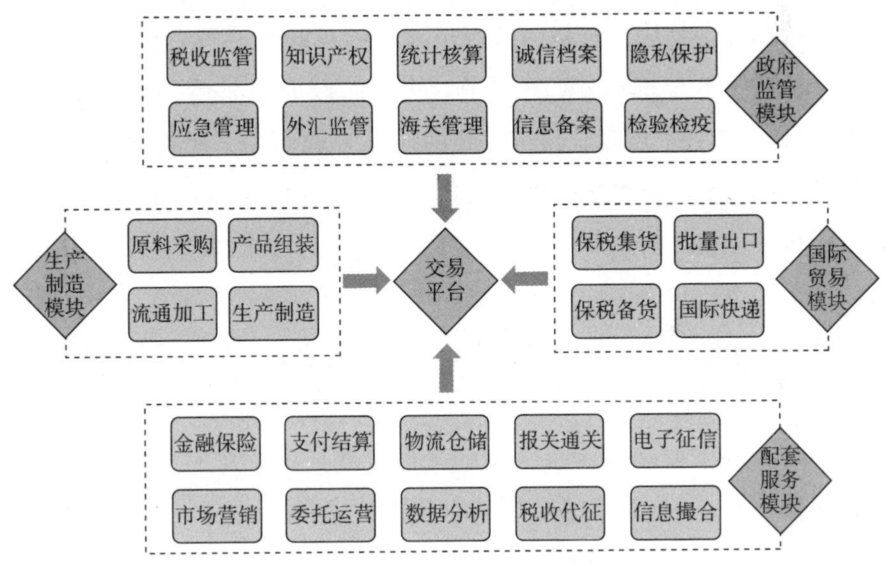

图 7－9　市场交易平台功能结构示意图

2. 服务监管平台

传统国际贸易流程是“生产商—贸易商—消费者”，E 国际贸易不同于传统国际贸易，其最大的区别在于，在流程上 E 国际贸易加入了 eWTP 这一要素，导致 E 国际贸易的监管流程也发生了变化。如图 7－10 所示。

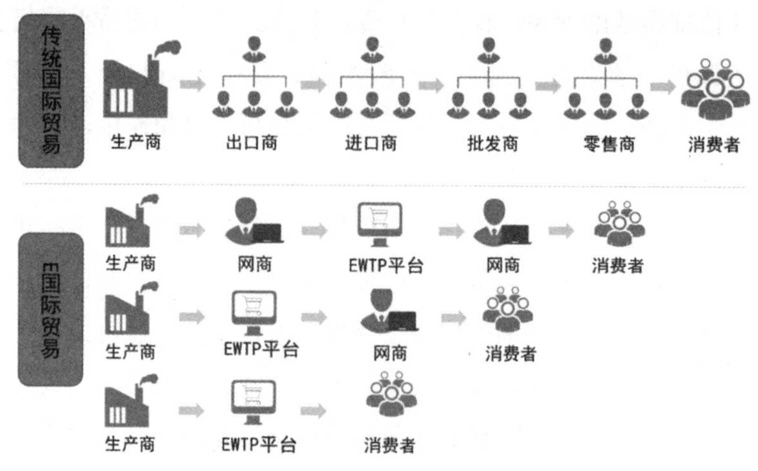

图 7－10　传统国际贸易流程和 E 国际贸易流程对比图

传统国际贸易中，进口国政府负责从进口商至消费者环节的监管，E 国际贸易中由于增加 eWTP 环节，进口国政府监管范围向前延长至 eWTP。如图 7－11 所示，经 eWTP 的所有采购商品、所提供的全部服务以及 eWTP 本身都需接受进口国政府监督。在传统国际贸易中，各监管部门各管一摊、各自其职、条块分割，海关、检验检疫、食品药品监督、质量安全监督等部门监管贸易商品，工商、商务等部门监管贸易主体，外汇、金融部门监管资金往来，各部门各有各的信息系统和监管平台，相互之间信息交换、信息共享不足，部门协作监管机制不完善。由于 E 国际贸易主要表现为极大量的分散订单，传统贸易的通关、抽检及资金核查方式显然不能满足其高效率的流通需求，按个人物品的监管方式也存在税源流失、产品安全无法保障等问题。要解决这些问题，根本上要靠监管模式和监管技术创新。

E 国际贸易监管的核心是数据监管。对 E 国际贸易海量零散商品的监管需要处理海量数据，依靠人力是不可能完成的，必须依靠现代信息技术和数据处理技术。需要把分散在各部门的信息平台和数据库整合起来，建立一个统一的政府服务监管平台。服务监管平台与市场交易平台相连通，即时获得所有交易信息。各部门通过数据端口，把各部门信息系统所采集的针对每一单 E 国际贸易的全部信息上传至监管平台中，实现信息共享。同时各部门又通过监管平台，将所需监管数据下载，通过大数据、云计算、信息比对技术对贸易采集数据、企业商品备案数据、全程追溯数据、资金往来数据等进行综合分析处理，系统自动提出处理意见，分析结果在系统中备案。因此海关、税务、外汇、检验检疫、金融、商务、统计等政府监管部门不需再分别搜集每单贸易的一手监管数据，完全可以通过与市场交易平台相链接的监管平台，获取相应信息，并利用该数据进行报关清关、企业监管、税收代征、商品追溯、资金监管、统计核算，实现政府对 E 国际贸易的数字化管理。

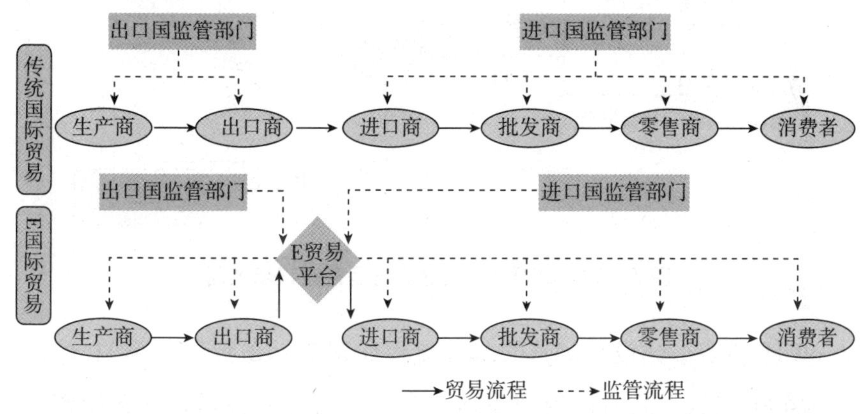

图 7－11　传统国际贸易和 E 国际贸易政府监管流程对比图

3. eWTP 的建设模式

在 E 国际贸易中，市场交易平台和服务监管平台这两大平台相互连接联通，市场交易平台承担商品交易的平台功能，并向监管平台供给监管所需的全部监管信息。但由于市场交易平台的运行主体是平台企业，服务监管平台的运行主体是政府机构或政府所属企业，两大平台的运行主体间难免会存在一定的协调成本和摩擦成本，有可能会降低监管效率。一个比较好的方式是委托专业机构建设运营 eWTP。eWTP 既享有平台企业的市场主体权利，如天猫国际、京东全球购一样，是网络店铺、线上商家入驻和商品交易的平台，同时也担负起一定的市场监管责任，经监管部门授权，承担部分监管职能，海关、税务、检验检疫等各部门信息系统与 eWTP 对接。eWTP 建设可采取 PPP 模式，以公开招投标方式选择具有资质、符合条件的企业进行建设，平台运行按照市场方式，自负盈亏，建设企业和政府根据出资的不同、股权结构的不同行使相应的权利和义务。

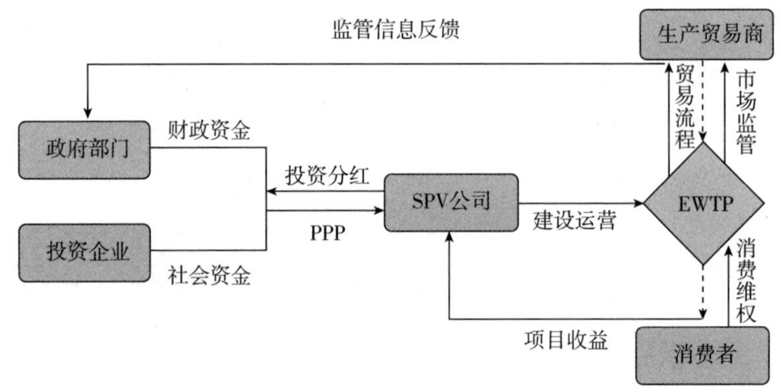

图 7－12　eWTP 投资建设与运营流程示意图

eWTP 投资、建设与运营的基本流程如图 7－12 所示。eWTP 建设运营采取 PPP 模式，政府以财政直接出资或通过地方投融资平台出资，与投资意愿积极、具有资质条件并通过招投标程序的社会资金共同组成平台建设资金，政府与投资企业组建专门的 SPV 公司，负责平台建设资金的使用和管理，并直接从事 eWTP 的建设、日常运营和维护工作。eWTP 是 E 国际贸易的交易平台，生产贸易商和消费者在 eWTP 上完成商品交易，通过向生产贸易商征收网络店铺租金（平台管理费）及广告等其他收入获得收益，并通过 SPV 公司按政府和投资企业出资比例向投资方分红。eWTP 履行第一责任人义务，负责市场交易活动的监督，并代表消费者向生产贸易商进行消费维权，平台有一定处罚权限，确保所有交易能够合法合规。同时平台将掌握的各类交易信息分门别类向有关部门反馈，如将平台交易企业的身份、资质等信息反馈给工商部门，将交易金额、品种等信息反馈给税务部门，将贸易、支付、物流单据信息反馈给海关，将企业备案、商品备案、客户评价、信用评估等信息反馈给检验检疫部门，将结算信息、资金流向等反馈给金融监管部门，将消费者个人身份、交易商品等信息反馈给公安部门等等。各部门根据 eWTP 反馈信息，对平台企业、生产贸易企业、消费者进行实时监督。

（二）E 化的跨国公司

传统国际贸易的发展与全球蓬勃兴起的大量跨国企业、贸易公司紧密连接在一起，它们是推动近几十年来国际贸易飞速发展的主要动力。E 国际贸易在传统国际贸易的基础上，通过融合新技术、新经济、新业态而逐渐形成，传统国际贸易中海量的跨国企业、贸易公司也是 E 国际贸易中必不可少的元素，它们也是 E 国际贸易的重要参与主体。与传统国际贸易不同的是，E 国际贸易中的跨国公司呈现出突出的去中间化、去中心化特征，所有贸易企业都在 eWTP 平台上完成交易活动，呈现 E 化特征，贸易的中间渠道被大幅缩减，流通成本大大下降，流通效率显著提升。由于 eWTP 创造了更加便捷的流通渠道，跨国公司的形态与表征也发生了深刻的变化，E 化的贸易主体越来越呈现小型化、个体化的特征，大型的跨国集团在 E 国际贸易中固然重要，但是海量的个体企业、自然人也以 B2C、C2C 的模式参与进来，日渐成为 E 国际贸易的主力军。

四、E 国际贸易通关与监管方式

（一）高效顺畅的通关体系

E 国际贸易脱胎于跨境电子商务。近年来，我国跨境电子商务产业蓬勃发展，产业规模雄踞全球，增长劲头势不可当，成为我国对外贸易中最突出的亮点。决定 E 国际贸易发展的最核心问题是新型监管制度。

E 国际贸易是基于互联网交易平台的跨境商品贸易，它不同于一般贸易、加工贸易等传统贸易，是一种全新的贸易方式。个人买家和中小企业通过互联网平台完成交易，通过海量、小额、分散包装的国际邮快递完成物流，彻底突破了各国海关、检验检疫部门针对大规模单品贸易、集装箱贸易而设的抽查抽检式监管制度，现有监管方式对 E 国际贸易几乎无效。如果 E 国际贸易规模较小尚可，如规模快速增长，将会给各国带来关税流失、进口商品质量安全风险等难题，一些国家被迫收紧政策，如近期欧盟、俄罗斯等已严控邮快递入境。因此，如何创造能够对 E 国际贸易高效、实时、准确监管的制度安排就成为发展 E 国际贸易最核心、最基础、最重要的问题。E 国际贸易强调即时采购、快速响应、柔性供应，为提高消费者体验度和满意度，必须最大限度地缩短物流时间，因此在通关设计上必须有高效、顺畅、合理的制度安排。在全世界对 E 国际贸易监管处于迷茫之际，我国率先摸索出了一套行之有效的监管办法。为推动跨境电商健康、有序、创新发展，近年我国陆续开展了一批跨境电商试点，在监管创新方面先行先试，其中较为典型且较为成熟的是郑州保税备货模式、杭州“六体系两平台”模式等，这些模式的核心都是能够同时解决 E 化的一边贸易和跨境零售贸易的监管问题。

1. 当前 E 国际贸易的主要通关方式

按交易模式，E 国际贸易可分为 B2B、B2C、B2B2C、C2C、M2C 等多种交易类型，不同类型的 E 国际贸易通关方式有所不同。B2B 主要采取一般贸易方式通关；B2C、M2C 主要采取国际邮快递方式通关；C2C 主要采取个人携带、国际邮快递方式通关；B2B2C 将一般贸易报关、个人物品清关有机融合，创造出了一种适合 E 国际贸易特点的新型通关方式，呈现出巨大的制度优越性，代表着未来 E 国际贸易通关制度创新的主要方向。

B2B 模式注重大宗、标准化产品的展示，主要适用于大宗产品或大规模订单产品的进出口。从规模上来看，B2B 是当前 E 国际贸易的主要业态，但 B2B 本质上与传统国际贸易并无二致，相当于“传统国际贸易 + 互联网”。在通关制度方面，B2B 和传统贸易相似，主要采取一般贸易方式报清关。

B2C 模式注重产品的多样化展示，以满足各种类型消费者的不同需求。在 E 国际贸易发展早期，B2B 模式占据主流。后随着订单小额化、碎片化、定制化、分散化渐成趋势，消费者追求更加新颖、个性、独特的消费品，上游供应商生产更具柔性，B2B 已难以反映这种需求，B2C 将会逐渐成为 E 国际贸易的主流。尽管由于 B2C 规模难以统计，从目前对 E 国际贸易的估算数据来看，B2B 占大部分比例，但未来 B2C 的发展空间会比 B2B 更为广阔。B2C 具有与 B2B 完全不同的通关方式，由于现行各国海关监管模式尚未突破，B2C 商品贸易主要采取国际邮快递、个人携带方式进出关，既逃避了税收缴纳，又缺乏有效监管，质量风险难以防控，B2C 的发展必须要创新监管模式。以河南郑州模式为代表的 B2B2C 模式是对传统 B2C 模式的重要突破。该模式由 eWTP（中间“B”）负责贸易货物的备货和集货，商品进口后，在保税区按规模化订单实行一般贸易报关，再分散成小单按国际邮快递方式通关，以快递形式配送，先化零为整、再化整为零，从而解决了小单贸易通关难的问题，是我国创造的全新贸易方式。

此外，E 国际贸易平台还有 C2C、M2C 等多种形式。C2C 是指分属不同关境的个人买卖双方之间依托跨境电商平台开展的商品交易，目前主要是海淘与代购。C2C 主要采取个人携带方式进出关，是利用个人物品简化监管的制度漏洞而兴的 E 国际贸易业态，随着 E 国际贸易监管体系的创新和完善，该模式的生存空间将会被挤压。M2C 是生产厂家对消费者的直接销售模式，亦即平台招商模式。M2C 与 B2C、C2C 的不同在于销售主体的不同，M2C 的销售主体是品牌商家，B2C 的销售主体是平台本身，C2C 的销售主体主要是个人，但 M2C 的本质接近于

B2B，也没有突破传统国际贸易的框架，在通关方式上，也与 B2B 一样，按照一般贸易方式报清关。

2. 主要通关制度设计

通关是 E 国际贸易制度创新的一个核心问题，一般贸易通关、邮快递通关、个人携带通关等各种传统通关方式都不能同时兼顾便捷高效与有效监管这两个方面，必须要结合 E 国际贸易小额贸易、快速流通的特点，创造新的通关制度。目前在通关方面较为有效的是 B2B2C 的新型海关通关模式，在 E 国际贸易通关制度设计方面做出了重大创新，解决了小单贸易无法通关、邮快递无法征税、行李携带无法监管的问题，既能放得快，又能管得住。

以保税备货模式为例，在该模式下，贸易商在海外集中采购，通过海运、空运把商品运抵保税区，消费者在互联网贸易平台上下单后，贸易商在保税区内将商品分拆成小单，快递送至消费者手中。由于商品信息在入区时就已提交海关、检验检疫等部门备案，因此小单商品在出区入关时无需再经抽检抽验等繁琐流程，可按照国际邮快递形式迅速报清关，大大提升了通关速度，目前郑州海关每秒可处理近千单。保税备货本质上是监管模式创新，政府监管部门与互联网贸易平台企业深入合作，平台企业通过信息系统实时向监管部门共享商品、支付、物流信息，监管方式从原来的入关抽查转为备案入关、从实物监管转为大数据监管，既能管得住、又能放得开。

B2B2C 的具体通关流程如图 7 - 13 所示。eWTP 扮演 E 国际贸易的主要组织者角色，既可采取备货模式，通过对平台交易大数据的分析，预测消费者需求，在海外批量集中采购，也可采取集货模式，将消费者分散的同类产品小单集合成大单批量采购。采购后商品经由国际物流商海运或空运运抵进口国保税区，将商品信息上报海关、检验检疫备案。消费者下单后（或根据消费者集货前订单），物流企业在保税区仓库经分拣、包装成小件包裹后，以邮快递形式向海关申请报关，海关通过订单、支付单、物流单三单比对后，如无问题予以放行。B2B2C 通关模式的核心在于以批量商品的一般贸易方式报关，以分散商品的国际邮快递形式清关，在保税区内完成商品的分拨、分拣、包装并安排配送等物流流程。其本质上相当于把海外仓内移至国内保税区，将海外仓存放的境外货品置于保税区仓库内管理，将海外消费、分拨物流等环节移回国内。

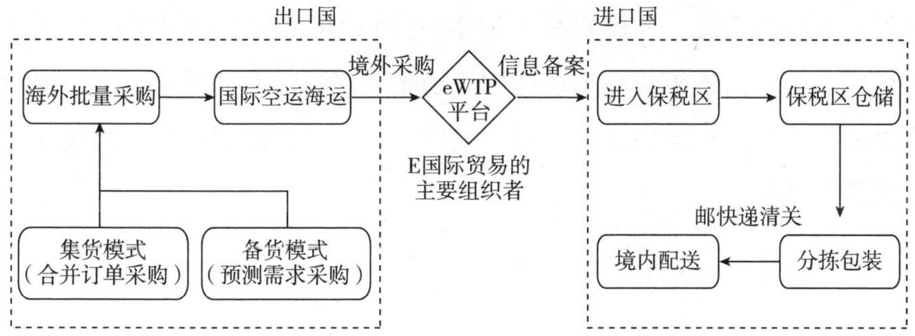

图 7－13　E 国际贸易 B2B2C 模式基本运作流程

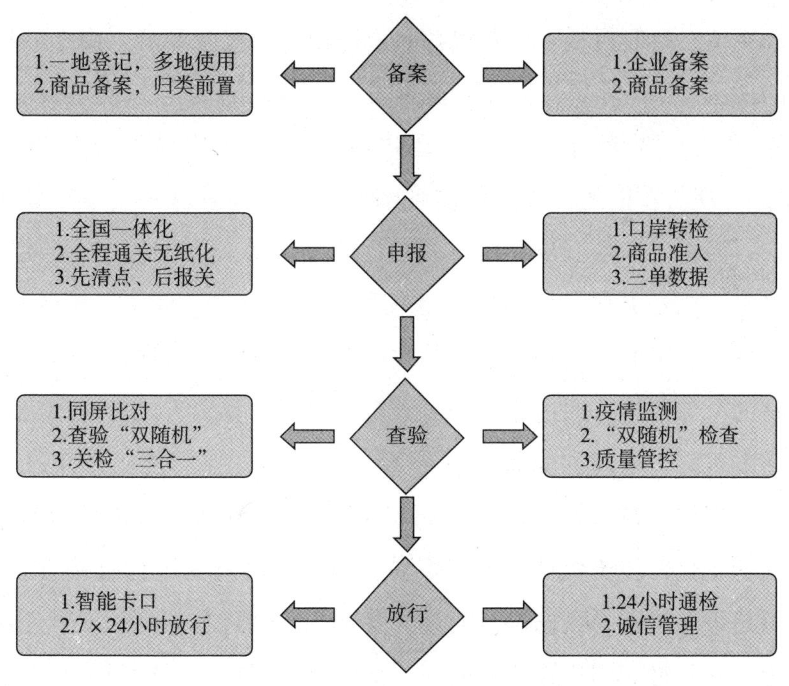

图 7－14　B2B2C 关检合作示意图

B2B2C 通关效率较高。商品报关全程实行网上电子申报，无需纸质单据，eWTP 自动三单比对后即可放行，实现智能化清关。该模式实行关检合作，如图 7-14 所示。商品一次申报、一次查验、一次放行，海关在商品报关时可征收关税，保证税源不流失，检验检疫部门也可在入关时实行抽检，确保入境货物安全合规。由于采取了自动清关方式和智能物流分拨系统，该模式全天候 24 小时均可清关，极大地提高了通关效率。但目前该模式尚不能应用于消费者退货商品通关上。由于退货商品零散小额，不能集成大单按一般贸易通关，只能通过国际邮快递等形式返回境外。

（二）简约有效的监管制度

1. 当前 E 国际贸易的主要监管方式

E 国际贸易监管相比传统贸易监管最大的区别在于加入了 eWTP 这一监管主体，政府授权 eWTP 代替政府行使部分监管职能，由于新监管主体的加入，E 国际贸易的监管流程发生了极大的变化。E 国际贸易监管体系的核心要素有三点：一是政府部门将部分监管权限下放给 eWTP，实现监管链的延长，各监管部门从实物检查这一繁重工作中解脱出来，而将工作重心放在监督 eWTP 是否有效、合理地代为行使管理职能上来。二是 E 国际贸易监管的核心是信息共享。海关、检验检疫、税务、外汇、工商、金融、统计等政府各功能部门都可通过接口获取每单贸易的全部信息，通过互联网、大数据、云计算等方式实时地进行贸易行为的跟踪、处理和监管。三是 E 国际贸易的监管能力体现在对贸易数据的把控。在监管方式上，E 国际贸易的监管理念较传统贸易出现了重大的变化，传统贸易注重对贸易主体、贸易行为进行直接管理，E 国际贸易重在对贸易数据进行管理，各部门可通过数据分析发现违法违规行为，并监督 eWTP 的处理过程。掌握数据就相当于控制了整个贸易的全部流程，管理权并不会丧失。基于以上三点，主要监管部门的工作方式如下：

一是海关。海关监管流程如图 7－15 所示。消费者下单时，贸易数据就可同步生成，海关可通过服务监管平台获得所有的商品信息和交易信息，通过三单比对方式系统自动判断是否允许该商品清关，并予以自动放行，实现智能监管。这种电子化、无纸化通关方式通关效率极高，使海关工作人员不必忙于海量的贸易品通报关手续中，而可将人力置于重点货品、重点企业的监管。

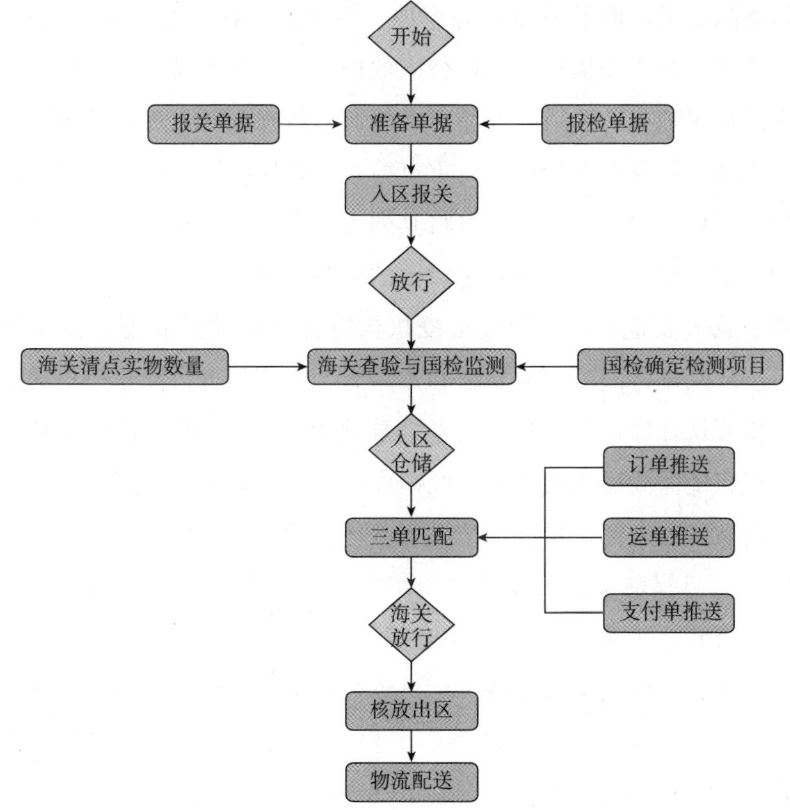

图 7－15　E 国际贸易海关监管流程示意图

二是检验检疫、食品药品、质量监督部门。传统贸易中，检验检疫主要是从每一大单贸易中选取个别样本，如果抽检通过，这单贸易就可放行。E 国际贸易主要表现为小单贸易，抽样式的检查方式不能满足 E

国际贸易多品类、快速周转的需求，必须创造适合 E 国际贸易特点的新型检验检疫方式。检验检疫是 E 国际贸易中监管难度最高的一个环节。E 国际贸易检验检疫模式可概括为“商品质量追溯信息化平台 + 生产商/代理商实地验证 + 抽样预检验 + 入关前检验认证 + 标签标识”，具体流程如图 7 – 16 所示。该模式有四个重要环节或要素：

（1）商品质量追溯平台。消费者与供应商在达成贸易意向并在网上下单后，检验检疫、食品药品、质量监督等部门就可通过服务监管平台获得商品品类、商品质量、原产地、主要原材料、生产商、贸易商、生产资质等所有相关信息，并进行大数据处理，对贸易品进行分类。筛选出来的低风险或一般风险商品可直接通过检查，转入后置信用监管体系，风险高、特殊性商品可实行重点检查。如果某厂商产品进口后出现质量问题或抽检通过率较低，可将其列入异常名录，并给予提高该厂商产品抽检率或禁止其产品进入进口国的惩罚措施。

（2）海外实地验证。检验检疫机构委托有资质的企业，按中国标准对生产产品进行海外实地验证和预检验，对商品进行独立公正的第三方检验检测认证评价，出具《实验室检测报告》。对检验合格商品加贴溯源标识，确保商品从代理商、经销商的境外仓库装运到国内口岸、保税区、自贸区的仓储、物流、交易等各环节的可追溯性。

（3）信息提前申报。商品进出口实行全申报管理，实行“提前申报、集中查验、快速放行、质量追溯”，生产商在入关前需将产品信息、交易信息、检测结果等各类信息进行申报，履行提前告知义务。

（4）入关查验。货物到港后，国检人员借助移动执法终端，扫描或输入任一货物的二维码，查询整批货物的产地检验验证报告、实验室检测报告、原产地证书等信息，确定境外预检验和溯源情况与到港货物一致，货证相符的，快速核验放行，实现便捷通关。

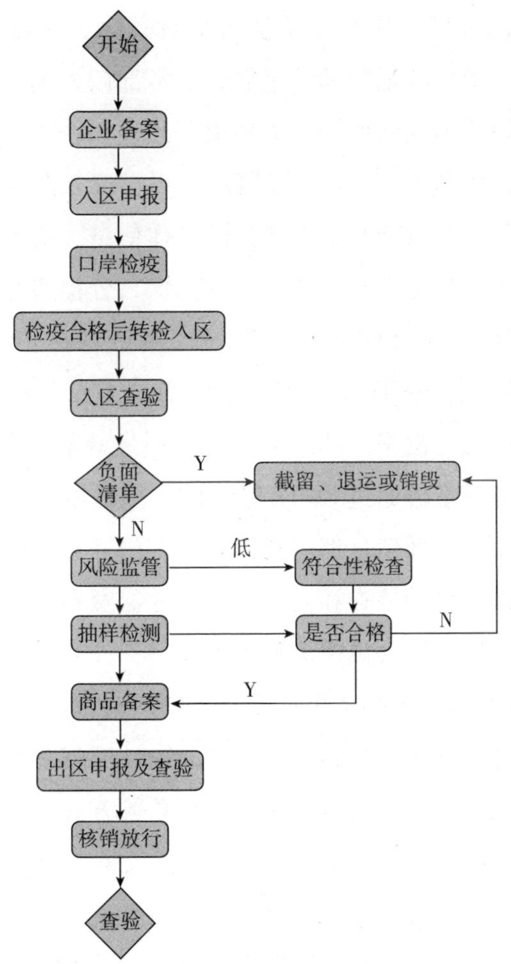

图 7－16　B2B2C 模式国检流程示意图

三是税务部门。通过 eWTP，税务部门可在交易的第一时间掌握贸易品类和贸易金额等相关信息，确定每一单贸易的应缴税款。在税务征收上，可委托 eWTP 代征代缴，税务部门通过服务监管平台对征税过程进行实时监督。eWTP 向税务部门结算税款可采取定期结算方式，定期结算是指交易和支付行为发生后，系统自动按照货物品类和相关品类的税收规定，每隔一定时间自动划拨每一单交易对应的税款到税务部门指定账户，同时将有关交易信息也同步发送，税务部门可以进行大数据比对核查。由于 E 国际贸易中存在消费者退货行为，因此退税不能与结税同步发生，需在消费者退货期结束后，税务部门根据 eWTP 上的消费者退货信息，将退货商品已缴纳的关税退回给进口企业。

四是金融外汇管理部门。E 国际贸易的买卖双方需要通过第三方支付平台，第三方负责核对交易双方账户的具体信息、信用状况，也包括审核交易资金来源，避免境外洗钱，负责担保，分担违约风险，外汇机构通过 eWTP 对第三方支付平台进行监管。消费者在 eWTP 上交易时，可自由选择结算货币。eWTP 可与纽约、伦敦、东京等外汇交易市场联网，币种转换采用实时汇率。外汇管理部门通过政府服务平台与 eWTP 进行信息互联，随时掌握通过 eWTP 结算的各国货币使用情况和资金流向。由于每笔交易的全部信息都对外汇管理部门开放，外汇管理部门也可通过三单比对进行自动核查和人工抽查，确保贸易真实发生，有效避免虚开贸易单据致使热钱大规模流进流出。

五是统计部门。统计部门可通过与 eWTP 对接，及时掌握交易商品、交易金额、付款方式等全部交易信息，统计部门对贸易数据的工作方式不再是通过普查、抽查或是层层数据汇总等方式，各国统计机构数据库可直接接入 eWTP，抓取贸易数据、物流数据、金融数据、外汇数据等统计数据，实现实时统计、即时核算。由于这一信息有每一单贸易的微观数据基础，统计部门获取的数据也是十分精确的。同时，统计部门可以利用这些数据开展大量的分析研究工作，如消费者偏好的分析、对附加值贸易的研究、对资金往来的跟踪等传统贸易中由于数据搜集技术的原因难以实现的工作，通过 eWTP 和大数据、云计算方式都可以完成。此外，WTO、世界银行等国际组织也可与 eWTP 平台及各国统计机构围绕 E 国际贸易统计建立合作关系，定期向全球发布 E 国际贸易权威统计数据。

2. 主要监管制度设计

E 国际贸易作为一种新经济、新业态，目前正处于刚刚起步但却蓬勃发展的阶段。一方面，要本着审慎监管的态度，逐步引导 E 国际贸易走向规范。另一方面，对待新经济、新业态要坚持开放包容，不能因为对既有监管制度产生冲击就将其否定。E 国际贸易监管体系的建立不是一蹴而就的，不可能在建立之初就尽善尽美、无懈可击。随着 E 国际贸易的发展，必将遇到很多操作层面的新问题，需要本着摸着石头过河的精神，在明确监管改革的大方向、尽快建立 E 国际贸易监管大框架的基础上，一步一步地对监管体系进行补充完善。当务之急是要明确 E 国际贸易作为一种新型的贸易形态，把监管框架建立起来，理顺各部门的合力监管机制，形成大数据、智能化的监管方式，创新简约有效的监管体制。

为保证 E 国际贸易能够高效、有序运转，保证各贸易主体能够将所有信息准确反映给 eWTP，保证各监管部门能够掌控所有信息并使监管行为落至实处，一些关键性制度必须确立，以确保 E 国际贸易监管体系顺畅运转。

（1）平台责任制度。eWTP 是 E 国际贸易体系运行的重要主体，其在享受向网络店铺收取租金权利的同时，也必须承担起对各店铺监督管理的责任，确保权责对等。要建立平台第一责任人制度，由平台率先承担起维护消费者权益的义务，当消费者权益受到侵害时，平台商先行承担赔付责任。为保证平台对各店铺监督的有效性，要同步建立 E 国际贸易企业预交保金制度，E 国际贸易企业要承担起商品质量安全的主体责任，如果出现质量安全问题，向消费者的赔付金由平台先从保金中扣取。此外，平台未来可要求各店铺对所售商品购买商品质量保险，如出现问题，保险公司也可承担一定赔偿。

（2）负面清单制度。E 国际贸易监管理念有别于传统贸易。传统贸易执行的是“不合格假定”，即假定产品是不合格的，每批产品在入关前，必须接受多项周期长、费用高的检测。E 国际贸易商品批次多、单次规模小，“不合格假定”的监管方式必然带来极高的检查成本。E

国际贸易的基本监管理念应是“合格假定”，即在风险可控的前提下，假定贸易商品是合格的，从事前监管转向事后监管。按照“合格假定”，E 国际贸易的市场监管应实行负面清单制度，即按照“非禁即入”原则，除清单上产品禁止贸易外，其余产品均能贸易。负面清单一定要精确细化，如果清单产品边界模糊，企业在开展 E 国际贸易时，往往不知该种商品是否能够通关，是否能够顺利通过目的国检验检疫，不但不便于企业开展贸易行为，也可能会给企业造成损失。

（3）信息申报制度。掌握全面准确的数据信息是各监管部门对 E 国际贸易实行有效监管的前提条件，必须建立相应法律法规，要求 eWTP 将全部交易数据，包括交易主体、商品、物流、支付等全部信息向监管部门共享，eWTP 的源代码也必须向监管部门开放。生产企业、贸易企业、采购企业必须将全部信息，如注册地、法人代表、经营范围、厂址、股权配置、产品质量、生产时间、生产流程、原材料采购等准确无误提供给 eWTP，信息变化后必须同步在平台上进行更新。个人消费者、生产者或贸易者也必须将身份证号、护照号、社保号等身份识别信息，有效联系方式等全部信息上传至平台。如果信息上传不准确、不及时，eWTP 有权利依法让该生产商、贸易商甚至个人退出平台，或暂停店铺经营，取消其在 eWTP 上销售和采购的一切权利。eWTP 也应和各国商务系统、警务系统对接，由这些部门负责信息的准确性核实。

（4）企业全备案制度。从事 E 国际贸易的生产企业、贸易企业、平台企业、物流企业及其他相关服务企业，均应在商务主管部门登记注册和备案，并提供营业执照、商品备案清单、质量安全承诺等各种资料，商务主管部门通过信息化系统完成备案审核，并上传至服务监管平台，各监管部门可掌握企业的所有注册信息以及和贸易行为有关的货物、交易、物流信息，便于实现监管对接，共同实现商品的源头管理、流向跟踪、台账管理、产品质量管理等全过程监督管理。

（5）诚信档案制度。为提升监管效率，保障交易合法，应依托

eWTP 建立买卖双方的诚信档案，形成“黑名单”和“红名单”制度。对于不良交易行为，如提供虚假认证信息或在交易过程中作弊、欺诈等严重违规行为导致平台或用户受损，可将这类商户统一纳入“黑名单”，共享于各个平台联防联控。对于有恶意购买行为、经常性大量购买和大量退货的买家也应纳入“黑名单”，给予其暂停 E 国际贸易平台账户使用、一定时期禁止从事交易的处理。同时，监管部门也应建立针对 eWTP 企业的“黑名单”制度，对于没有严格执行买家卖家信息上传规定、没有向监管部门及时充分共享信息、没有严格履行监管责任的 eWTP 企业也要纳入“黑名单”，并对其依法进行处理。对于纳入“黑名单”的情节严重的企业、个人、E 国际贸易平台，要纳入国家统一的失信名单中并予以曝光，禁止或限制进入“黑名单”的企业、企业法人或个人的贷款、再从事进出口业务、再注册公司等等。同时，可根据历史交易数据、商品质量安全、监管部门对企业网站的巡查和监控、消费者评价等建立“红名单”制度，纳入“红名单”的企业和平台可在通关便利化、监管条件放松等方面予以一定倾斜。

（6）企业商品分类管理制度。E 国际贸易主管部门要在对各企业、各类商品风险评估的基础上，按照风险级别对企业、贸易品进行分类监管。对于 E 国际贸易企业，主管部门应综合企业规模、经营能力、商品品质、应急处置能力等因素，按基本能力对企业进行分类管理，分级较低的企业要予以重点管理。对于 E 国际贸易商品，主管部门应综合商品品类、商品质量等因素，按风险高低对商品进行分类管理。对于高风险商品，贸易或生产企业要提供具有国际认可的第三方资质监测中心的检测报告，对于低风险的商品，贸易或生产企业要提供合格保证证书。同时，可实现企业分类和商品分类“双分类”结合，如果由高风险企业开展高风险商品的 E 国际贸易，要采取最严格监管，如果由低风险企业开展低风险商品的 E 国际贸易，可在一定程度上放松监管力度，保证监管能力和资源和合理分配。

（7）全程可追溯制度。E 国际贸易的负面清单制度、全备案制度、分类管理制度，均要求对 E 国际贸易的监管方式要由前端的“技术监管”转向后端的“追溯监管”，保障贸易商品从生产到入境，再到消费者手中的全过程可控制、流向可跟踪。该制度的核心要义是在商品“合格假定”理念下，简化前端“技术执法”环节，前端仅通过产品抽查检测、产品风险检测等手段进行定期和不定期检查，从产品生产到商品交易再到消费使用进行实时跟踪，实现流通全程大数据留痕，一旦在某个环节出现问题，可以马上召回，并对产品质量出现问题的企业依法进行处理。

（8）可疑交易分析识别制度。为实时监测 E 国际贸易的交易额度、频率、流通轨迹等关键要素，对交易的真实性做出正确判断，应充分挖掘 eWTP 上交易的大数据信息，大力开发区块链技术，建立互联互通的违规资本流动监测系统和监测机制。各国应联手制定并执行跨境资金反洗钱规则，提高跨境贸易服务及跨境资金交易背景信息与数据信息的透明度和匹配度，特别是要提高跨境大额与可疑资金监测水平，加强对来自洗钱高发区、离岸金融中心等重点区域交易的监控。

（9）知识产权保护制度。从事 E 国际贸易的大多为中小企业，可能会出现大量侵权盗图、高仿甚至假货等行为，知识产权将成为 E 国际贸易能否健康可持续发展的一个关键问题。应建立 eWTP 事前审查机制，企业应申请注册自有品牌，在企业入驻 eWTP 前实行身份审查，特别是对市场接纳程度高，市场畅销的知名、驰名商品进行重点审查。要建立 eWTP 的主动督查机制，对于那些附着在较高知名度的商品之上，可能出现侵权情形的商品，eWTP 不应等到有权利人主张权利时才来处理问题，而应主动出击，主动督查。要建立 E 国际贸易企业侵权快速调查机制，eWTP 在接到权利人申请维权诉求后，应马上成立专项工作小组，在最短的时间内以最快的方式对相关诉求进行甄别和处理，将侵权行为消灭在萌芽状态。

（10）网站监控巡查制度。强化 eWTP 商品质量安全主体责任，规范 E 国际贸易企业网络销售行为，建立网站监控巡查制度，不定期对辖区 E 国际贸易企业所有电脑端和移动端的网络销售行为进行监督巡查。E 国际贸易企业有关产品信息需及时向有关部门登记备案，主动履行对消费者的提醒告知义务，在其网站及销售终端醒目位置显示《消费者告知书》，对该产品的信息予以告知。如经网站巡查，企业没有履行相应义务或违反有关规定，要对企业进行相应处理。

（11）应急管理制度。E 国际贸易涉及安全领域主要为生态环境安全和人身安全，由于 E 国际贸易主要采取“合格假定”、负面清单、备案和追溯管理方式，可能会发生贸易品对当地环境和人身安全造成威胁情况。由于这种情况往往具有突发性，一旦威胁发生需要在极短时间内有效应对，完善的应急管理机制是必不可少的。应制定 E 国际贸易重大事件的应急管理机制，实现政府部门、平台企业、贸易企业、生产企业的整体联动、协调配合、共同应对。

五、构建 E 国际贸易规则的内容和步骤

当前，世界各国开展国际贸易主要基于 WTO 的规则和框架，但 WTO 规则主要适用于一般性的国际贸易和服务贸易，对于 E 国际贸易、跨境电子商务、数字经济等新经济、新业态尚没有完善的适用性规则，全球开展 E 国际贸易处于无规可依、无矩可守的状态。为使 E 国际贸易有序规范发展，必须在现行 WTO 体系的基础上，抓紧建立适应 E 国际贸易业态特点、发展规律、未来趋势的新规则体系，解决 E 国际贸易在全球发展的制度供给不足问题，最终建立下一代贸易方式——E 国际贸易的国际新规则体系。

（一）E 国际贸易国际新规则的主要内容

E 国际贸易国际新规则是以 WTO 现有制度框架为基础，在规则中

融入互联网、大数据、云计算、平台经济、跨境电商、数据流动、信息监管、智能通关等 E 元素，结合 E 国际贸易发展的现实需求与长远趋势，一方面对不适用于 E 国际贸易这一新经济、新业态的制度进行 E 化改造，另一方面创造当前 WTO 框架中没有的、适应 E 国际贸易发展的新规则。E 国际贸易国际新规则的责任是推动 E 国际贸易关税协定、关务规则、准入协定、质量管理、贸易服务等的监督、管理和执行，规范 eWTP 运营，并为其发展提供良好的环境和政策支持。其宗旨是在公平、自由、共享、包容的原则下，引导 E 国际贸易健康、持续发展，促进全球经济繁荣并使全球化的成果惠及各国民众。E 国际贸易并非要彻底颠覆现行 WTO 框架，尊重 WTO 的组织结构和运行方式，但要在经济规则、监管规则等方面做出突破和创新，形成 WTO 框架下不同于传统国际贸易的新型规则体系。由于 E 国际贸易也融合进了大量传统国际贸易的服务、业态、内容，因此 E 国际贸易新规则与 WTO 规则一定有交叉，依然遵循非歧视性、公平贸易、透明度三大规则，在最惠国待遇、国民待遇、市场准入、贸易自由化等方面延续 WTO 中已较为成熟完备的规则，但在 E 国际贸易范围、数据自由流动、数据安全、知识产权保护、E 国际贸易平台运行、通关制度、监管制度、税收制度、结算体系等方面需要有更多创新性的规定和安排。

（1）要在 E 国际贸易涉及领域和范围上有所界定。创造应用 E 国际贸易的首要前提是明确 E 国际贸易的涉及领域以及涉及范围。目前，针对跨境电子商务的概念，WTO 还尚未形成共同认知。欧美等国理解的跨境电商是数字经济，是基于互联网的软件、音像制品、游戏、电子著作等数据品贸易和数据化服务，本质上是服务贸易。中国理解的跨境电商是基于互联网交易平台的实物商品贸易，本质是互联网交易平台与传统外贸或零售相结合，最终的落脚点仍是商品贸易。E 国际贸易脱胎于跨境电子商务，不仅包括跨境商品贸易，也包括与之相配套的物流、金融、支付、征信等配套服务，本质上以商品贸易为主、以配套服务贸易为辅，这与欧美等国所理解的数字贸易绝不是一个概念。我国不应再与欧美国家争论跨境电商和数字贸易区别和联系，可基于我国实践提出 E 国际贸易这一新概念，同时对 E 国际贸易的概念、内涵、范围作出清晰界定，明确规则的针对性和指向性。

（2）E 国际贸易运行模式。目前国外开展 E 国际贸易进口普遍采取国际邮快递形式，该模式具有采取限额以下免税、免通关查验等特点，如果贸易规模扩大，税源流失、海关监管缺失等问题将会凸显。我国可通过谈判向国外推介保税备货、保税集货等模式，将我国在 E 国际贸易进口中形成的经验介绍给 WTO 各成员国，使各国认可 B2B2C 的 E 国际贸易模式，并争取将 B2B2C 所涉及的保税区、大通关制度、前置备案、后置监管、平台责任等一系列制度上升至 WTO 规则层面。

（3）海关监管制度。E 国际贸易小单多批次的特点要求国际海关必须建立更加便利化的大通关体系。要在现有海关通关规则的基础上，进一步推进电子化、无纸化通关，简化海关通关手续，推动监管标准互认，促进国际间海关通关的电子化、统一化和标准化，实现一站式便利通关。同时，要把中国在 E 国际贸易海关监管的创新做法和制度向 WTO 各成员国推介，争取将 B2B2C 中形成的“一般贸易报关 + 保税监管区 + 国际邮快递清关 + 智能化秒通关”的海关监管模式上升至各国认可的新型海关监管规则。

（4）各国检验检疫标准的对接。检验检疫是 E 国际贸易中监管难度最大的一个环节，其根本原因是各国产品生产标准、质量安全标准、检验检疫标准差异很大，且 E 国际贸易交易批次多、单笔交易规模小，抽检难度大。长期来看，提高检验检疫效率的最根本方式仍然是各国检验检疫标准的对接和统一。出口国产品若符合该国生产标准，进口国可给予免检放行，或出口国按照进口国标准进行生产，出口国政府代为行使质量安全检查职能，如能实现该目标将大幅提升 E 国际贸易检验检疫效率。

（5）eWTP 的建设标准。在 E 国际贸易中，由于监管部门众多、监管流程复杂，政府各监管系统与 eWTP 接口众多，既要保证接口准确，又要保证信息传输安全高效，这就要求各国 eWTP 平台建设必须有一套各国公认的基本标准。当前 WTO 中，各国已对电子认证形成了早期共识，需要抓紧推动各国对电子签名、电子认证、电子合同、数字证书的法律效力进行认可，在此基础上才能开展“无纸贸易”。未来各国需要在 eWTP 的建设标准、技术标准、eWTP 与各国政府监管系统对接标准等方面进行磋商。中国在 eWTP 建设方面较为领先，可抓紧总结经验，将中国 eWTP 建设标准以提案形式交由 WTO，供各国讨论，形成 eWTP 标准起草蓝本。对于一些发展中国家和不发达国家，我国可通过技术援助的形式帮助其建立能够与 eWTP 无缝链接的政府服务平台和监管平台，推动更多国家接受中国 eWTP 标准。

（6）数据自由流动和数据安全。E 国际贸易涉及交易、金融、结算等数据的跨国跨境流动，客观上要求数据能够自由流动，为商品自由交易、平台企业管理、各国政府监管创造便利。但数据自由流动的同时也涉及数据安全的问题，数据安全是一国国家安全的重要方面。在现行 WTO 规则中，各国对数据跨境自由流动有一定共识，但在具体操作层面，尚未形成统一的规则和标准。各国需要在平衡必要的跨境数据流动与保护各方数据权利之间的关系上形成更多具体共识，对服务器本地化、源代码开放、保持技术中立、数据主权归属、数据分级分类、数据流动标准、个人隐私保护等方面制定更加详细的规则。

（7）数据化知识产品的产权保护规则。E 国际贸易的生产制造商较传统国际贸易更加分散，中小企业甚至个人都可通过 eWTP 参与到 E 国际贸易中，不可避免地会出现更多的侵犯知识产权案件，对知识产权的监管难度将比传统国际贸易更高。E 国际贸易尊重 WTO《与贸易有关的知识产权协定（TRIPS）》的精神和规则，但在具体执行层面可能会涉及新的问题，TRIPS 所涉及的版权、商标、品牌、技术、广告、地理标志等知识产权信息都将以数据化的形式出现，代码、程序、电子著作等数据知识产品将极大量流通。各国必须在 E 国际贸易中，针对知识产品的新形态、适应 eWTP 的知识产权监管机制、数据化侵权的惩戒措施等做出详细规定。

（8）电子支付结算规则。在 E 国际贸易中，订货和付款手续都必须在网上完成，这需要在传统金融支付规则之外，建立完善电子支付规则，包括支付单设计标准、支付平台资质管理、电子结算方式、跨国资金流动监管等各个方面。此外，E 国际贸易结算时涉及结算货币选择，我国可借推广 E 国际贸易模式、帮助其他国家建立 E 国际贸易制度体系、与他国开展 E 国际贸易进口谈判之机，提出将人民币作为主要结算货币的要求，这可成为推进人民币国际化的一条重要路径。

（9）E 国际贸易税收协定。目前各国已明确了对于 E 国际贸易中的跨境数据产品和服务流动免征关税，但对基于 eWTP 的货物贸易，尚未明确税收规则。在 WTO 框架下，各国已签署了大量传统贸易下的避免双重征税协定和防止偷漏税的协定，但由于 E 国际贸易的征税方式与传统国际贸易有很大不同，各国政府需要就 E 国际贸易中避免双重征税和防止偷漏税进行再沟通和协商。E 国际贸易征税方式为 eWTP 代征代缴，各国政府利用 eWTP 可以较为清楚地掌握贸易流向、资金流向及应缴税额情况，税收管理较传统贸易更加便利，但需要在税务信息互换和共享方面进行协商。

（10）争端解决机制。在一般国际贸易中，若出现买方双方纠纷，可按照国际法和通行规则，以国际仲裁或国际诉讼等方式解决。但在 E 国际贸易中，单纯依靠国际法或一国国内法已不能处理纠纷问题，E 国际贸易纠纷处理尚无明确的法律依据。未来各国需要在国际商法框架内，共同研究制定 E 国际贸易法律体系，以此为基础构建适应 E 国际贸易的争端解决机制。E 国际贸易争端解决也不能完全沿用先行 WTO 争端解决机制，现行机制主要为国家间协调机制，E 国际贸易的参与者主要是跨国企业、中小企业甚至个人，国家间争端解决机制并不适用。且传统国际贸易争端解决机制流程繁琐、耗时漫长，不能适应 E 国际贸易快速周转、纠纷快速处理的要求，需要建立公平、高效的纠纷快速处理机制。

（二）推进 E 国际贸易新规则建设的主要步骤

由于 E 国际贸易是一个新生事物，很多国家和国际组织没有概念和感性认识，马上启动 E 国际贸易新规则的整体构建和谈判会令各国感到无的放矢，找不到谈判的核心和着眼点。当前我国在 E 国际贸易领域相对较为领先，可率先完善我国国内针对 E 国际贸易的配套规则和机制，形成示范和样板，让各国看到 E 国际贸易的活力和前景。在我国与重要贸易伙伴的双边谈判中，加入 E 国际贸易规则内容，开展对等谈判，使其接受我国在 E 国际贸易实践中逐渐形成的发展经验。可在 G20、APEC、“一带一路”、金砖合作、RCEP、中国—东盟自贸区等各多边平台上，推动我国主导设计的 E 国际贸易规则得到更多国家认可。最终上升至全球层面，形成全球认可的国际新规则。因此，建立 E 国际贸易国际新规则总的思路是先国内，再双多边，由下而上，由内而外，最终形成世界各国认可的新规则体系。

1. 国内率先在 E 国际贸易进口领域构建新规则体系

近年来，我国跨境电子商务发展越来越快，跨境 B2B、B2C、B2B2C、C2C、M2C 等贸易形态不断兴起，跨境进口、跨境出口规模不断扩大。未来可在我国跨境电子商务发展的基础上，结合跨境电商新政契机，研究在我国国内率先构建 E 国际贸易规则体系，国内逐步建成后再考虑向其他国家和地区复制规则和模式。E 国际贸易的规则体系包罗万象，其中最核心的是监管规则，既要保证 E 国际贸易高效有序运转，又要对各贸易环节实现有效控制、防范风险。在国际贸易中，出口国政府为促进出口，除关键产品、紧缺物资、战略性商品外，一般不会对贸易设置严格的监管条件，监管责任更多地落在进口国政府身上。在E 国际贸易出口中，我国很难在短期影响到进口国政府的监管方式，因此当前我国在国内能够做的，只能是在 E 国际贸易进口领域进行监管方式创新。我国当前可以 B2B2C 为基础，构建有利于 E 国际贸易进口的监管体系。未来以该体系为范本，以中国庞大的进口市场为筹码，与各国开展双边或多边对等谈判。如果国外商品想通过 E 国际贸易进口通道进入中国，国外就必须复制中国的监管模式和规则体系，允许中国产品以相同的方式出口到国外，实行对等开放。

2. 与重要贸易伙伴开展双边谈判将国内 E 国际贸易进口规则向外复制

伴随着我国国内 E 国际贸易进口规则的逐步完善，可以将我国广阔的消费市场作为筹码与各国开展对等谈判，将我国 E 国际贸易的进口规则和监管体系同步复制到国外去。特别是在 B2B2C 模式、新型海关监管制度、检验检疫制度、结算付汇制度等方面向世界各国推广，基于中国经验形成世界各国认可的国际规则。

3. 利用各多边合作平台向外推广 E 国际贸易规则体系

我国除与各主要贸易伙伴开展双边谈判，向国外复制 E 国际贸易规则外，也可利用 G20、APEC、“一带一路”、RCEP、金砖国家合作、中国—东盟自贸区升级版、中日韩、中非合作机制、中国—南美合作机制等多边机制和平台，向全球推广 E 国际贸易。可将 E 国际贸易谈判纳入“一带一路”框架内，向“一带一路”沿线国家和地区重点推介 E 国际贸易，打造“网上丝绸之路”“数字丝绸之路”“信息丝绸之路”。对边推广内容与双边相似，也可重点围绕监管模式、检验检疫、数据共享、技术对接、结算货币选择等开展对等谈判。多边谈判由于涉及主体多，各主体利益诉求各有不同，谈判难度较双边更大。开展多边谈判要注意做好多边中关键国家的工作，可在与其中关键国家双边谈判取得一定实质成效的基础上开展多边谈判，把关键国家为抓手和着力点，不断推动 E 国际贸易规则向其他国家推广。

4. 和有关国际组织合作制定 E 国际贸易的具体规则

E 国际贸易规则中，除与各国政府共建的监管规则外，还有一些实际运行中的操作规则，涉及一些国际组织，需要与之开展谈判。

（1）万国邮联。国际邮递是 E 国际贸易的一种主要物流方式，根据各国海关和万国邮联规则，一定金额以下邮递可免除海关检查，予以快速通关，因此各国海关基本不掌握小金额邮递货品相关信息，这就要求各国政府必须与国际邮联开展合作协商，将邮递的商品信息、物流信息也向各国综合监管平台共享，为监管提供便利。同时，万国邮联具有国际邮费标准定价权，事实上正在成为国际邮递市场的垄断组织，我国及各国政府可共同与国际邮联开展谈判，明确定价标准。如果国际邮联随意提高收费标准，可允许我国邮政与主要国家邮政开展双边定价谈判，以中国市场优势协商建立较低的邮递价格标准，倒逼国际邮联降价降费。

（2）国际卡组织。目前国际信用卡结算领域基本被 Visa 和万事达两大机构所垄断，结算手续费较高。且国际卡组织一般来说有 21 天左右的资金沉淀期，不利于 E 国际贸易的实时结算，会大幅增加 E 国际贸易企业成本。我国一方面应与国际卡组织开展缩短结算周期和降价降费谈判，另一方面鼓励中国银联扩大市场份额，与 Visa 和万事达开展竞争。

（3）国际快递集团。目前在国际海运市场已基本形成完全竞争格局，竞争较为充分，海运定价较低。但在国际快递市场，仍然呈寡头垄断格局，UPS、FedEx、TNT、DHL 等巨头控制国际快递市场大部分份额，他们能够联合制定较高的快递价格，这会大幅提升 E 国际贸易成本。我国及各国政府一方面可与国际快递巨头进行降费谈判，另一方面推广保税备货等新的 E 国际贸易形式，以国际海运物流替代快递物流。同时鼓励中国快递企业“走出去”，实现全球布局，对四大快递巨头形成竞争压力。

（分报告七撰稿人：中国国际经济交流中心梅冠群）

分报告八

促进E国际贸易发展的相关建议

应充分认识基于互联网的下一代国际贸易方式变革的重大意义，尽快将支持E国际贸易发展上升为国家重大战略，用新思维对新贸易方式进行顶层设计和长远谋划，建立与E国际贸易相适应的体制机制，形成支持E国际贸易发展的政策体系，培育全球最优的E国际贸易生态体系。加强与国际组织沟通与合作，把E国际贸易作为中国提供给世界的重要新型公共产品，积极构建eWTP，建立中国主导的E国际贸易规则，优化促进E国际贸易发展的国际环境，抢占E国际贸易发展的制高点和话语权，形成先发优势，为经济全球化和国际贸易自由化注入新动力。发挥E国际贸易的杠杆作用，推动我国由贸易大国走向贸易强国，从“中国制造”向“中国创造”转变，从经济大国向经济强国转变。

一、把支持E国际贸易发展作为国家重大战略

E国际贸易具有重大意义，有望成为国际贸易的主导趋势，将推动WTO标准、规则的优化和变革，将推动国际货币基金组织SDR结算体系的完善和变革，将推动万国邮政联盟的职能变革，有望改善全球经济治理体系，推动世界经济格局发生重大转变。E国际贸易还有望推动定制化生产，推动消费者成为价值创造者，催生新经济和新业态，加速经济转型升级。不能用想当然、大概其代替对未来的准确判断，不能用局部替代整体，谁能提前谋划和设计，谁就能抓住E国际贸易兴起的巨大机遇，形成先发优势，掌握主导权和话语权。支持E国际贸易发展并形成一个事半功倍的智慧设计，有利于为我国企业提供参与国际竞争

与合作的新机遇，打破国外跨国公司垄断国际贸易渠道的格局，拓展国际市场，提高我国在国际贸易中的主导权和话语权，抢占制高点，形成我们的先发优势。

（一）充分认识 E 国际贸易引发的重大变革和战略价值

党的十九大报告提出，拓展对外贸易，培育贸易新业态新模式，推进贸易强国建设，形成面向全球的贸易、投融资、生产、服务网络，加快培育国际经济合作和竞争新优势。当前，我国处于建设贸易强国的战略机遇期，但也面临诸多挑战。国际形势正在发生深刻复杂变化，世界正处于大发展大变革大调整时期，世界多极化、经济全球化、社会信息化、文化多样化深入发展，各国相互联系和依存日益加深；同时，世界面临的不稳定性突出，逆全球化思潮兴起，美国的外交和经济政策全面转向“美国优先”，甚至要求世贸组织抛弃以往成果从零开始。世贸组织正在遭遇其成立以来最严重的危机，围绕传统国际贸易理念、规则和标准的纷争愈演愈烈，“剪不断，理还乱”。未来国际贸易竞争的焦点不仅在于存量更在于增量。《亚太经合组织第二十五次领导人非正式会议宣言》指出，欢迎通过《APEC 互联网和数字经济路线图》和《APEC 跨境电子商务便利化框架》，将考虑采取电子商务、数字贸易等促进互联网和数字经济的行动。国际贸易方式在互联网、物联网、大数据、云计算和智能技术快速发展的推动下，业态正在并将发生颠覆性变化，形成下一代贸易方式——E 国际贸易。

E 国际贸易改变了以线下订单交易为主的传统国际贸易的交易方式，使国际贸易转为越来越多的网上交易；E 国际贸易改变了以 B2B 为主的传统国际贸易的贸易渠道，转为更多地依赖 B2B2C 和 B2C 等贸易渠道；E 国际贸易改变了以跨国公司为主的传统国际贸易的贸易主体，转为推动更多的中小企业参与国际贸易；E 国际贸易改变了国际贸易的贸易福利分配格局，贸易福利从大企业和中间商更多地转向中小企业和消费者。

E 国际贸易使单一、分散的个体生产者、中间商和消费者获得或共享更多、更便捷的信息、资源和服务，并汇集成若干生产者、中间商和消费者选择的集成，将打破传统的地理行政疆界，打破传统贸易的“不自由和不公平”，使无形网络链接成为国际经济与贸易联系的推进器，重塑国际贸易规则和全球治理体系，继续推动国际贸易朝着普惠、公平、自由、便利、共享的方向发展。E 国际贸易将对现有的国际贸易规则标准和监管框架带来巨大的冲击和挑战，也为发展中国参与国际贸易规则谈判与制定带来了巨大的机遇，推动形成以 E 国际贸易为代表的新型国际贸易框架与治理体系，在新一轮全球化竞争中把握主动权与主导权。

E 国际贸易通过新一轮信息与数字技术将加速全球价值链、产业链、供应链、服务链、资金链和数字链的融合发展，具有旺盛的生命力和广阔的发展前景。互联网技术、物联网技术、支付结算技术、监管技术的持续创新克服了阻碍基于互联网的下一代国际贸易方式发展的交易、支付、信用等障碍。例如，“三单比对”（交易单、支付单、物流单）解决了信用问题，既保证了国际贸易的真实性，又促进了开展国际贸易企业间的资金融通。全球领先的移动互联网调查机构艾媒咨询 2017 年 1 月发布的《2016—2017 中国跨境电商市场研究报告》显示，2016 年中国进出口跨境电商整体交易规模达到 6.3 万亿元，同比增长 23.5%，2017 年中国进出口跨境电商整体交易规模预计将达到 7.5 万亿元，2018 年预计将达到 8.8 万亿元。阿里研究院与埃森哲咨询公司 2015 年 6 月在北京联合发布的《全球跨境 B2C 电商趋势报告》称，近年来全球跨境 B2C 电商年均增长高达 27%，将使全球市场规模由 2014 年的 2300 亿美元升至 2020 年的近 1 万亿美元。同时，消费升级的加速发展和跨境网购消费群体的崛起将为 E 国际贸易发展注入不竭的动力。新兴经济体的消费升级将促进 E 国际贸易蓬勃发展。《新兴经济体发展 2017 年度报告》显示，2016 年新兴经济体（E11）的经济总量占全球的份额由2010年的24.6%上升到2016年的29.6%，上升了3个百分点。新兴经济体中产阶级不仅数量在增加而且购买力也在持续跃升。2015年3月26日，经济学人智库（Economist Intelligence Unit）发布的全球报告显示，受益于庞大的人口数量以及经济增长，到2020年，中国资产规模在10万美元至200万美元的阶层所持有的金融资产总量将达到53万亿美元，而届时美国同类人群的资产总规模将达27万亿美元，而2014年美国新富阶层的资产总量为23万亿美元，较中国新富阶层的总资产高出18%。新富阶层代表了世界经济中一个日益重要的现象，32个国家的新富阶层目前在全球拥有88万亿美元的资产，预计年复合增长率为7.1%，到2020年资产规模将达到145万亿美元。同时，新富阶层对价格的敏感性不断下降而对品质的要求逐渐提升，消费从标准化、大众化进入个性化、定制化的消费阶段。具有跨境网购经验的消费者已初具规模。研究发现，欧盟国家消费者跨境网购经验丰富，普遍高于其他地区，与地缘经济和网络购物平台选择较多有关。中国和印度消费者虽然参与跨境电商购买的比例相对较低，但想参与跨境网络购物的消费者占比很高，是下一代国际贸易的潜力消费群体。虽然对于本国商品能够基本满足需求的美国以及民族保护主义观念比较强烈的日本和韩国，具有跨境网购意愿的消费者相对占比较低，但是随着互联网在各个国家普及度越来越高，成熟的网购消费者人群会逐渐壮大，消费者参与跨境网络购物的数量将越来越多，基于互联网的下一代国际贸易方式将迎来快速发展期。无论从规模还是增长速度来看，基于互联网的下一代国际贸易方式正进入快速成长期。《全球跨境B2C电商趋势报告》显示，跨境B2C电商消费者总数将由2014年的3.09亿人增加到2020年的9亿多人，年均增幅超过21%，将形成一支强劲的消费大军。同时，在适龄人口中，近2/3的人群在电商平台购物。2016年中国海淘用户规模达到0.41亿户，同比增长78.3%，预计2018年将达到0.74亿。未来几年基于互联网的下一代国际贸易交易额的增长将主要由跨境消费者数量的增加而驱动。

（二）把支持 E 国际贸易发展作为推动中国由贸易大国走向贸易强国的重大战略

虽然世界范围内逆全球化思潮兴起，贸易保护主义抬头，以 WTO 为主导的多边贸易谈判进展缓慢，全球贸易投资低迷，世界经济和全球贸易面临着诸多不确定性因素，但是 E 国际贸易将引领国际贸易发展潮流，为经济全球化注入新动力。我国在 E 国际贸易发展中具有先发优势，有可能在 E 国际贸易发展中占领制高点，这对中国是重大战略机遇，借此可成为新型全球化的倡导者和引领者，在全球经济发展和全球治理中发挥越来越大的作用。

中国应抓住 E 国际贸易快速发展的机遇，设计出让国家、企业、消费者共赢的制度安排，规范和完善蚂蚁搬家式的边境走私、海淘代购、国际邮快递等行为，牵动消费回流和扩大出口，促进一般贸易转型升级，突破以美国为首的新贸易保护主义对我国设障导致的我国国际贸易发展的新瓶颈，构建中国主导的全球价值链。大力发展 E 国际贸易将改变全球贸易主体结构及利益分配格局，有利于全球中小企业发展。特别是对于中国这样的制造业大国，可以摆脱对海外大买家的依赖，让渠道扁平化，使同样的产能获得更大的收益。大力发展 E 国际贸易有利于推动中国由贸易大国向贸易强国转变，有利于促进从“中国制造”向“中国创造”的转变。大力发展 E 国际贸易有利于在巩固“中国制造”地位的同时，引导国内外资本更多地流入价值链中技术含量较高的经济活动，提升处于“微笑曲线”两端的设计、研发、营销等能力，加快技术、品牌、服务出口，实现由“中国制造”向“中国创造”和“中国服务”的转型升级。通过 E 国际贸易树立品牌，建立渠道，还有利于提升企业的国际竞争力和产品的附加值，推动我国经济转型升级。

（三）把扶持跨境电商发展作为当前促进 E 国际贸易发展的重要抓手

目前，已经到了系统总结跨境电商试点城市和跨境电子商务综合试验区经验的时候。应尽快研究杭州、天津、上海、重庆、合肥、郑州、广州、成都、大连、宁波、青岛、深圳、苏州、福州、平潭共 15 个跨境电商试点城市和跨境电子商务综合试验区的成功做法，及时地将成功经验复制到全国，推动跨境电商快速发展。

行业政策体现了相关主管部门对该行业发展的导向性意见，需要尽快系统总结跨境电商零售进口政策的经验与问题，提供系统化的解决方案。一是需将跨境电商零售进口商品的性质定义为“个人物品”，不受制于一般贸易的监管，按照个人物品监管，从检验检疫这块为进口电商打开一道“口子”。二是需要创新跨境电商监管方式，研究出一套更符合全球贸易发展趋势的跨境电商监管制度。三是加强对跨境电商诚信经营的监管，以诚信信息互通为重点推动各监管部门之间的信息共享、监管互认、执法互助，改进跨境电商统计制度，营造公平竞争的市场环境。四是加强跨境电商质量安全监管，健全消费者权益保护和售后服务制度，落实企业承担质量安全的主体责任，引导跨境电商企业规范经营。五是更好发挥行业组织作用，发挥行业组织在政府与企业间的桥梁作用。六是加大对知识产权的跨国保护力度。

表 8－1　跨境贸易电子商务服务试点城市的主要做法

城市	主要做法
杭州	集“保税进口”与“直购进口”模式于一体的全业务跨境贸易电子商务产业园。提出的“六体系两平台”（信息共享体系、电商信用体系、金融服务体系、统计监测体系、智能物流体系、风险防控体系和线上“单一窗口”及线下“综合园区”平台）在全国复制推广
郑州	提出的“保税备货模式”已作为海关总署“1210 模式”被推广至全国试点城市，也被称为“郑州模式”。“一次申报、一次查验、一次放行”的“三个一”快速通关模式。电商平台 PPP 商业模式全国首创

续表

城市	主要做法
深圳	在全国率先建立起涵盖进出口的跨境贸易电子商务新型海关监管模式，包括建立跨境贸易电子商务专用账册，实行提前备案、保税监管、分类审核、清单验放、汇总核销等，发布了国内首个跨境电子商务地方标准
上海	网上直购进口模式、网购保税进口模式，一般出口模式
重庆	全国唯一具有跨境电商服务四种模式全业务的试点城市：一般进口、保税进口、一般出口和保税出口
广州	“买全球，卖全球”的模式：一般出口（邮件/快递）、B2B2C 保税出口和 B2B 一般出口；B2B、B2C 两种进口渠道。

从跨境电商新政来看，虽然给予了过渡期，但是对于保税进口模式实行的管理最为严格，要求符合正面清单和提供通关单；对于直邮模式，要求符合正面清单；对于邮路模式，则不受上述限制。在保税、直邮、邮路三种跨境电商经营模式中，保税模式由于仓库位于境内海关特殊监管区内，实行 7×24 小时监管，所有交易信息全程电子化可追溯，政府管理最为便利；由于是批量进货，成本在三种模式中最低；由于交易总量大，税收在三种模式中最高；由于保税仓位于境内，物流速度在三种模式中最快，且可以使用国内物流公司。因此，保税模式深受消费者喜爱，发展十分迅速，应是政府倡导的跨境电商模式。然而，跨境电商新政出台后，开展保税模式面临的不确定性最大，企业纷纷调整策略，将境内保税仓开展受限的业务转移到境外仓。从而出现保税业务萎缩、邮件模式增长的新态势。但是邮件业务监管难度大，对众多个人邮件小包裹进行征税难度更大。政府应调整政策导向，强化顶层设计的统一性，明确既有法规制度与先行先试体制创新的融合性，尽快形成支撑 E 国际贸易健康发展的规则、标准和政策体系，研究出一套更符合全球贸易发展趋势的跨境电商监管制度，对跨境保税模式给予最大的支持力度和最宽松的政策环境，既有利于国家税收，又便于政府管理，也将使消费者从中受益。

二、把 E 国际贸易作为向世界提供的重要新型公共产品

随着中国经济体量的增大和世界影响力的上升，E 国际贸易可成为继“一带一路”倡议和亚洲基础设施投资银行之后，中国提供给世界的又一个重量级的新型公共产品，形成新的经济贸易增长点，造福中小企业和广大消费者，造福发展中国家，造福人类。

（一）E 国际贸易是世界贸易进入新一轮增长周期的重要引擎

由于世界经济复苏乏力，自 2012 年以来，世界贸易处于持续低迷状态。根据世界贸易组织的统计，国际贸易增速已从 1990—2008 年年均 7% 降至 2009—2016 年的 3%。2016 年全球整体的出口货物贸易额为 15.464 万亿美元，同比减少 3.3%，进口货物贸易额为 15.799 万亿美元，同比减少 3.2%，全球的总体贸易量在 2016 年同比增长 1.3%，创下了 2009 年以来的最低。不仅如此，世界贸易的增长已经连续 6 年低于世界生产的增长，这是自 20 世纪 80 年代以来世界经历时间最长的贸易停滞。

贸易曾经是世界经济增长的发动机和催化剂，眼下这台发动机已经失去其曾经的功能。过去的历史告诉我们，除非国际贸易恢复较快增长，否则世界经济很难重新焕发生机和活力。

代表下一代贸易方式的 E 国际贸易有利于加快要素跨国界流通的速度，成为创新和引领全球新一轮贸易增长新引擎。虽然目前国际贸易方式仍以一般贸易、加工贸易、小额边境贸易和采购贸易为主，但 E 国际贸易的增速大大高于这四种贸易形式的增速，借助新技术变革和普惠共享模式将全面优化传统贸易流程、改善贸易生态环境、克服制造业产业结构不合理和区域贸易失衡等传统贸易方式的弊端，进而推动世界贸易进入新一轮增长周期。E 国际贸易将依托 E 国际贸易平台抑或新的载体和渠道，将全球范围内分离的生产过程和环节，将单一、分散的生

产商、供应商、中间商和消费者汇聚在一起，形成了前所未有的市场集成力量，包括生产商集成、供应商集成、中间商集成和消费者集成，并由此产生巨大的贸易规模、贸易流量，不同国家之间的经济联系和贸易往来变得比以往任何时候都更加紧密，这是以往任何时期的国际贸易方式都难以想象和达到的，这是国际贸易方式颠覆式演化或变革。

（二）E 国际贸易是推动新型全球化的重要动力

近年来，在国际金融危机的拖累下，欧美主要国家推进全球化的意愿减弱，形成了一股“逆全球化”思潮，并逐渐升级为一些国家的国家意志和政府政策。2016 年发生的英国公投脱欧、特朗普当选美国总统等事件表明，内顾倾向的政策取向越来越有市场，支持开放型经济的力量在减弱。贸易自由化举步维艰，多哈回合谈判历时 15 年之久，成果寥寥，严重损害了多边贸易组织的权威和公信力。全球贸易保护主义抬头，自 2008 年美国金融危机以来，全球经济增长乏力，有些国家为了保护自己的产品市场，纷纷发起贸易保护主义，贸易限制措施有增无减。根据世界贸易组织的报告，2008 年 10 月以来，世贸组织成员已经出台了 2557 项贸易限制措施，到 2015 年底，仍然有效的措施还有 1915 项。全球化向何处去，既关系到我国的发展利益，也关系到世界各国的前途命运。

E 国际贸易可成为引领新一轮全球化的中国方案。虽然世界范围内逆全球化思潮兴起，贸易保护主义抬头，以 WTO 为主导的多边贸易谈判进展缓慢，世界贸易低迷。但是，E 国际贸易既是经济全球化的产物，也是推动经济全球化的加速器，新一轮经济全球化将由于 E 国际贸易发展，更加公平、更加透明、更加自由、更加便利，E 国际贸易与新型全球化相通相容相互催化。E 国际贸易将成为推动新型全球化的重要载体，提高全球的经济互联性，成为直接驱动全球范围社会生产力与生产关系变革的内在动力，为世界经济开辟新的增长道路，成为创新和引领全球经济增长的新动力。E 国际贸易将通过跨国家的生产消费互联、跨国界的个性化定制和跨国界的数据资源共享推动新型全球化发展，为新型全球化集聚新的力量和新的发展势能。E 国际贸易体现新全球化中的经济链接：产业链、供应链、服务链、资金链、信用链和价值链等，创造新的生产模式、管理模式和服务模式，实现更深层次的融合发展。E 国际贸易体现出新型全球化中新经济主体——跨国公司、若干大数据集成系统、平台经济、体现消费者个人主权意识的市场集成方式或组织形式，具有更大的跨国界流通和配置资源的新动能。E 国际贸易将通过催生新业态、新技术、新模式，促进新一轮全球化变得更加公平、更加透明、更加自由、更加便利。

（三）E 国际贸易是推动全球建立普惠贸易的重要途径

近百年来，许多发展中国家曾尝试多种改革手段，企图实现贸易额的快速增长、贸易条件的改善和贸易地位的提升，但一直收效甚微。E 国际贸易带来了新的机遇，并不太多强调国家的天然资源基础而依赖于数据信息技术的开发利用，传统静态不变生产要素在国际贸易中地位下降，信息等动态可变生产要素在国际贸易中地位上升，给包括中国在内的广大发展中国家提供了依托现代信息技术实现“弯道超车”的难得发展机遇。

E 国际贸易能够提升各国对数字时代的适应能力，缩小发展中国家与发达国家的数字鸿沟，解决世界经济增长动能不足、贫富分化日益严重等人类面临的共同挑战，扩大同各国的利益交汇点，推动构建人类命运共同体，建设持久和平、普遍安全、共同繁荣、开放包容、清洁美丽的世界。现代互联网技术、云计算技术大数据和人工智能的广泛应用，跨境快速通关、各国无障碍流通、国际标准和认证认可体系通用的制度保障，智能芯片、射频识别、位置导航、移动互联网、移动支付的技术支撑，将形成 E 国际贸易的巨大杠杆作用，重组产业链、价值链、供应链、服务链、资金链和数字链，打破以往发达国家对全球产业和流通格局的资源垄断。

E 国际贸易为中小企业、消费者提供了更为广阔的发展空间，将推动这些新经济主体成为跨国界流通和资源配置的主力军，促使国际贸易造福更多国家和更大人群。E 国际贸易通过链接更多个性化需求和中小企业创业者的奇思妙想，使整个世界日益社会化、大众化、集群化、平台化和社区化，将全球分散的消费需求变成一种市场集成，推动增进全球消费互联，促进跨国界的消费者集成、生产商集成、供应商集成、市场集成。E 国际贸易缩短了时空距离，降低了生产、交换、消费关系的依存度，突破了国家、地区及领域的界限和阻碍，依托无国界的消费者互动交流、无国界的个性化定制和无国界数据资源共享等推动消费全球化，推动全球从以生产者为中心的全球生产服务体系向以消费者为中心的生产服务体系转变，消费者选择大大增加，消费者福利得以提升，推动国际市场进入消费者主权时代。

三、培育全球最优的 E 国际贸易生态体系

E 国际贸易是国际贸易的新方式，将成为我国在国际贸易中掌握主动权的重要领域。如果仍用旧的思维、旧的方式、旧的管理手段来适应 E 国际贸易，就会把我们本来有可能占领 E 国际贸易的制高点和国际规则主导权打压下去，在新一轮国际竞争中处于劣势。应根据 E 国际贸易发展和国家整体战略的需要，对 E 国际贸易进行顶层设计，鼓励创新、建立容错机制，对政府职能和管理能力进行系统安排，将 E 国际贸易定义为一种新贸易方式，在自由贸易试验区设立先行先试的 E 国际贸易试验区，逐步建立更为超前、带有引导新业态发展、抢占全球制高点的体制机制，培育全球最优的 E 国际贸易生态体系，形成促进 E 国际贸易发展的先发优势。

（一）将 E 国际贸易定义为一种新贸易方式

目前，我国的国际贸易监管方式已不适用 E 国际贸易的发展要求，应借鉴促进加工贸易发展的成功经验，在跨境电商 9610、1210 两种模

式的基础上，将 E 国际贸易定义为一种新贸易方式，赋予一个新的贸易代码，并围绕这个贸易代码建立一套线上交易、结算、结汇、货物交付的管理流程。这一政策的出台将是我国对跨境电商监管模式做出的重大创新，将显著提升我国企业的贸易优势。一是效率优势：减少中间环节、降低贸易成本和国际物流成本。二是监管优势：将大量零散的个人采购和运输行为变成集中采购和运输，进入国家监管区域，通过“三单合一”等制度安排掌握有关信息和数据，完善贸易统计，保障国土和检疫安全，有效实行监管。三是消费体验优势：缩短收货等待时间，提升客户体验。

专栏 8 –1　加工贸易及相关扶持政策

改革开放 30 多年来，我国加工贸易从无到有、从小到大，成为对外贸易的主要方式和开放型经济的重要组成部分。对于刚刚实行改革开放的我国而言，加工贸易政策的出台和完善有着特别重要的意义，它在普遍贸易管制和数量限制条件下创出了一片新天地，享有准自由贸易安排的小环境。特别是“三来一补”的引入，不仅发挥了向港澳台地区开放的桥梁、窗口作用，而且为吸收外商投资的顺利起步创造了条件。

《中华人民共和国海关加工贸易货物监管办法》（海关总署令〔2014〕219 号）规定，加工贸易是指经营企业进口全部或者部分原辅材料、零部件、元器件、包装物料（以下简称料件），经加工或装配后，将制成品复出口的经营活动，包括进料加工、来料加工。加工贸易先后经历了来料加工为主（1978—1987 年）、进料加工稳步发展（1988—2000 年）、调整升级（2001 年以后）三个主要阶段。加工贸易成为推动我国对外贸易发展的重要动力，当 1988 年全面加工贸易保税制度正式生效时，加工贸易进出口占我国进出口总额的 1/4，到 1992 年已升至 43%，到 1995 年已占出口总额的一半以上。

1978 年 7 月国务院发布《开展对外加工装配业务试行办法》，先在广东、福建、上海等地试行经过贸易特殊政策，允许加工装配所需原材料、零部件、设备的进口，一律免征关税、工商税。1979 年 9 月，国务院发布《发展对外加工装配和中小型补偿贸易办法》；同年，国务院还发布了《以进养出试行办法》，鼓励国有外贸公司专门用进口料件加工装配以扩大出口。1980 年，国务院在《关于〈广东、福建两省会议纪要〉的批示》（中发〔1980〕41 号文）中规定：海关的管理和关税的减免，在保证中央集中统一的前提下，应给两省一定的灵活性；经济特区所需的机器设备、零配件、原材料等生产资料允许免税进口。1988 年，海关总署发布了《进料加工进出口货物管理办法》，加工贸易保税制度从国家制度层面正式确立。这一系列政策打破了计划经济时期的经济管理和外贸管制的体制障碍，对加工贸易实行了特殊的海关监管政策，促进了加工贸易的迅猛发展。

专栏 8－2　9610 与 1210

1. 9610 与 1210 的目的、内涵和要求

（1）9610 诞生——海关总署 2014 年 12 号公告。为促进跨境贸易电子商务零售进出口业务发展，方便企业通关，规范海关管理，实现贸易统计，决定增列海关监管方式代码“9610”，全称“跨境贸易电子商务”，简称“电子商务”，适用于境内个人或电子商务企业通过电子商务交易平台实现交易，并采用“清单核放、汇总申报”模式办理通关手续的电子商务零售进出口商品（通过海关特殊监管区域或保税监管场所一线的电子商务零售进出口商品除外）。以“9610”海关监管方式开展电子商务零售进出口业务的电子商务企业、监管场所经营企业、支付企业和物流企业应当按照规定向海关

备案，并通过电子商务通关服务平台实时向电子商务通关管理平台传送交易、支付、仓储和物流等数据。

（2）1210 诞生——海关总署 2014 年 57 号公告。为促进跨境贸易电子商务进出口业务发展，方便企业通关，规范海关管理，实施海关统计，决定增列海关监管方式代码“1210”，全称“保税跨境贸易电子商务”，简称“保税电商”。适用于境内个人或电子商务企业在经海关认可的电子商务平台实现跨境交易，并通过海关特殊监管区域或保税监管场所进出的电子商务零售进出境商品（海关特殊监管区域、保税监管场所与境内区外（场所外）之间通过电子商务平台交易的零售进出口商品不适用该监管方式）。“1210”监管方式用于进口时仅限经批准开展跨境贸易电子商务进口试点的海关特殊监管区域和保税物流中心（B 型）。以“1210”海关监管方式开展跨境贸易电子商务零售进出口业务的电子商务企业、海关特殊监管区域或保税监管场所内跨境贸易电子商务经营企业、支付企业和物流企业应当按照规定向海关备案，并通过电子商务平台实时传送交易、支付、仓储和物流等数据。

2. 9610 与 1210 的共同点与不同点

（1）9610 和 1210 都是“监管方式代码”。进出口货物海关监管方式是以国际贸易中进出口货物的交易方式为基础，结合海关对进出口货物的征税、统计及监管条件综合设定的海关对进出口货物的管理方式。这里需要强调的是监管方式是对“货物”的管理方式，“个人物品”是没有监管方式的，也不需要监管方式代码。

（2）代码分类不同。由于海关对不同监管方式下进出口货物的监管、征税、统计作业的要求不尽相同，因此为满足海关管理的要求，通关管理系统的监管方式代码采用四位数字结构。其中前两位是按海关监管要求和计算机管理需要划分的分类代码，后两位为海关统计代码。“96”应该代表“跨境”，“12”应该代表“保税”，

“10”在统计代码里是“一般贸易”。

(3) 个人物品监管是不用“监管方式”的。所以 9610 和 1210 与是否个人物品无关、与是否行邮税也无关，有“监管方式”就表示是货物。9610 适用于“清单核放、汇总申报”模式，所以目前只适用于“一般出口”试点模式；1210 不适用于“海关特殊监管区域、保税监管场所与境内区外（场所外）之间的零售进出口商品”，所以目前其实只适用于“保税进口”一线进区申报。

(4) 都是跨境试点专用的监管方式。参与企业必须做试点备案，并且通过“通关服务平台”实现“三单”数据传输。

(5) 1210 的适用范围限制。“1210”用于进口时仅限经批准开展跨境贸易电子商务进口试点的海关特殊监管区域和保税物流中心（B 型）。海关特殊监管区域包括保税区、出口加工区、保税物流园区、跨境工业园区、保税港区和综合保税区。上海保税进口试点在自贸区，属于海关特殊监管区域；杭州保税进口试点在出口加工区；宁波保税进口试点在宁波保税区；郑州保税进口试点在保税物流中心（B 型）和新郑综保区；重庆保税进口试点在两路寸滩保税港区；广州保税进口试点在南沙保税港区和白云机场综保区；深圳保税进口试点在前海湾保税港区。这些都属于海关特殊监管区域或保税物流中心（B 型）。“保税仓库”属于保税监管场所，是不属于 1210 监管方式范围内的。

（二）设立 E 国际贸易试验区

可考虑在条件成熟的上海、广东、河南、浙江等自由贸易试验区设立 E 国际贸易试验区，推动建立 E 国际贸易的统一际准，实现跨境电商平台之间的标准统一、互通互认。E 国际贸易试验区应重点在以下三个方面进行试点。

第一，探索建立 E 国际贸易的统一标准。除基础架构、数据互通的技术标准外，还需要从业务角度和服务供应链角度推动建立统一的标准，比如市场准入、支付服务、物流服务、纠纷解决、产品描述、质量认证、风险控制等相关标准，打通国际因标准不统一造成的贸易障碍。

第二，探索建立 E 国际贸易诚信安全机制和利益保障机制。建立健全 E 国际贸易纠纷处理标准流程、处理规范、处理尺度以及问题产品召回机制，保障买家利益。对于卖家的不良交易行为，如提供虚假信息进行认证或在交易过程中进行作弊、欺诈等严重违规行为导致平台或用户受损，可对这类商户的信息统一进行“黑名单”登记，共享于各个平台进行联防联控。探索建立 E 国际贸易买家身份识别机制，记录买家购买历史数据，并建立诚信档案，对于有恶意购买行为的买家应共享给各个电商平台及商户，避免反复“作案”伤害商户利益，导致商户流失。对于恶意发起交易纠纷或拒付的买家，允许国际仲裁机构介入调查，协助国内商户解决交易纠纷并追讨货款。

第三，探索建立 E 国际贸易知识产权保护体系。一方面，加强保护海外商家的知识产权。另一方面，积极推动国内中小企业申请注册自有品牌，将中国制造向海外积极推广，帮助国内中小企业从代工厂转型为拥有自主知识产权的企业，并对国内自有品牌的企业进行知识产权保护。

通过设立 E 国际贸易试验区推动制度创新、管理创新、服务创新，着力破解制约 E 国际贸易发展的深层次问题和体制性难题，打造 E 国际贸易完整的产业链和生态链，探索建立统一的产品质量标准、服务标准、监督管理标准等，逐步形成一套适应和引领跨 E 国际贸易发展的管理制度和规则标准，形成推动 E 国际贸易可复制、可推广的经验，促进 E 国际贸易持续健康发展。

专栏 8－3　杭州综试区打造全球首个 eWTP 实验区

2017 年 1 月 9 日，杭州市跨境电商综试办联合杭州海关、省外汇局、杭州检验检疫局和杭州市国税局举办杭州综试区“六体系两平台”新闻发布会，在发布会上表示，将把“六体系两平台”打造成全球第一个“eWTP 实验区”，为“国际网络贸易中心城市”提供实验平台。“eWTP 实验区”的工作已经展开，致力于推动全球范围内企业之间、企业与政府之间就跨境网络贸易开展合作。“六体系两平台”即信息共享体系、电商信用体系、金融服务体系、统计监测体系、智能物流体系、风险防控体系和线上“单一窗口”及线下“综合园区”平台。

一、在信息共享体系上，杭州综试区建立了“单一窗口”综合服务平台，打通“关”“税”“汇”“检”“商”“物”“融”之间的信息壁垒，实现监管部门、地方政府、金融机构、电子商务企业、物流企业之间信息互联互通。制定了全国首个跨境电子商务 B2B 出口认定标准、申报流程，企业只要点点鼠标，报关、报检、退税、结汇等流程便能轻松完成。目前，报关企业可“一地注册、全国报关”，企业出口货物申报时间从 4 月的 4 小时缩短到目前的平均 1 分钟。另外，“单一窗口”平台已经与阿里巴巴、中国制造、大龙网、敦煌网四大跨境电商 B2B 平台的数据联调对接。

二、在建设电商信用体系上，杭州综试区建立跨境电商信用数据库，提供电商主体身份识别、电商信用记录查询、商品信息查询、货物运输以及贸易信息查询等信用服务；将监管部门的信用评级和第三方信用服务评价相结合，探索建立信用认证和综合评价体系；从企业外部环境、企业资质、经营管理、历史信用记录、发展前景、企业财务状况、企业实体考察等七个方面出发，结合政府部门数据，构建跨境电商信用评级指标体系，对企业实施分级分类管理，对风险程度较低的信用风险予以警示发布，对信用程度差，存在重大失信行为的企业和个人，列入信用管理负面清单；整合产品上下游供应链，与跨境电商企业共建跨境电子商务溯源体系。

三、在智能物流体系上，杭州综试区整合跨境物流资源，实现运能最大化，通过增加新航线、新设接转专线、增加来往卡班、水陆空联运等方式，延长长三角区域城市和综试区跨境园区的一体化物流通道，加快进口水果、肉类指定口岸建设；建设机场航空物流平台，实现与航空公司、海关系统以及部分货代系统的互联互通，航空物流相关节点实现管理全程信息化；涌现出海仓科技的智能化高效库区和个性化 WMS 仓储管理系统、圆通速递的全网使用基础性业务操作平台——金刚系统及菜鸟自主研发的大宝仓储管理系统等一批创新示范型企业；鼓励跨境电商物流企业将自动化、可视化、可控化、智能化成果运用到物流系统中，出台海外仓扶持政策，积极与国际龙头企业合作推进跨境物流项目建设。

四、在创新金融服务体系上，开展跨境电商线上融资及担保方式创新试点，联合中国出口信用保险公司浙江分公司推出“跨境保”产品，为跨境电商企业量身定做收款安全保障方案；简化名录登记手续，电商企业通过综试区“单一窗口”平台一次性办理外汇局名录登记；推进支付机构跨境外汇支付业务试点，将试点支付机构办理企业跨境电商货物贸易项下单笔交易限额由等值5万美元提高到等值20万美元；简化个人电商开立外汇结算账户程序，境内个人电商在“单一窗口”备案后可开立外汇结算账户，不受个人年度等值5万美元结售汇总额限制；联合中国建设银行设立“跨境电子商务金融中心”，并率先与杭州跨境电商综试区“单一窗口”平台数据对接，实现账户管理、支付结算、结售汇、监管信息报送等标准化服务。

五、在风险防控体系上，杭州市政府出资与阿里巴巴合作共建了跨境电商信用保障资金池，给供应商背书，引导企业通过诚信经营积累信用，为 4000 家以上杭州企业提供超过 8.5 亿美元的信用保障额度；联合金融机构，搭建符合跨境电子商务特点的金融账户体系；对接杭州市市场监管局征信系统，依据企业诚信记录，从源头监控企业主体风险；与杭州市公安局合作对消费者个人信息进行印证与追溯，确保市场交易主体的真实性；发挥阿里巴巴的平台作用，建立海外买家征信体系，并将物流、验货等跨境环节纳入风控体系中；针对跨境电商产业快速发展过程中暴露的纠纷等问题，联合杭州市中院组建中国首个"互联网法庭"，通过法律手段加强风险监管力度，探索争端解决机制；建立跨境电商商品质量安全国家（杭州）监测中心，通过国际"互认机制、采信机制、追溯机制、预检机制"，应用于进口敏感产品的监管实践，把控产品质量安全风险，率先制定全国首个地方性法规《跨境电商促进条例》。

六、在统计监测体系建设上，探索以申报清单、平台数据等为依据进行统计、管理的统计监测新模式，建立"中国（杭州）跨境电子商务数据监测制度"；完善跨境电子商务应用企业备案制度，完成"单一窗口"平台统计模块建设，探索建立交易主体信息、电子合同、电子订单等标准格式和跨境电子商务进出口商品的简化统计分类标准以及跨境电子商务多方联动的统计制度，为全国跨境电子商务统计体制机制建设提供经验，建立并发布全球首个"跨境电子商务指数"，探索行业统计标准。

七、在"单一窗口"建设上，已完成"单一窗口"平台建设、数据支撑、业务应用等三大类 30 多项模块开发并投入使用，已有近 6000 家电商和平台企业备案；提升跨境电商企业出口退税管理类别，推进税收便利化管理，对于纳入"单一窗口"的外贸综合服务企业，符合要求被评定为一类或二类的出口企业，可使用增值税专用发票认证系统信息审核办理退税，之后再用稽核信息进行复核。对出口退税实行"无纸化管理"，电商企业进行出口退（免）税正式申报时，只需提供通过税控数字证书签名后的正式电子数据，原规定向主管税务机关报送的纸质凭证和纸质申报表留存企业备查。对纳入杭州跨境电商综试区“单一窗口”平台、规模较大、从事 B2B 业务的跨境电商企业，争取适当提升出口企业分类管理类别。

八、在综合园区建设上，建成上城、下城、江干、拱墅、西湖、滨江、临安、余杭等 13 个跨境电商园区，总面积达 323 万平方米，入驻企业 2188 家。杭州跨境电商综试区“一核、一圈、一带”总体布局基本形成。跨境电商 B2C 领域，集聚了速卖通、天猫国际、苏宁易购、母婴之家、网易考拉、银泰网等跨境电商零售进出口企业；B2B 领域除阿里巴巴国际站外，敦煌网、大龙网等跨境 B2B 平台也落户杭州；综合服务领域集聚了一达通、融易通等外贸综合服务企业，顺丰速运、东航物流、中外运、网仓科技、富垣昌等报关及仓储物流等供应链企业，支付宝、连连银通、网易宝、贝付科技、PingPong 等第三方支付企业，以及跨境代运营、大数据运营等第三方服务企业。综合园区依托于跨境电商生态系统，为跨境电商企业提供通关、金融、物流、人才等一站式综合服务，发布全国首个跨境电商人才标准。

（三）实行负面清单制度

2017 年中央政府工作报告提出，全面实行清单管理制度，制定国务院部门权力和责任清单，扩大市场准入负面清单试点，减少政府的自由裁量权，增加市场的自主选择权。清单管理制度，尤其是负面清单制度，是我国自由贸易试验区制度创新的最大亮点，催生出一系列制度创新。对 E 国际贸易采取负面清单制度，有利于重塑政府与社会、政府与企业之间的关系边界，代表着一种法无禁止即可为的全新思维模式，使减少政府的自由裁量权、增加市场的自主选择权成为可能，是进一步转变政府职能和激发市场活力的催化剂，有利于促进 E 国际贸易持续健康发展。由于模式创新、商品多元，E 国际贸易企业提供的大多是海外最新的平价优质商品，如化妆品、护肤品、保健品等，受到首次进口、许可备案的规定，几乎所有在售商品都不在《跨境电子商务零售进口商品清单》中，根据规定，无法通过跨境电商模式销售，将被迫转移至境外仓，通过邮件路径送到国内消费者手中。过去几年，在跨境电商试点阶段，可售商品的范围一直遵循一线检疫工作的“负面清单”制度，试点取得的成绩表明：一方面，对于管理部门来说，物品在国内流通环节全程可追溯，风险可管可控；另一方面，很好地满足了国内消费者对海外商品的个性化需求，这一增量市场发展健康迅速。同时，从税收角度看，在新的跨境电商税制下，如果改正面清单为负面清单，将极大地丰富可销售产品范围，从而显著增加国家税收。

（四）优化现行许可制度

根据跨境电商新政，进口化妆品、保健品将参照国内现行许可审批制度进行管理。由于审批周期较长，客观上不利于消费者购买流行性季节性商品。国家开展跨境电商试点的本意是促进消费回流，事实上，有很多消费者由于跨境电商模式的便利性以接近国外的价格买到境外商品，不再去国外消费。如果使用审批备案制度，将可能让国内消费者倒退回到出境购买。应针对消费者的实际需求，结合跨境电商的特点，进一步优化新款化妆品、保健品等的审批备案流程，优化行政许可审批制度，改变“获批就过时”的窘境。

（五）完善大通关机制

复制推广郑州新郑综合保税区的海关监管经验，进一步完善“大通关”机制，构筑多部门紧密合作平台，创新大通关协作模式，加快建设国际贸易“单一窗口”，着力提高“大通关”效率。推广纵向流程集成和横行流程集成形成的单一窗口的服务模式、自动分拨分拣系统，探索解决跨境电商面临的国际关务危机、商业服务标准欠缺等核心问题。在进一步完善跨境电子商务进出境货物、物品管理模式、海关进出口通关作业流程的基础上，大力完善商品进出关管理机制。一是完善 E 国际贸易进出境货物、物品管理模式，鼓励外贸综合服务企业为 E 国际贸易企业提供通关、物流、仓储、融资等全方位服务。二是精简检验检疫监管流程，对 E 国际贸易进出口商品实施集中申报、集中查验、集中放行等便利措施，在试点城市率先探索 E 国际贸易经营主体及商品备案管理制度。

四、形成支持 E 国际贸易发展的政策体系

尽管 E 国际贸易是一片蓝海，但是我国小卖家、小买家比较多，还缺乏 E 国际贸易的大卖家、大买家。应深化改革创新，抓紧研究和设计支持 E 国际贸易发展的政策体系，在税收、金融、物流和服务等方面给予企业更多的支持，促进 E 国际贸易企业不断发展壮大。

（一）完善 E 国际贸易税收政策

跨境电子商务零售进口税收新政（《关于跨境电子商务零售进口税收政策的通知》（财关税〔2016〕18 号））实施以来，受到冲击最大的是保税进口模式的商家。在新政前，与传统的进口贸易方式相比，保税进口模式可以以个人物品清关，无需缴纳传统进口贸易 17% 的增值税，在清关过程中检验检疫的环节也相对简化。而根据新政细则，跨境电商零售进口商品将由原来征收的行邮税改为由关税、增值税、消费税组合而成的综合税负。进口商品的单次交易限额从 1000 元调整为 2000 元，跨境商品进口税率有升有降，其中食品、保健品、母婴、日用品类进口从过去的基本免征到现在要缴纳购物总价 11.9% 的跨境税。对税率实施 7 折优惠明确了国家对跨境电商还是鼓励发展的态度。为稳妥推进跨境电商零售进口监管模式过渡，经国家有关部门同意，延长对跨境电商

零售进口有关监管要求给予的过渡期至 2017 年年底（过渡期原计划于 2017 年 5 月 11 日结束）。

专栏 8－4　跨境电子商务零售进口税收政策

财政部、海关总署、国家税务总局 2016 年 4 月 8 日联合发布的《关于跨境电子商务零售进口税收政策的通知》（财关税〔2016〕18 号）规定，跨境电子商务零售进口商品按照货物征收关税和进口环节增值税、消费税，购买跨境电子商务零售进口商品的单次交易限值为人民币 2000 元，个人年度交易限值为人民币 20000 元，在限值以内进口的跨境电子商务零售进口商品，关税税率暂设为 0%，进口环节增值税、消费税取消免征税额，暂按法定应纳税额的 70% 征收；超过单次限值、累加后超过个人年度限值的单次交易，以及完税价格超过 2000 元限值的单个不可分割商品，均按照一般贸易方式全额征税；跨境电子商务零售进口商品的个人作为纳税义务人，以实际交易价格（包括货物零售价格、运费和保险费）作为完税价格。

虽然过渡期延长对跨境电商零售贸易的发展以及后续宽松新政的出台腾出了空间，但是应对跨境电商和一般贸易适用相同的税制，国际贸易使用的 CFR（成本加运费价）、CIF（到岸价）和 FOB（离岸价）三种计价方式已不再适用线上的 B2B、B2C 等跨境电商，应以商品货值为课税主体，只针对商品本身征收关税而不是以现行的实际交易价格作为完税价格，避免在计税过程中叠加税种和重复征税，对实际交易价格包含的进口税和能够单独列明的国内运输费用以及海关特殊监管区域、保税监管场所内发生的个人物品清单申报费用、保险费、仓储费、分拣包装人工费用、包装材料费用、运输费及其相关费用，经海关核定后可予以扣减，从而满足市场需求，更大地使利益惠民，保护企业利益，助推行业发展。

长期来看，跨境电商发展的本质是消费升级产生的对全球商品的需求，相关企业应该在过渡期内提升商品来源的多样性和稳定性、供应链与品类时效的匹配程度，并兼顾个人物品直邮、B2C 直邮、保税仓等多种模式。但是，过渡期延长在一定程度上给跨境电商发展带来了不确定性。由于正式的政策仍未出台，未来跨境电商如何发展仍然模糊，对于投资者来说，由于看不清跨境电商的发展趋势，从而产生惜投心理；而对于经营者来说，不知道未来经营的重点是放在海外仓还是国内保税仓，有可能错失发展机会。

同时，随着国内中等收入群体的不断壮大，消费升级是客观趋势，一些化妆品已由奢侈品转为普通消费品，不适合继续按照“高档”化妆品的高税率来征收消费税，应该进一步优化化妆品的消费税税率。

此外，应加强国际税收协调，明确规范进出口税收政策，加大对逃税漏税商品的抽查和监管，实现税收公平；进一步简化征税环节，更多采用信息化手段，为企业提供更加便利和优质的税收服务；严格落实跨境电商零售出口货物增值税、消费税退税或免税政策，切实降低企业特别是中小微企业税负。

（二）完善 E 国际贸易金融支持政策

鼓励境内银行、支付机构依法合规开展跨境电子支付业务，在加强大额在线交易监测、防范金融风险的基础上，尽量满足境内外企业及个人跨境电子支付需要，提升跨境支付结算的服务能力。鼓励商业银行探索适宜 E 国际贸易发展的贷款模式，为 E 国际贸易企业提供融资、保险等综合金融支持。

鼓励创新保险机制。目前，我国保险产品分为财险类和人保险类，两类产品都不能为 E 国际贸易提供保险服务。现在市面上的跨境电商保险产品，都是上述险种的衍生产品，其风控体系搭建片面，套用财险和人保的模式，不符 E 国际贸易多元化、多品类化、多国家化的属性，对国内卖家和国外买家都不适用。保险在整个E国际贸易环节中十分重要，保险是售后的保障，尤其在中大额交易中对B类买家重复购买率的提升起到关键性作用。建议学习海外保险机构的创新做法，对我国的E国际贸易尤其是中大额的E国际贸易保险问题深入研究，提供解决方案。

（三）完善E国际贸易物流政策

支持企业加大海外建仓力度。2017年中央政府工作报告提出，扩大跨境电子商务试点，支持企业建设一批出口产品“海外仓”，促进外贸综合服务企业发展。目前，海外直邮是跨境中小电商使用的主流模式，“海外仓”作为海外直邮的集货和中转仓正在成为绝大多数进口电商的“刚需”，是突破跨境物流瓶颈的重要方式，有利于以大宗运输替代零散小包的运输，降低物流成本，缩短配送时间，实现供应链效率的提升和本地化。因此，应进一步鼓励致力于降低物流成本、提高配送效率、提供一站式解决方案的“海外仓”发展。鼓励大企业通过自建、投资或者合作的方式打造自己的“海外仓”，支持中小企业利用第三方“海外仓”。

专栏8－5　“海外仓”已成为国外物流公司采取的主要方案

为了解决跨境电子商务小包物流成本高昂、配送周期长、货物易破损等问题，“海外仓”已成为国外物流公司采取的主要方案之一。例如2013年，新加坡邮政Quantium Solutions和日本邮政子公司合作运营，承诺向从事海外销售的客户提供“综合货运支持”，并将Quantium库存控制和运输系统以及日本邮政在线运输服务整合在一起，来为客户提供一站式物流服务。基于这种新型服务模式，跨境电子商务企业可以预先将其商品运送到新加坡邮政Quantium位于东京大田区的仓库；在此过程中，新加坡邮政先对商品进行检验，检验合格后再将商品入库。然后，基于商品体积和储存天数来计算仓储费。一旦收到来自商家的货运指令，Quantium 将挑选和包装商品，准备货运和出口单据，及用于日本邮政快递服务或国际电子包裹服务的货运标签。

推动海外仓升级。我国现在对海外仓的支持方式还是基于传统的仓干配（仓储自动化、干线网络化、配送移动化）理念，以硬件投入为补贴指标，企业缺乏盈利模式，不能有效地解决海外 B 类买家购买体验问题。为了能够对客户和商家提供更好的服务，跨境电子商务企业已经开始尝试直接和邮政业务整合，通过股权购置、资本投资组建国际电商物流公司来提升用户体验，获得更好的国际电子商务物流解决方案。2013 年，阿里巴巴联合国内八家物流公司，投资 3000 亿元，合作构建全国智能物流骨干网——“菜鸟网络”，已实现面向全球出口的仓储管理、独立化的运输配送以及配套的供应链管理。未来，可将海外仓升级为数字贸易中心（DTC），集售前、售中、售后服务为一体，有效对标到海外 B 类买家。数字贸易中心既包含产品售前咨询、前端的展示、产品的营销、宣传、推广功能，又提供产品的售后维修、退换货等全方位的服务。这样的解决方案不仅满足了 B 类买家对于中国产品走出去“不能摸到、不能看到、不能有人沟通、形不成大额订单”的问题，还有助于增强客户体验，能够对接到当地的批发商和零售商，帮助国内供应商找到精准的客户群体。因此，应支持企业将传统海外仓升级到数字贸易中心，并以数字贸易中心的实际运营和服务等条件作为国家鼓励和支持的标准。

支持海外物流设施信息化升级。提高跨境物流信息化、智能化水平，鼓励跨境电商企业提高信息处理能力，采用现代信息技术处理物流信息并完善供应链。推动跨境物流标准化发展，推动跨境物流服务的运输工具、包装、装卸、仓储等方面采用统一标准，以标准化提高物流速度和效率。建议亚投行、丝路基金等将 E 国际贸易基础设施纳入其投资范畴内，促进我国海外 E 国际贸易信息化基础设施健康发展。支持物流企业国际化发展，推动国内龙头物流企业开展跨境物流业务，解决海外物流耗时长、费用高以及被国外物流企业垄断的局面。

（四）实施“以进带出”的外贸政策

改革开放以来，我国外贸政策是出口导向的，多是“奖出限入”。进口市场一直被忽略，在消费带动的经济增长新结构中，进口拉动消费、以进带出效应应该是未来外贸政策的重点。未来 20 年，我国中产阶级的人数将从 2 亿人增加到 6 亿人，将出现一个庞大的消费者人群，他们希望买到物美、价格适中的商品，且出于对产品质量安全性的担忧避开选择本土品牌，更多地购买国际品牌。中国制造目前无法满足这些个性化的消费需求，因此，应该进一步加强进口，通过大量引进高端产品倒逼中国制造转型升级，扩大消费者福利，实现以进带出。当前应抓紧清理和调整“奖出限入”的外贸政策、“宽进严出”的外汇和投资管理政策，制订以进口倒逼国内产业升级的规划，加快落实以消费需求为主扩大内需、降低储蓄率、市场开放、扩大进口等一揽子结构性调整措施。同时，鼓励跨境电商平台促进进口，推动海外消费回流。面对全球贸易的新形势，我国应该将 E 国际贸易作为国家战略来考虑，为其发展提供更加良好、宽松的政策环境和经营条件，借此来扩大进口，实现“买全球”，促进贸易平衡，减少国外市场对中国出口的冲击，与各国实现共赢发展。同时，推动 B2B2C、B2C 出口模式的创新，制定支持出口的政策体系，降低出口物流成本。

（五）出台支持中小企业开展 E 国际贸易的政策

E 国际贸易创造的“互联网 + 外贸”模式为中小企业提供了参与国际贸易的新机遇，能够让中小企业真正享受互联网变革的红利，直接面对境外消费者，降低对大企业的依赖，提升竞争力。目前，国际市场上大企业掌控国际贸易的渠道、品牌、服务，中小企业处于弱势地位，在产业链中的市场主导、技术选择与转移、要素配置、价格决定和财务关系等各个方面通常处于弱势地位，往往缺乏贸易谈判力，受大企业挤压，盈利空间小，经营风险大。在经济不景气时，还存在大企业沿产业链向中小企业转嫁危机的可能性。大多数的产品和服务都是通过一系列的纵向活动生产出来并实现价值增值的（从上游到下游）。通过基于互联网的全球价值链体系，下游市场信息能够更快地传递到上游市场。中小企业借助 E 国际贸易，可以直接面对客户，能够针对国际市场变化及时做出相应的调整，有利于从全球价值链中低端向中高端迈进，降低成本，提高利润空间，实现价值链的升级，最终实现全球网络化布局。另外，中小企业通过 E 国际贸易平台优化供应链，构建自己的全球价值链，有利于从劳动密集型向技术密集型发展。特别是对于我国的中小企业，可以有与发达国家中小企业相同的机会参与全球价值链，通过提高自身在全球价值链的参与水平，提高国内增加值在全球价值链中的比重，增加高附加值产品和服务的出口，在价值链中获取更大的份额。政府要加大支持力度，增加网络资金投入，完善 E 国际贸易网络基础设施，让中小企业可以紧跟 E 国际贸易潮流的步伐，为中小企业量身定做支付、通关、质检、退税、结汇等各项制度，将 E 国际贸易进出口货物纳入海关“集中申报”货物范畴，允许没有进项发票的中小企业按照销项发票的一定比例进行抵扣并享受出口退税政策，建立更适宜中小企业监管模式，建立有利于中小企业发展 E 国际贸易的政策体系。

五、打造促进 E 国际贸易发展的公共平台

E 国际贸易是大趋势，需要加快建设和完善支撑 E 国际贸易发展的基础设施，建设世界电子贸易平台（eWTP）平台，打造网上丝绸之路，促进 E 国际贸易持续健康发展。我国应该推动 eWTP 加快发展，促进基于各类互联网平台的全球“普惠贸易”，帮助全球中小商户和欠发达地区贸易发展。

（一）通过建立 eWTP 突破全球贸易“短板”

2015 联合国贸易和发展会议报告显示，由于中小企业的“短板”导致百年传统国际贸易发展至今，依然是少数国际大企业把控了近 80% 的跨国采购，中小企业国际化程度极低。由各国政府间主导的多边、双边及区域性协议（定）难以有效解决中小企业平等参与国际贸易的难题。2015 年，《B20 政策建议报告》倡议 G20 建立促进跨境电商领域公私对话的世界电子贸易平台（eWTP）。随后，eWTP 理念被写入 G20 公报。eWTP 是对 WTO 的补充，提倡公私对话以改善商业环境，培育跨境电子商贸规则，包括简化规则和标准及协同税收；与 WTO 合作以提升电子贸易发展的需求，完善 WTO 的《贸易便利化协定》条例；辅助跨境电子商贸的发展，通过发展电子商贸基础设施促进数字经济，并采纳最佳规范如设立跨境电子商贸试验区来解决发展中国家中小企业面临的突出问题。通过建立 eWTP 推动私营部门参与推动全球经贸发展和规则制订，建立全球数字关境，联接全球主要电子商务平台、政府监管部门和有关企业，促进全球电子商务和数字经济发展，建立全球网络经济共同体，推动世界经济社会均衡、普惠发展。中小企业可凭借 eWTP 更广泛、更深入地参与 E 国际贸易。E 国际贸易交易的出现及其带来的商业模式的创新，使得中小企业可以通过网络与全球的贸易商联系，与大企业站在相同的平台上进行竞争，甚至个体商户也可以参与到国际贸易中来，国际贸易的覆盖面将更加广泛，贸易秩序也将更加公平。中小企业还可凭借 eWTP 直接对接各国政府的运行管理体系，享受到大企业的待遇，包括商业性服务条件和各类政府优选评级（比如，AEO 认证；A、B、C 类通关、退税资质等）。

专栏 8-6 eWTP

阿里巴巴倡导的 eWTP（全称 Electronic World Trade Platform，电子世界贸易平台）旨在让国家贸易插上互联网的翅膀，能够在全球范围内让各个国家的中小企业都能自由贸易，让各个国家的消费者都能够无障碍地消费到来自全球各地的商品。eWTP 由物流、支付、云计算大数据服务和综合外贸服务四个平台共同构成。eWTP 不是属于阿里巴巴的，也不是只属于中国的，是属于全世界的，是全球的公共产品，eWTP 首个海外试验区已落地马来西亚。eWTP 最终将建立一个统一、开放、自由、普惠的全球电子商务市场。其宗旨和目标是促进全球中小微企业发展，促进全球普惠贸易发展。

eWTP 具备四个特点：一是该机制由市场驱动和私营部门引领；二是各利益攸关方平等参与，包括政府机构、各种企业、国际组织、智库、专家学者、各种社群等，中小微企业、普通消费者、发展中国家的诉求需要得到更加充分的关注；三是该机制是开放透明的，感兴趣方都可了解和参与；四是该机制的相关决定和政策建议可能不会具有强制性的法律效力，而是需要国际社会通过广泛传播、积极倡导、商业实践去实现。eWTP 的定位、特点和宗旨，将使其成为联合国机构、世界贸易组织等多边和区域性国际机构的合作伙伴，互相促进、互为补充，共同推动全球经济社会的普惠发展。

表 8-2 传统国际经贸规则和 eWTP 的区别

区别	传统国际经贸规则	eWTP
时代背景	工业和信息时代	面向数据时代
参与主体	各国政府部门（官方）	全球利益攸关方（多方）
主要内容	货物、服务、投资、规则	基于互联网经济的货物、服务、知识产权、跨境贸易等

续表

区别	传统国际经贸规则	eWTP
谈判/合作方式	成员确定、闭门谈判	开放性、透明性
	对传统规则渐进式的完善	以终为始的创新和改革
	各国利益的博弈和交换	利他、共创、共识
	先达成规则，后影响商业	商业实践引导规则发展
法律效力	强约束性	引导性、后约束性
时效性	周期谈判、进展缓慢	积极研讨、快速传播
受益主体	发达国家、大国、大企业	小企业、消费者、平台、社群

（二）扶持发展 E 国际贸易结算支付平台

传统国际贸易支付平台建立在银行基础上，效率低，成本高，不能适应新的贸易方式。如果将不同的支付方式进行整合，建立第三方支付的国际平台，构建新型的国际支付结算体系，就可以降低国际支付的成本，提高跨境支付结算的效率，使消费者跨境购物更加便捷。国家外汇管理局 2013 年 2 月颁布的《支付机构跨境电子商务外汇支付业务试点指导意见》，主要是支持跨境电子商务发展，规范支付机构跨境互联网支付业务，防范互联网渠道支付风险。国家发改委、中国人民银行 2014 年 5 月颁布的《关于组织开展移动电子商务金融科技服务创新试点工作的通知》，主要是针对移动电子商务支付存在的安全隐患、身份认证标准、移动金融服务难以互联互通等问题，加快推进移动金融可信服务管理设施建设。互联网时代的全球贸易体系主要依赖于平台，全球支付体系的建立取决于交易平台，通过在交易平台支付体系的基础上建立规则，或者多个大型平台协调合作建立规则，都会对全球支付体系带来新的发展。

探索建立区块链支付平台。区块链技术拥有去中心化、方便快捷、高安全性、记账速度快、成本较低、互相监察验证等优点。基于区块链技术的区块链支付可为跨境电商提供近乎完美的支付解决方案。分布式网络技术的跨境汇款可以在去中心化的机制下使用户以更低的费用和更快的速度完成跨境转账。区块链技术可应用于升级跨境业务，打造新的跨境支付方式，推动跨境业务发展。当前的传统跨境支付方式清算时间较长、手续费较高且有时候会出现跨境支付诈骗行为带来跨境资金风险。通过区块链技术打造点对点的支付方式，撇除第三方金融机构的中间环节，不但可以全天候支付、瞬间到账、提现容易及没有隐形成本，也有助于降低跨境电商资金风险及满足跨境电商对支付清算服务的便捷性需求。鉴于区块链技术在支付结算上的重要价值，国际上许多大银行都积极参与到相关的研发测试中。发展区块链技术对我国意义重大，我国是贸易大国，随着“一带一路”和企业“走出去”战略的实施，企业级的跨境支付与结算具有巨大的市场潜力，如果能对“走出去”企业提供低成本、低风险、高效率的支付结算方案，对于提高我国外贸企业，尤其是中小企业的竞争能力具有极大的推动作用。根据麦肯锡公司的测算，在全球范围内，区块链技术在跨境支付和结算中的应用可以使交易成本从每笔约 26 美元下降到 15 美元。降低的 11 美元中，8 美元是原本给中转行的手续费，3 美元是外汇汇兑等费用。未来，可依托区块链建立一个去中心化的全球结汇系统，引入网关系统来解决非熟人之间转账汇款的信任问题，用户与网关之间的关系在整个系统中反映为一种债权债务关系，这种债权债务关系会通过分布式网络储存在若干个服务器上，服务器之间以 P2P 的方式进行通信以避免单一、集中式服务器所带来的各种风险，系统通过一定的加密技术确保数据安全，通过对双方债权债务的清算来完成跨境汇款。

（三）鼓励发展 E 国际贸易综合服务平台

建议将 E 国际贸易综合服务平台企业从外贸企业中分离出来，实行单独的分类管理，确定合适的申报名义及以此名义为外贸企业完成通关、退（征）税、结汇、融资、物流等综合服务的权利和责任。E 国际贸易综合服务平台需与委托企业签订服务协议，可以接受出口工厂、贸易公司及个人（个体）委托服务，也可以服务进口企业。原则上 E 国际贸易综合服务平台与报关行、货代、银行、保险公司、船公司一样，属于综合服务机构，与委托服务企业的经营性质及行业许可资质无关。对于符合下列条件的 E 国际贸易综合服务平台企业，可以将其评为一类 E 国际贸易综合服务平台：一是纳税信用等级为 A 级或者 B 级；二是上年末净资产占上年出口退税额的 30% 以上；三是外贸综合业务占全部业务量的 50% 以上；四是建立了较为严密的风控体系；五是银行授信额度达到一定规模。对于一类 E 国际贸易综合服务平台，可以：先退税后审核，优先保障退税额度；优化函调标准，积极主动减少函调；允许其为中小型外贸企业提供外贸综合服务。税务部门定期向平台推送风险信息，帮助平台企业完善风控模型，将风控环节前置，开创利用社会化资源防范骗税的新模式。一旦平台上企业发生违法违规行为，除了追究平台的责任外，积极向上游追溯，追究真正的违法犯罪主体的责任。E 国际贸易综合服务平台以"服务主体"的名义与"贸易主体"（委托进出口的企业或收发货人）一同体现在海关报关单上，采用"双抬头"申报。E 国际贸易综合服务平台为申报单位（或服务单位），外贸企业为收发货人（或经营单位）。海关及国税等部门对两个申报主体（平台和企业）均有监管/服务权利，出现事故，对实际违规者进行处罚，若收发货人违规或违法，除要接受监管部门处罚外，E 国际贸易综合服务平台要承担连带服务责任，若违规收发货人逃走，E 国际贸易综合服务平台要承担部分经济责任。

为慎重起见，可先行推出 E 国际贸易综合服务平台试点，通过实践，完善并规范新业态，再进行推广发展。试点平台数量可以适当宽松，有条件的地区可以设多家试点。试点时间不宜过长，尽快通过试点，制定出针对 E 国际贸易综合服务平台的分级管理/考核办法。用制度建设及市场化手段促进新业态竞争发展。监管部门（以海关为例）可采用双考核制，对于贸易企业选择 E 国际贸易综合服务平台交付的，享受较低的通关查验率等待遇。逐步建立 E 国际贸易综合服务平台管理评级办法，根据平台规模、历史差错率、风控技术水平等，将 E 国际贸易综合服务平台分为 A、B、C 三个等级。A 类平台：能够完全满足海关监管条件要求，并增设平台监管条件；除了海关的监管要求外，平台有能力依此对企业做预监管；另外，自身还设有其他风控条件。B 类平台：能够基本满足海关监管条件要求，可以基本实现预监管。C 类平台：不能全面满足海关监管条件要求，只能实现部分预监管。不论哪一类平台，在满足监管要求的同时，也必须满足客户良好的体验，要依靠先进技术和管理，来处理风控与便利的矛盾，形成市场化的良性竞争。

专栏 8－7　E 国际贸易综合服务平台

E 国际贸易综合服务平台是基于互联网 IT 技术，以中小微企业为主要服务对象，为其提供通关、结汇、退（征）税、物流、融资、保险等综合服务的平台。E 国际贸易综合服务平台是我国市场需求造就的并原发于中国的商业模式创新，改变了国际贸易的交付方式，由外贸企业“自行交付”变为外包给“平台交付”，解决了中小企业“流通成本高和信用认证获得难”两大难题，改善了中小企业的金融条件，也将改变全球贸易主体结构及价值链的利益分配格局，有利于我国中小企业发展。E 国际贸易综合服务平台既不赚取进出口商品交易的差价，也不承担外贸交易的风险，但具备相应的风险识别和控制能力，可以对所服务的客户及业务的真实性、合规性进行合理性审核、监管。E 国际贸易综合服务平台是贸易项下市场化的“单一窗口”解决方案，符合联合国“普惠贸易”愿景，是中国主导制定全球基于“平台交付”的交易规则、监管方式和信用标准的契机。

（四）培育 E 国际贸易大数据平台

基于互联网技术发展而生的 E 国际贸易，大数据应用是核心竞争力。目前，杭州跨境电商综试区正在建设中国（杭州）跨境电子商务大数据平台，可以依托此平台打造 E 国际贸易大数据平台，更加注重大数据平台建设和应用，更多地对接第三方平台和金融机构，加强对市场端贸易数据和政府端监管数据的挖掘、整理、建模等综合开发和应用。充分利用 E 国际贸易大数据平台引导企业开展“全网营销”，帮助企业拓展海外市场，赋能中小企业参与国际贸易，加快形成全球最优的跨境电商生态圈。依托 E 国际贸易大数据平台形成大数据挖掘、跨境电子商务、物流配送、金融服务于一体的全产业链，不断培育和壮大具有竞争力的战略新兴产业，形成大数据产业集聚区。

六、建立支撑 E 国际贸易发展的保障体系

应进一步完善物流体系、信用体系和监管体系，加快建立 E 国际贸易综合服务保障体系，打通物流、人才、通关、商检、退税等瓶颈，逐步形成人性化管理与科学化服务并存的新型管理服务模式，为 E 国际贸易企业持续发展提供全方位支撑。

（一）构建 E 国际贸易物流体系

支持国内物流企业拓展国际市场，打破国外物流公司的垄断格局。目前，我国跨境物流市场呈现三足鼎立格局，国有大型物流公司依托资源与国内网络优势，为国内大型进出口公司提供单一或整套综合物流服务，虽然目前仍占市场主导地位，但由于国际网络薄弱，部分订单被外资物流公司或民营企业抢走；大型外资物流公司凭借先进物流系统以及国际服务网络，牢牢控制着外资进出口企业货运量。虽然外资公司与本土公司相比，在中国国内网络相对薄弱，但是外资公司利用其国内合作伙伴的资源来提供服务，从而获得了中国境内全球大公司的物流业务。

民营物流公司凭借灵活内部管理机制以及低廉费用获得部分客户的青睐，能从外资公司获得某一项或某几项物流分包业务。E 国际贸易与跨境物流之间存在唇齿相依的关系。伴随国际贸易交易方式向电子商务时代过渡，传统集装箱式物流需求逐步被碎片化物流需求所取代。随着互联网在中国不断渗透，中小型 E 国际贸易企业的跨境小单贸易增速远远超过大型企业国际贸易增速，导致小批量、分散化的跨境物流需求不断增加。由于 E 国际贸易的商品具有多品类、小批量、高频次的特点，不同商品所需的物流解决方案各异。应建立高效的物流体系，有针对性地提供一站式、门到门的跨境物流服务，更好地做到国际物流和国内物流的有效衔接。同时，由于我国大多数物流企业提供服务功能单一，比如仓储、运输或报关，而不能提供全方位、综合物流服务，直接导致激烈的价格竞争。应鼓励国内物流企业加强跨境物流一体化建设，打通国内外的仓储中心、配送中心、服务中心及海关等跨境物流配送环节，确保物流的效率和服务质量，改善物流服务能力。

表 8－3　跨境物流的主要运输方式

方式	邮政小包	国际快递	跨境专线物流	海外仓储服务
特点	主要由中国邮政和外资邮政公司提供，70%的包裹都通过邮政系统投递；其中，中国邮政约占50%的市场份额，香港邮政、新加坡邮政等占据剩余的市场份额	主要以美国 UPS 公司、FedEx 公司、德国 DHL 公司、荷兰 TNT 公司占据主导地位，国内顺风快递公司开始涉入跨境物流出口业务。以全球自建网络、国际化信息系统为支撑，能够满足客户对物流信息与时效性要求，是国内跨境电商经常使用的物流方式	国内外不同类型物流企业均涉入此类型业务，通过航空包板或包机方式将货物运输到国外，通过境外合作公司进行境外配送的一种物流方式。目前最普遍的物流专线根据地域设置的，如美国专线、欧洲专线等	主要由跨境电商交易平台、物流服务商等为商家在销售地区提供的货品仓储和配送的一站式服务。全套流程包括国内与国际运输管理、仓库管理和境外配送等

续表

方式	邮政小包	国际快递	跨境专线物流	海外仓储服务
优势	物流价格便宜，服务网络范围广	速度快、服务好、丢包率低，简单方便	通过集运方式将大批货物发往目的地，物流成本、速度快于邮政小包，丢包率较低	物流成本低，需求反应快，通过提供退换货方案来提高境外客户购买体验
劣势	物流速度相对慢，丢包率相对高	价格贵且价格变动幅度大	运费比邮政小包高，国内揽货范围和全球覆盖范围相对有限	只适用于库存周转快的热销商品

（二）构建中国主导的跨境交易结算支付体系

应支持银联国际加强与 WorldPay、PayPal、Global Collect、Adyen 等国际主流的大型收单机构合作，持续优化服务，提升持卡人用卡体验，不断扩大银联卡线上支付的受理范围，打破目前跨境交易结算支付被国外的 VISA、Mastercard、American Express（美国运通卡）、Diners Card（大莱卡）、JCB（日财卡）五大信用卡品牌垄断的格局。

专栏 8－8　国际上五大信用卡品牌

1. **威士卡**（VISA）。VISA 又译为维萨、维信，由位于美国加利福尼亚州圣弗朗西斯科市的 Visa 国际组织负责经营和管理，于 1976 年开始发行。

2. **万事达卡**（Mastercard）。Mastercard 是万事达卡国际组织（MasterCard INTERNATIONAL）于 2050 年代末至 60 年代初期创立的一种国际通行的信用卡。

3. **美国运通卡**（American Express）。美国运通公司于 1958 年发行第一张运通卡，迄今为止运通已在 60 多个国家和地区发行了运通卡。

4. **大莱卡**（Diners Card）。麦克纳马拉与他的合伙人施奈德合伙投资，在纽约注册成立了第一家信用卡公司——“大莱俱乐部”（Diners Club International），后改组为大莱信用卡公司。1981 年，美国花旗集团通过收购获得了大莱俱乐部国际经营权。

5. JCB **卡**（Japan Credit Bureau，**日财卡**）。JCB 是日本的一家信用卡组织，由三和银行、三井银行等企业于1961 年组建，1981 年开始开展国际业务，其发行的 JCB 信用卡可在全球近 200 个国家和地区使用。

专栏 8－9　PayPal

Paypal 是全球众多用户使用的国际贸易支付工具，1998 年 12 月由 Peter Thiel 及 Max Levchin 建立，总部设在美国加利福尼亚州圣荷西市，允许在使用电子邮件来标识身份的用户之间转移资金，避免了传统的邮寄支票或者汇款的方法。一个账户全球通用，成为 PayPal 商家，就能在任何地方接受更多付款方式。PayPal 也和一些电子商务网站合作，成为它们的货款支付方式之一。PayPal 在中国大陆的品牌为贝宝。不管您有没有网站，拥有 PayPal 账户就能接收全球 203 个国家和地区买家的付款，而他们可以用最常用的信用卡、借记卡或银行账户等多种方式支付。目前，在跨境电子商务交易及服务平台中可以完成线上支付的成熟方式包含两种，一种是网关模式，即以 VISA（维萨卡）和 Mastercard（万事达卡）为主的形成收单渠道对接到电商平台，买家端是以信用卡为核心。另外一种是账户模式，即以 paypal 为主的账户模式，类似国内的支付宝。上述两种成熟的线上支付模式限制中额和中大额线上交易，无法支持超过 5 万美元以上的 B2B 跨境电子商务交易订单。

专栏 8－10　中国银联

近年来，中国的银联卡跨境网上支付服务越来越受到境内外持卡人的青睐。银联国际 2017 年 3 月 21 日发布，2015 年银联卡跨境网上交易金额增长近三倍；同时，越来越多境外持卡人也喜欢用银联卡进行网上支付，2016 年境外发行的银联卡网上交易金额增长六倍。中国银联是经中国人民银行批准的、由 80 多家国内金融机构共同发起设立的股份制金融服务机构，注册资本 16.5 亿元人民币，于 2002 年 3 月 26 日成立，总部设在上海。银联卡跨境网上交易增长如此迅速，一方面，因为越来越多消费者习惯网上支付，中国互联网络信息中心数据显示，截至 2016 年底，仅中国使用网上支付的用户规模就达到 4.16 亿，较上年底增 1.12 亿；另一方面，也受益于受理银联卡的境外网上商户快速增加，目前，中国境外受理银联卡的网上商户超过 1000 万家，分布近 200 个国家和地区。

建立跨境人民币支付平台。鼓励跨境电子商务平台联合银联、VISA、Mastercard 创新 E 国际贸易的支付方式，为企业提供便捷的国际支付结算服务。VISA、Mastercard 作为全球主要的支付体系，在创新上非常谨慎，而中国银联是相对开放的。但银联的问题在于海外持卡人太少，尤其是在北美、欧洲等跨境电商出口买家国的持卡人更少。因此，政府要对银行和支付机构进行扶持，尤其是在境外持卡方面，在国际谈判中先做好基础的铺垫。同时，大力支持跨境电商平台和银行及支付机构一起完成支付体系的创新，解决中大额交易在线支付问题。可借助敦煌网等数字贸易平台推进人民币海外结算，还可在自由贸易试验区先试先行，从实际业务出发，协助国家解决跨境支付难题。可在中国—土耳其、中国—匈牙利的数字贸易中心做跨境人民币结算试点，在数字贸易中心推广货到付款模式，驱动买家将本地货币存在跨境人民币的开户行。也可将支付服务的推进引入第三方支付系统，由国家指定自由贸易试验区，平台利用自由贸易试验区的政策优势，探索建立跨境人民币支付平台，不仅服务于自有的电子商务平台，同时向自由贸易试验区内部的物流、商务等机构提供统一的人民币跨境第三方支付平台。此外，要从顶层设计上支持金融机构、支付企业，针对市场在跨境电商金融支付方面的特点和需求，拓展完善跨境支付服务体系和金融供应链服务模式，为跨境电商业务开展提供便利高效的金融服务。给予跨境电子商务平台企业有关支付资质，进一步解决数字贸易平台企业跨境支付问题。

（三）构建 E 国际贸易信用体系

传统国际贸易中，贸易参与者对交易对象不熟悉，为了规避信用风险，往往选择固定的商业伙伴或有品牌影响力的贸易商进行交易，或选择信用证等包含银行信用在内的方式进行付款。这不仅限制了买卖双方的交易渠道，而且增加了国际贸易的信用风险。互联网时代的到来，使得企业在平台上累积的贸易数据变成商业信用最有力的证明。因此，建立以平台数据为基础的新型网上贸易信用体系，可以使交易各方能够更加方便明确地了解彼此的信用程度，增加贸易渠道的选择余地。对于交易记录较好的优质企业，平台和银行等各个服务部门可以为其提供更方便的融资、贷款和物流等贸易便利服务，使优质企业得到更好的资源，从而建立一种“优胜劣汰”的平台竞争机制，进一步优化 E 国际贸易的市场环境。目前，阿里巴巴一达通推出的信用保障服务便是利用平台数据建立信用体系的典型案例。一达通根据每个供应商在阿里巴巴平台上的基本信息和贸易交易额等其他信息进行综合评定，并据此给予供应商一定的信用保障额度，当发生卖家违约时，阿里巴巴将根据仲裁结果于 7 个工作日内代卖家向买家先行垫付。这就相当于在商业信用的基础上增加了平台信用，降低了小微企业和个人在传统国际贸易中面临的信用问题，为实现“普惠贸易”提供了可能。

（四）完善 E 国际贸易监管体系

加大对网络假货的惩罚力度，如果改变入刑标准，治理假货的结果肯定会大不一样。对涉假行为的法律规定，很多国家奉行严刑重典，如美国，初犯 10 年以上的监禁，重犯 20 年以上的监禁。建议参考酒驾醉驾治理模式，销售一件假货拘留 7 天，制造一件假货入刑。将治理假货上升到国家形象层面，建立政府、企业、媒体、消费者共同参与的社会共治机制，加强政府打假、企业打假、媒体打假、消费者打假，同时支持职业打假，以形成多管齐下、合力打假的局面，知识产权保护现状、食品药品安全现状、国家创新能力一定会发生翻天覆地的变化，E 国际贸易一定会持续健康发展。充分发挥杭州互联网法院“大平台、小前端、高智能、重协同”的特点，打造成为网络法治时代的智慧法院，为 E 国际贸易发展保驾护航。此外，E 国际贸易的监管规则可以分为三个层次：国家法律、行业自律和平台网规。而 E 国际贸易的参与方涉及世界各国，仅靠单个国家法律的规定，不仅无法对其进行有效监管，而且容易产生国际纠纷。因此，还需要依靠世界各国的法律协调以及行业自律和平台网规的进一步约束，建立全球网上贸易监管体系。

专栏 8－11　杭州互联网法院

2017 年 6 月 26 日，中央全面深化改革领导小组第三十六次会议审议通过了《关于设立杭州互联网法院的方案》。会议强调，设立杭州互联网法院，是司法主动适应互联网发展大趋势的一项重大制度创新，要按照依法有序、积极稳妥、遵循司法规律、满足群众需求的要求，探索涉网案件诉讼规则，完善审理机制，提升审判效能，为维护网络安全、化解涉网纠纷、促进互联网和经济社会深度融合等提供司法保障。杭州网络法院是基于杭州法院原先的电子商务网上法庭而建，将涉及网络的案件从现有审判体系中剥离出来，构建专业的司法体系，专门审理和研判此类涉网案件。在此之前，浙江高院 2015 年就主导建设了电子商务网上法庭，并确定杭州市西湖、滨江、余杭 3 个基层法院和杭州中院作为首批试点。试点期间，案件的受理范围是涉电子商务的交易类、金融类、著作权类案件。

专栏 8－12　没有工商总局的美国怎么打假

美国电商对假货的管理制度严格并有法可依。在美国，从事仿冒和盗版产品批发交易是“犯罪行为”。美国联邦法律规定，初犯者将面临 10 年以上的监禁，重犯者将面临 20 年以上监禁和 500 万美元的罚款，因假货造成死亡后果的个人将会被终身监禁。而对于公司处罚就更加严厉，罚金高达 1500 万美元。同时，作为全球最大的消费市场，假货对美国的经济冲击也是巨大的。根据美国商务部统计，仿冒和盗版不仅给美国经济每年造成 2000 亿到 2500 亿美元的损失，75 万个工作机会的流失，最关键的还有假货对消费者健康和安全威胁。中国有个工商总局，美国有一个全面出击的打假部队：美国商务部下属的国际贸易管理局、美国国家知识产权协调中心、美国移民与海关执法局、美国联邦调查局、美国食品药品监督管理局、商务部知识产权办公室、国家航空航天管理局、美国海关与边境保护局、美国消费者产品安全委员会、美国专利商标局、国防部物流署等数家美国联邦部门，以及和加拿大、墨西哥、欧盟等伙伴机构的合作机构。随着网络的兴起，国际贸易管理局又不失时机地推出打假举报网站 STOPfakes. gov，这个网站 2004 年首次推出，提供为企业、消费者、政府和国际合作伙伴的投诉通道，以便更快速简便地和有关政府部门联系来寻求帮助。在美国卖个假货，你会遇到比反恐部队还可怕的监管和处罚。美国商家都拥有相对完善退换货体系。一些大型购物商店如梅西百货（Macy's）或者在线购物网站如亚马逊（AMAZON）等规定，只要符合退换货规定，经过专业人员查验后，便可退回全部货款与税金；遭遇假货，消费者不会承担任何损失。至于电商如何管理自己平台上存在的假货现象，以亚马逊中国副总裁罗可仪在2014第三方平台卖家大会的话来说，亚马逊对于第三方平台是不允许假货存在的，一旦发现有卖假货会立刻调查，如果一旦证实销售假货，会立即关闭该店。同时，消费者还可以利用投诉网站进行举报，美国监管部门就会立即参与调查，情况属实的零售商就会接受如上严格的法律惩罚。美国国家知识产权协调中心表示，只要是 .com 和 .net 的域名，基本上都在美国的司法管辖范围内，美国政府能够对其发起司法程序，关闭网站，并用一个警示页面覆盖原网页，起到教育消费者的目的。如果是 .cn 的网站，美国政府则无法直接采取行动。不过，从 2013 年开始中国香港成为亚洲第一个与美国合作的地区，对仿冒品网站进行执法行动。

七、深化研究 E 国际贸易的理论与规律

E 国际贸易是新生事物，需要抓紧研究 E 国际贸易理论，探索内在的发展规律，在促进 E 国际贸易发展方面提出中国理论、中国议题和中国方案，逐步形成中国在 E 国家贸易规则制定中的主导权。

（一）深化研究 E 国际贸易的规则与标准

应尽快研究提出 E 国际贸易规则与标准制定的有效途径。E 国际贸易属于新的贸易模式，欧美等国发展 E 国际贸易并没有显著超越我国的优势，E 国际贸易是中国最有机会超越欧美国家的战略性产业。若能把握机遇，研究提出 E 国际贸易的规则与标准，就能把握 E 国际贸易发展的主导权，包括交易信息拥有权、支付结算优先权、标准规范制定权等，将有助于中国获得信息经济和大数据环境下的国际贸易主导权，

对于提升中国国际贸易竞争新优势意义重大。同时，要研究如何通过双边、多边的 E 国际贸易区域合作、国家间合作、部门合作、企业合作，建立纠纷解决机制，形成 E 国际贸易商谈与合作的主导权和话语权。

（二）跟踪研究 E 国际贸易的基本规律与发展趋势

深入研究国际贸易 E 化的本质，研究以信息技术为支撑的贸易方式变革的基本规律与发展趋势，分析对传统贸易方式的扬弃，总结 E 国际贸易与一般贸易、加工贸易、小额边境贸易、采购贸易的区别与联系。进一步研究国际贸易 E 化引发的经济形态变革、经济表征的变革、经济联系方式的变革以及下一代制造方式、下一代贸易方式、下一代服务业态等。重点研究 E 国际贸易引发的重大理论变革、重大实践变革、重大生产变革、重大消费变革、重大贸易格局变革等。同时，要研究 E 国际贸易的未来发展趋势。研究跨境电商的全渠道发展和移动互联网的快速发展将会推动 E 国际贸易如何演进。研究越来越多企业加快从主要依靠海外零售的路径转向更好地采用 B2B 和 B2C 模式，直接进入渠道，了解客户，建立自己的品牌，对 E 国际贸易未来发展趋势的影响，对政府管理与服务的新要求。研究万国邮联给小额的、零散的 E 国际贸易提供的便利，及对大宗的只能回归到一般贸易的 E 国际贸易的影响。

（三）加快研究 E 国际贸易规则的中国议题和中国方案

研究 eWTP 是否可以作为 E 国际贸易规则的一个中国方案。eWTP 在 2016 年 G20 杭州峰会中登上世界经济舞台，有利于打破全球贸易壁垒，进一步推进自由贸易进程，促进全球跨境电子商务发展。互联网和电子商务的本质就是开放、透明、共享，所有人都能够参与其中，所有利益攸关方一起来创新和发展贸易规则、行业标准、电商标准等。传统贸易的规则标准制定方式已不能完全适应电子商务和互联网技术的创新速度和发展需求，而 eWTP 则可以弥补这一不足，成为 WTO 和其他国际合作机制的重要补充。从目前来看，eWTP 全面推进尚有一定难度。它不仅需要解决跨境电商的技术问题，更主要的是解决国家间产品质量标准、关税等制度性的问题。获得世界主要贸易国家的共识和广泛认同，是 eWTP 得以建立的第一步。未来，应抓紧研究 eWTP 在 E 国际贸易规则形成中的作用，特别是要研究 eWTP 与 WTO 的关系是否改变 WTO 的原则框架；要研究 eWTP 与各国财税体制的关系是否改变各国财税体制的基本要求；要研究 eWTP 与公平贸易的关系是否改变公平贸易的基本内涵；要研究 eWTP 与普惠贸易的关系是否改变联合国普惠贸易的根本宗旨。

（四）系统研究 E 国际贸易第三方平台的责任和权利边界

长期跟踪和研究国外 E 国际贸易平台的新变化和新趋势，为我国制定 E 国际贸易政策提供参考。第一，要研究如何在追加平台一定责任的同时，赋予平台一定的监管权力。通过某个单一品类或产业带作为试点，赋予某一平台针对该品类的协助监管权力，该平台的该品类出口对接国家海关数据，通过信息化的手段实现该品类的政企联合监管，先把模式走通取得成果后再考虑复制。第二，要研究如何利用第三方平台扶持我国 E 国际贸易的主要出口品类，如电子类产品、汽配产品等，先在国际上把主流产品的口碑做好，再复制到其他产品品类。第三，要研究如何支持和鼓励中国的 E 国际贸易第三方平台全球化发展。据不完全统计，全国跨境电子商务平台超过 5000 家，这些平台有的是做横向的市场整合，有的是做纵向的供应链整合。中国制造海外市场的拓展和升级，需要我国的法规和政策的配套。政府应加快研究制定法律、法规、政策，来引导全球跨境电子商务平台规范发展，减少对平台运营本身的干预，而更多依赖市场的力量，特别是消费者的力量来规范平台的责任和义务，让跨境电子商务的规则更加规范。第四，要研究如何同跨 E 国际贸易第三方平台一起参与 E 国际贸易规则的制订，开展国际协调，为中国电子商务平台全球化创造一个良好的国际规则环境。第五，要研究如何使用第三方中的 E 国际贸易的海量数据，建立全球 E 国际贸易信息数据中心，开展大数据分析应用，抢占 E 国际贸易的“制高点”。第六，要研究 E 国际贸易如何通过跨境电商综合服务平台走向互联网金融和资本市场，实现金融与产业的互动发展，以金融提升产业发展，以产业实现资本效益。第七，要研究国外 E 国际贸易平台的新变化和新趋势。例如，只要亚马逊把网上交易平台的翻译通道打通，跨国公司全球化定价的策略就会化为泡影，变得没有意义了。因为一个消费者无论他身在全世界的任何一个地方，只要他能接入互联网，点开亚马逊的美国站、韩国站、印度站和中国站，比较同一款商品哪个国家最便宜，哪个国家的汇率最低，就从哪个国家买，然后再加上国际物流的运费就可以了。

八、完善促进 E 国际贸易发展的国际环境

促进 E 国际贸易发展需要构建良好的国际环境，应加快与签订自由贸易协定的国家和地区建立 E 国际贸易安排，加强与主要国家、国际组织的沟通与合作，积极参与 E 国际贸易体系规则的制定，主动提出中国方案、中国智慧，推广可在全球复制的中国模式、程序、标准和规则，积极构建 eWTP，抢占制高点和话语权，破解制约 E 国际贸易发展的外部瓶颈，形成像“一带一路”一样的全球响应，逐步建立有利于发展中国家的 E 国际贸易安排，为经济全球化注入新动力，让经济全球化进程更有活力、更加包容、更可持续，让不同国家、不同阶层、不同人群共享经济全球化的好处。

（一）与签订自由贸易协定的国家和地区建立 E 国际贸易安排

我国与签订自由贸易协定的国家和地区的贸易基础和环境较好，可以率先与这些国家和地区研究建立 E 国际贸易安排，达成共识，逐步构建中国主导的 E 国际贸易规则。一是共同研究建立 E 国际贸易的标

准体系，包括产品标准、物流标准、支付标准、金融标准、供应商标准等。二是建立统一的 E 国际贸易海关进口税收征管体系，对电子传输继续免征关税。三是推进自由普惠贸易，通过大数据和全球信用体系支持，实现网购货物和服务直达进口商和消费者，最大程度减少物理手续和中间环节。四是加强数字签名、数字认证、数字票证和主体身份数据库的全球适用和合作，加强 E 国际贸易统计，增强各国电子商务政策的透明度和协调。五是建立互联互通的第三方电子贸易服务平台，综合运用基于互联网技术解决全球中小企业的通关、结汇、退税、海运、保险、配送、融资等问题，让 E 国际贸易流通集约化、服务专业化、信用透明化，增加消费者购买商品的渠道，既满足各国政府和职能部门的监管要求，也满足客户的交付需求和体验，真正让跨境买卖商家通过外贸综合服务平台实现跨境交易，缩小大小企业之间的规模、能力差距，丰富商品品类和满足给消费者更多个性化的选择，给消费者带来切实的福利。

专栏 8－13　我国与 22 个国家和地区签订自由贸易协定

我国已经签署并实施 14 个自贸协定，涉及 22 个国家和地区，这些协定分别是我国与东盟、韩国、澳大利亚、新加坡、巴基斯坦、冰岛、瑞士、智利、秘鲁、哥斯达黎加、新西兰的自贸协定，中国内地与香港、澳门地区的《关于建立更紧密经贸关系的安排》（CEPA），以及大陆与台湾地区的《海峡两岸经济合作框架协议》（ECFA）。

（二）构建依托“一带一路”的 E 国际贸易通道

“一带一路”的设施联通是要着力推动陆上、海上、天上、网上四位一体的联通。E 国际贸易是网上丝绸之路的重要组成部分。中土和中秘跨境电商合作为我国加强与“一带一路”沿线国家的 E 国际贸易合作提供了样板和经验，应继续与“一带一路”沿线国家签署电子商务合作谅解备忘录，促进网上丝绸之路的发展。首先，我们可与“一带一路”沿线国家展开 E 国际贸易对口试验（如电子产品是沿线国家的进口第一大份额，我们可以拿这个产业专门讨论新型贸易模式），帮助沿线国家开展基础设施建设、电子商务建设，输出我们行之有效的商业模式。其次，我们可与“一带一路”沿线国家加强金融服务创新，利用新型线上数据模块代替原有线下风控模块，强化人民币在线上 B2B 结算工具中的角色和重要性。再次，我们可与“一带一路”沿线国家共同推出各类跨境电子商务的法规责权界定、申报运行规则、监管考核办法、信用评估体系和数据交换标准等，加快孵化跨境电子商务规则，为跨境电子商务发展创造更有效、更高效的政策和商业环境。最后，我们可与“一带一路”沿线国家通过推广最佳实践等方式，促进跨境电商和数字经济发展，帮助中小企业乃至个人利用 E 国际贸易参与全球经济竞争与合作。此外，应加快打造双边丝路经济试验区。建议国家发改委、商务部、网信办落实单个项目的具体工作，发改委负责落实解决试验区建设的资金问题，商务部负责落实解决磋商双边贸易便利化问题，网信办负责落实企业共建跨境电商平台、在线物流及支付平台等建设的基金、补贴等。

鼓励国内物流企业根据中国正与“一带一路”沿线国家积极规划的中蒙俄、新亚欧大陆桥、中国—中亚—西亚、中国—中南半岛、中巴、孟中印缅六大经济走廊，加紧在沿线国家和地区扩大服务范围与网络，满足物流客户的需求。一是鼓励通过新建或收购方式扩大全球服务网络。二是鼓励提供个性化服务，扩大服务范围，不仅提供货物运输服务，还提供采购代理、融资、代收货款、报检通关清关一体化服务等增值服务。三是鼓励拓宽运输方式，通过提供海运、陆运和铁路运输等多种运输方式选择，使客户能够有效控制运输成本。四是鼓励与国外物流公司合作，学习国外物流公司的先进管理理念、标准化作业运作经验以及引进先进物流技术。

专栏 8 – 14　中土和中秘跨境电商合作

2015 年 11 月，中国与土耳其共同签署了《关于加强网上丝绸之路建设，务实开展电子商务合作谅解备忘录》，这是我国签订的首个双边跨境电商协定。2016 年 11 月，中国与秘鲁签署了《信息互联互通谅解备忘录》。敦煌网承担了中土跨境电商平台的建设和运营，开启了网上丝绸之路建设的新篇章。继中土之后，敦煌网又成为中秘跨境电商平台的唯一承建商。中土和中秘跨境电商合作内容包括：建立双边电商点对点城市，搭建双边跨境电商平台；促进双边电商政策便利化，打通关检税汇通道；为双边中小企业提供互联网金融服务；为中小企业提供跨境电商能力建设；建立中小企业的信用评级体系。

（三）与主要国际组织合作构建 E 国际贸易规则

推动世界贸易组织构建 E 国际贸易规则。积极与世界贸易组织沟通合作，研究构建 E 国际贸易规则，借助互联网实现全球贸易的自由与平等，让更多的人感受 E 国际贸易带来的便捷，感受到信息、商品、货币自由交换对人类生活带来的巨大的改变，让发展中国家受益，让中小企业受益，让消费者受益。基于现行世界贸易组织（WTO）框架体系，推动 WTO 各成员在自愿基础上建立 E 国际贸易规则，在公平、自由、共享、包容的原则下，推动 E 国际贸易关税协定、关务规则、准入协定、质量管理、贸易服务等的监督、管理和执行，引导 E 国际贸易健康、持续发展，规范电子世界贸易平台（eWTP）的运营，并为其发展提供良好的环境和政策支持，促进全球经济繁荣并使全球化的成果惠及各国民众。建议 WTO 尽早开展 E 国际贸易规则谈判，围绕 E 国际贸易的标准、规则、范围、关税和检验检疫等条款进行深入的沟通，尽快达成共识，推动 WTO 建立支撑 E 国际贸易发展的规则体系，推动各国平等、公平、互惠开展 E 国际贸易。建议在坚持 WTO 现有的互惠原则、透明度原则、促进公平竞争原则、发展原则、非歧视性原则（坚持最惠国待遇和国民待遇）的基础上，给予发展中国家部分特殊优惠待遇。在市场准入原则上要求各国平等的开放市场，实现最大限度的贸易自由化，实施同等程度的关税保护与减让，尽可能地减少关税和非关税壁垒，禁止采取倾销和补贴的形式出口商品。如果 WTO 所有成员短期内无法就 E 国际贸易规则达成一致，可先小范围建立 E 国际贸易规则协议，之后逐渐吸纳 WTO 的其他成员加入。同时，我国可与主要贸易伙伴研究签订双边 E 国际贸易协议，推动对等开放，将我国成功的 E 国际贸易模式复制到贸易伙伴，以中国的进口推动中国的出口，形成良性互动，为 WTO 构建 E 国际贸易规则提供中国方案和中国模式。通过构建 E 国际贸易规则体系为经济全球化注入新动力，让经济全球化进程更有活力、更加包容、更可持续，让经济全球化的正面效应更多释放出来，实现经济全球化进程再平衡，让不同国家、不同阶层、不同人群共享经济全球化的好处。

积极与联合国贸发会议协商 E 国际贸易标准和规则，帮助全球中小企业和个人更方便地进入全球市场，促进国内外企业加强 E 国际贸易合作、处理 E 国际贸易纠纷、推进 E 国际贸易应用项目的示范实施。

加强与世界海关组织合作解决制约 E 国际贸易发展的各种问题。世界海关组织（WCO）正在探讨如何解决低值贸易通道问题（把跨境零售视为低值贸易），希望能够找到一个相对平衡的解决方案。应加强与世界海关组织合作，推动尽早建立全球统一的 E 国际贸易标准规范，厘清 E 国际贸易的定义和统计口径，促进区域性和全球性数字“单一窗口”的建设和互联互通，促进各国低值货物免征门槛规则的统一发展，增强全球电子商务政策的透明度，加强对发展中国家政府以及中小企业关于促进跨境电商发展的能力建设和基础设施建设，研究发展中国跨境电商零售进口（保税备货）和外贸综合服务等模式，以及在 eWTP

框架下与 WCO 等机构加强公私合作。通过 G20、APEC、“一带一路”、RCEP、金砖合作等机制向全球其他国家推广，力争团结一二十个国家形成 E 国际贸易多边协议。

加强与万国邮政联盟的合作。跨境电商的飞速发展给邮政带来了前所未有的发展机遇，尤其是以双边、多边合作为基础框架的世界邮政网络，具有其他快递物流公司无法比拟的网络优势。2015 年，中国邮政国际小包业务量 5.3 亿件，同比增长 71%，在中国跨境电商轻小件寄递市场占有率超过 60%，有力地支撑了中国跨境网购市场。因此，充分利用各国和地区邮政自身优势，发挥和巩固邮政在跨境电商寄递市场的主渠道作用，无论对跨境电商物流还是邮政自身的发展都至关重要。中国应与万国邮联加强合作，加强各国邮政间的联合协作，打造适应跨境电商市场需求的产品；加强邮政服务跨境电商的自身能力建设和对跨境电商市场需求的研究；加强与本国海关等相关监管部门的沟通与合作，探索利用中欧铁路开展多渠道业务合作的可能性等。万国邮联秘书长比沙尔·侯赛因表示，近年来，万国邮联就在积极推进中欧铁路邮运，使之成为一项推进跨境电商发展的重要战略，渝新欧国际铁路联运通道就是最好的例子；未来希望有关国家和地区加强邮政协作，尽早实现渝新欧全段大邮运，并逐步拓展更多的邮运线路，使跨国邮政搭乘上渝新欧的快车，更有效地推动跨境电商的发展。要充分发挥邮政物流通达便捷、清关简单的特点，将邮政打造成为 E 国际贸易的重要支撑平台，满足个性化、综合化、国际化的多层次用邮需求，补齐邮政网络在跨境服务能力等方面的短板。

专栏 8-15　万国邮政联盟

万国邮政联盟（Universal Postal Union，UPU），简称“万国邮联”或“邮联”，是商定国际邮政事务的政府间国际组织，其前身是 1874 年 10 月 9 日成立的“邮政总联盟”，1878 年改为现名。

万国邮联自1978年7月1日起成为联合国一个关于国际邮政事务的专门机构，总部设在瑞士首都伯尔尼，宗旨是促进、组织和改善国际邮政业务，并向成员提供可能的邮政技术援助。其宗旨是组织和改善国际邮政业务，发展邮政方面的国际合作，以及在力所能及的范围内给予会员国所要求的邮政技术援助。万国邮联规定了国际邮件转运自由的原则，统一了国际邮件处理手续和资费标准，简化了国际邮政账务结算办法，确立了各国邮政部门争讼的仲裁程序。1964年万国邮联第十五届代表大会按照组织条例与业务规定分开的原则，将原《万国邮政公约》分为《万国邮政联盟组织法》《万国邮政联盟总规则》和《万国邮政公约》（含实施细则）。

加强与亚太经合组织（APEC）、亚太工商咨询理事会（ABAC）等国际组织合作，推进跨境电子商务能力项目（CBET）建设。建议将CBET项目纳入商务部电子商务国际双多边谈判中，通过分享中国的跨境电子商务的先进经验，通过交流和培训在思路上打通海外国家的顾虑。建议国家有关部门加强与相关国际组织合作将CBET的运作模式复制到“一带一路”沿线国家去，采用市场化运作方式，运用产业引导基金、丝路基金等支持CBET项目。

专栏8-16　跨境电子商务能力建设项目

跨境电子商务能力建设项目（CBET）是由亚太工商咨询理事会、敦煌网于2013年发起并倡导的以亚太为核心发展地区、针对中小企业而开展的跨境电子商务能力建设项目。项目运营以来取得了卓越成绩，APEC、CBET联合万事达、腾讯、谷歌等产业链上的领军企业培训了来自欧洲、美洲、亚洲、大洋洲的三千多个中小企业主，2014年、2015年、2016年连续3年被写入APEC工商界致APEC

经济体领导人、中小企业部长的年度推荐报告，B20 致 G20 经济体领导人的政策建议报告，并获得 WTO 的高度关注。CBET 项目以线上和线下培训结合的方式，有效地帮助中小企业了解整个跨境电子商务生态系统，提供跨境物流、互联网金融、客户服务、海外市场营销、诚信安全等多个环节知识讲解，帮助中小企业有效融入全球价值链中去。CBET 是中国跨境电子商务国际合作产业联盟的成功实践，是我国数字贸易的“软实力”的典范。

（四）与主要贸易伙伴携手建立 E 国际贸易合作平台

E 国际贸易是运用集体智慧、企业创造、互联网革命做支撑，打开了国际贸易的另一扇窗户，形成若干个消费者的市场结合，变成一种贸易流量。所以世界各国谁抓住了潜在的客户，谁就掌握了未来。我国现在是第二大贸易体，我们的潜在客户是 120 多个国家的第一大贸易伙伴和 70 多个国家和地区的第二大贸易伙伴，但是美国如果主导了 E 国际贸易规则的话，我们的潜在客户就会减少。在新一轮国际市场竞争中，越来越集中在贸易规则的制定和现代流通能力上。我国制造业产值位居世界第一，但是我们的短板是不掌控国际贸易规则和物流成本高。商流、物流、信息流、资本流和人的流动都可以通过互联网、通过信息的快速传输降低成本。我国既没有形成像美国那样的全球化的跨国公司的内生市场和快速物流，也没有形成像日本那样完善的市场化、社会化的物流平台和体系。我国的流通体系不足以支撑占全球 25% 总产值的制造业持续快速发展。我们有可能以 E 国际贸易为突破口，来改写国际贸易的规则。如果我们加强与 120 多个国家和地区的第一大贸易伙伴和 70 多个国家和地区的第二大贸易伙伴的 E 国际贸易合作，能推动形成 E 国际贸易巨大的流量，成为一种主要的国际贸易方式，利用我们这种先发优势研究制定 E 国际贸易的规则，加上我们企业搭建的和政府支持搭建的若干公共服务平台或者准公共服务平台，中国会在下一代贸易形态中抢占制高点，特别是国际贸易规则制定的制高点，提升国际贸易的话语权。

选取电子商务基础条件好的国家开展对等谈判，要求谈判对手国复制我国保税备货模式。俄罗斯、美国、加拿大、澳大利亚、新西兰、卢森堡等国均已对我国保税备货模式报以积极态度和浓厚兴趣，中国应积极向这些国家推介保税备货模式。选择具有较好电子商务条件及与中国关系密切的国家开展重点谈判，如以态度积极的卢森堡为突破口带动整个欧盟，以加拿大为突破口带动北美，以马来西亚为突破口带动东盟，以巴基斯坦为突破口带动南亚中东，未来逐步扩大共识、以点带面，形成覆盖全球的 B2C 贸易网络。同时，在各双边经贸合作、自贸区谈判中，加入 E 国际贸易内容，以中国消费大市场为筹码，要求对手国建立保税功能区，按保税备货模式进口中国产品，换取对中国出口。我国可助其建设信息化监管系统和平台，也可将国外消费者在中国平台上的购买信息、商品信息、支付信息与其分享，助其监管，回应其关切的数据流动问题。

我国可在跨境电商丰富实践的基础上，面向我国第一大贸易伙伴和第二大贸易伙伴提出 E 国际贸易的概念，将其作为下一代贸易方式向其推介，推动形成 E 国际贸易巨大的流量，成为一种主要的国际贸易方式。这不仅有利于巩固和扩大中国在跨境电商产业已形成的先发优势、规模优势、比较优势，吸引中国海外消费、物流、结算回流，倒逼国内制造业转型升级，也可成为中国引领新一轮全球化的中国倡议、中国方案、中国规则，成为中国重塑全球经济治理一步先手棋，履行好全球化新旗手的责任和义务。重点加强中美、中欧之间的 E 国际贸易合作，解决制约 E 国际贸易发展的关务危机、服务标准欠缺等问题，携手创新海关监管模式，建立“互认机制、采信机制、追溯机制、预检机制”，推动双方 E 国际贸易快速发展。

加强中美之间的 E 国际贸易合作。跨境电商给中美双方带来了切切实实的福祉，符合中美两国合作的主旨与要义，是双赢的选择，为普通民众提供了更多工作岗位，为消费者提供了消费的多样性与可选择性。2016 年，国家质检总局、美国消费品安全委员会、欧盟委员会司法与消费者总司在京召开第五届中美欧三方消费品安全峰会，并发布《联合声明》，就加强跨境电子商务领域消费品安全监管、缺陷消费品召回等问题，达成新的合作共识，下一步将继续加强产品安全监管合作机制建设，特别是加强跨境电子商务消费品安全监管合作机制建设。作为中美关系“压舱石”的经贸合作，显然是中美各项议题中的重头戏。中美 BIT（中美双边投资协定）谈判应该更多地关注中美之间的 E 国际贸易合作，解决制约 E 国际贸易发展的关务危机、服务标准欠缺等问题。

加强中欧之间的 E 国际贸易合作。2017 年 2 月 28 日，第五次中欧联合海关合作委员会指导小组会议在杭州召开，跨境电商海关监管成为会上备受关注的议题。加强中欧 E 国际贸易合作符合两国的共同利益，中欧应携手创新海关监管模式，再造跨境电商监管流程，解决跨境电商风险防控问题，建立中欧之间的“互认机制、采信机制、追溯机制、预检机制”，把控产品质量安全风险，分享跨境电商通关数据，推动双方 E 国际贸易快速发展。

支持中国智库在 E 国际贸易的中国方案和中国规则设计中发挥关键作用。一是总结中国在 E 国际贸易中的基层实践和特色模式，形成中国经验，对外公开发布。二是开展 E 国际贸易重大问题研究，夯实中国方案的理论支撑。三是加强与有关国际组织、智库联系，特别是一些日内瓦保守智库对发展中国家影响极大，须做好宣讲工作。四是与欧美日等国智库沟通，就 E 国际贸易、电子商务、数字经济等概念、内涵、规则展开讨论，统一认识、凝聚共识。

（分报告八撰稿人：中国国际经济交流中心李锋）

参考文献

[1] 埃森哲，阿里研究院.2020 全球跨境电商趋势报告 [R]，2015.

[2] 埃森哲，阿里研究院. 全球跨境 B2C 电商市场展望 数字化消费重塑商业全球化 [R]，2015.

[3] 阿里研究院.2016 中国跨境电商发展报告 [R]，2016.

[4] 阿里跨境电子商务研究中心，对外经济贸易大学. 互联网时代的全球贸易新机遇——普惠贸易趋势报告 [R]，2015.

[5] 安布思沛.2017 中国数字趋势报告 [R]，2017.

[6] 财政部等部门. 关于跨境电子商务零售进口税收政策的通知，2016-04.

[7] 财政部等部门. 关于公布跨境电子商务零售进口商品清单的公告. 财关税〔2016〕40 号.

[8] 陈宝英. 我国跨境电商发展现状和对策研究 [J]. 知识经济，2017 (3).

[9] 陈文玲. 中国现代流通报告 [M]. 北京：中国经济出版社，2016.

[10] 戴明华，马择陆，范晓男. 大数据背景下跨境电商发展模式研究 [J]. 电子商务，2017 (5).

[11] 丁伟. 我国跨境电商服务平台建设研究 [J]. 改革与战略，2017 (2).

[12] 国务院. 关于同意设立中国（杭州）跨境电子商务综合试验区的批复.2015-03.

[13] 国务院. 关于同意在天津等 12 个城市设立跨境电子商务综合试验区的批复. 国函〔2016〕17 号.

[14] 国务院办公厅. 转发商务部等部门关于实施支持跨境电子商务零售出口有关政策意见的通知. 国办发〔2013〕89 号.

[15] 国家税务总局. 关于外贸综合服务企业出口货物退（免）税

有关问题的公告，2014 －04.

[16] 国家外汇管理局．支付机构跨境电子商务外汇支付业务试点指导意见．2013－02.

[17] 国家质检总局．关于进一步发挥检验检疫职能作用 促进跨境电子商务发展的意见，2015－05.

[18] 海关总署，跨境电子商务服务试点网购保税进口模式问题通知，2014－04.

[19] 海关总署．关于增列海关监管方式代码的公告．海关总署公告 2014 年第 12 号．

[20] 海关总署．关于跨境贸易电子商务进出境货物、物品有关监管事宜的公告．海关总署公告，2014 年第 56 号．

[21] 海关总署．关于增列海关监管方式代码的公告．海关总署公告，2014 年第 57 号．

[22] 海关总署．关于调整跨境贸易电子商务监管海关作业时间和通关时限要求有关事宜的通知．2015 －05.

[24] 海关总署．关于跨境电子商务零售进出口商品有关监管事宜的公告．海关总署公告，2016 年第 26 号．

[25] 海关总署．海关总署办公厅关于执行跨境电子商务零售进口新的监管要求有关事宜的通知．署办发〔2016〕29 号．

[26] 刘东明．跨境电商对中国外贸的影响研究 [J]. 商业经济研究，2017 (5).

[27] 祁琦，杨雅芬．浙江省跨境电商发展模式及策略研究 [J]. 对外经贸，2017 (2).

[28] 王外连，王明宇，刘淑贞．中国跨境电子商务的现状分析及建议 [J]. 电子商务，2013 (9).

[29] 商务部．关于跨境电子商务零售出口税收政策的通知．2013－12.

[30] 韦斐琼."一带一路"战略红利下跨境电商发展对策 [J]. 中国流通经济，2017 (3).

[31] 吴凡，王岩岩.我国跨境电商发展的困难及对策研究 [J]. 现代商业，2016 (3).

[32] 袁萌，跨境电商情境下海外仓的建设及其发展对策研究 [J]. 科技创新与生产力，2017 (1).

[33] 中国国际经济交流中心课题组.互联网革命与中国业态变革 [M]. 北京：中国经济出版社，2016.

后　记

本课题从开始研究，到正式立项，再到课题成果付梓，历经两年多时间。研究凝集了课题组成员的心血与智慧，得到有关政府部门、诸多业内权威专家、企业、出版社等的帮助，我们对来自方方面面的支持表示衷心感谢。

课题负责人张大卫同志为确定这项研究起了重要作用。当时，国家一些部门规范跨境电商业务的“48 新政”公布不久，出台的政策存在一些缺陷，造成全国跨境电商业务断崖式下跌。中国国际经济交流中心理事长曾培炎同志、副理事长李荣融同志等都提出应该做些专题调研，以准确反映这一新业态、新模式的本质和创新的意义。中心的调研报告很快就得到了党中央、国务院领导的批示。后在有关部门充分论证的基础上，国务院决定 2016 年 5 月 11 日起，给予“48 新政”一年过渡期，这为各地跨境电商创新实践争取了宝贵时间。张大卫同志认为，必须抓紧时间对这一代表国际贸易未来方向的新业态进行深入系统研究，要从理论上说清楚，并为主管部门提出切实可行的操作方案，否则“48 新政”另一只靴子再次落地还会出现偏差。随即中心组织课题组，开始在全国范围进行调研，并进一步进行系统研究。在曾培炎、魏礼群、张晓强等同志的支持下，2017 年初这一课题成为中心重大基金课题，并上升为国家发改委重大课题。

课题组长陈文玲同志负责组织课题组开展研究。她从新型全球化、现代流通、国际贸易演化理论（比较优势、要素禀赋、规模经济、交易成本、全球价值链、平台经济）等多角度思考和辨析，提出了“E 国际贸易”的概念和课题研究的总体框架、研究思路和主要核心观点，为课题确立理论内涵和政策框架设计作出了原创性贡献。她组织课题组成员对研究成果进行反复修改，并亲自进行了上报稿和书稿的修改和总纂。

在课题研究过程中，课题组先后邀请了北京富基旋风科技有限公司董事长兼 CEO 颜艳春、河南保税集团总裁徐平、阿里巴巴研究院院长高红兵和欧阳澄、敦煌网 CEO 王树彤、中国检验认证集团总裁李忠榜等业内实践者和专家授课，对课题组开展研究启发很大。课题组先后到阿里巴巴、小红书、网易考拉、聚美优品、一达通、保宏电子、广州卓志等企业调研，这些企业为课题组提供了翔实的资料和案例。课题组还认真听取了财政部、发改委、商务部、海关总署等有关部门关于跨境电商发展情况介绍和监管政策设计等方面的意见和建议，这些信息对课题组设计下一代贸易方式——E 国际贸易基础框架与政策建议具有重要指导意义。

课题成果汇集了国内权威专家智慧，通过多次研讨会完善和修改报告，研究成果得到了专家认可。比如，中国复关及入世谈判的首席谈判代表、原博鳌亚洲论坛秘书长龙永图在参加课题研讨时指出，他看到研究成果后非常兴奋，“国经中心课题组在中国探索下一代贸易方式的规则方面已先走一步了，研究成果也比较系统，这是非常难能可贵的，对提高中国参与制定下一代国际贸易规则话语权非常重要。”中国银行副行长张燕玲认为，“这一份研究成果是目前我见过此类研究中最全面、最系统和最深入的研究报告，尤其值得称赞的是提出了 E 国际贸易下一代贸易方式的理论内涵和实践框架，具有开创性贡献。”国经中心常务副理事长、国家发改委原副主任张晓强，国经中心副理事长、商务部原副部长魏建国对课题研究成果高度评价。国经中心副总经济师、金融学教授、研究员徐洪才，阿里研究院院长高红冰，中国对外经贸大学国际商务研究中心主任王健教授，中国服务贸易协会副秘书长仲泽宇，国务院发展研究中心对外经济部部长、研究员赵晋平，中国社科院财经战略研究院副院长、研究员夏杰长，现代国际关系研究院研究员、博士生导师陈凤英等多位专家，对课题完善提出了许多宝贵意见。课题出版也得到中国经济出版社的大力支持，严莉编辑为本书出版付出了大量辛勤劳动。在此，对上述为课题研究和本书出版做出贡献的领导专家学者和朋友致以诚挚的谢意。

课题组要特别感谢河南保税集团董事长徐平女士对课题前期研究提供了资金和智力支持。在课题研究过程中，她到中心为课题组授课，从全球视野分享跨境电商发展趋势和设计合理的监管模式，提出可将中国跨境电商进口政策复制到其他国家，有利于促进中国出口，这对课题组设计 E 国际贸易政策框架启发较大。

本书是课题组所有研究人员共同努力的成果，每一位成员都参与了报告撰写。本书总报告由陈文玲、颜少君集成各部分研究成果共同撰写，分报告一由陈文玲、颜少君撰写，分报告二由颜少君撰写，分报告三和分报告六由张茉楠撰写，分报告四由徐长春撰写，分报告五由张影强撰写，分报告七由梅冠群撰写，分报告八由李锋撰写。课题组经反复修改完善，形成了上报中央和有关部委决策参考的简要报告。课题研究成果两次在中心《经济每月谈》讨论并发布，并于 2017 年 9 月、2017 年 7 月、2018 年 2 月分别在瑞士 WTO 组织总部、郑州全球跨境电商大会和世界海关组织第一次跨境电商大会上发布。

需要指出的是，由于新一代信息技术与国际贸易的变革仍处于不断演进中，课题组提出的关于新一代贸易方式——E 国际贸易的理论内涵和政策框架仍有大量理论问题和实证问题需要继续研究并完善。由于可资借鉴的资料较少，课题组成员知识储备和研究水平不尽相同，加之研究开展时间也较短，本书肯定有诸多不足之处，希望社会各方能共同关注并推动这项研究不断取得进步。

二零一八年三月十八日

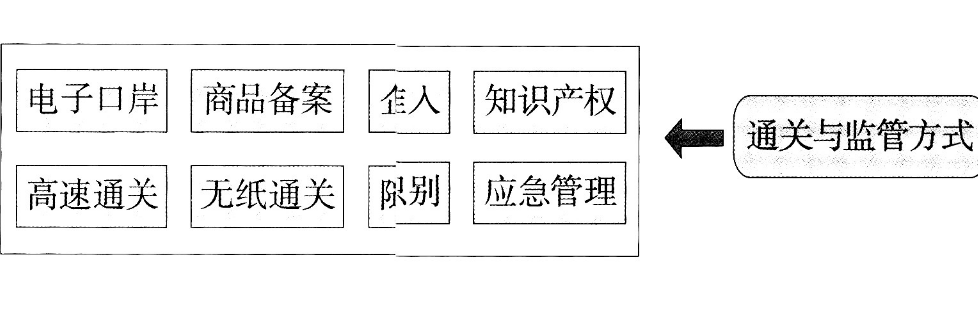
电子口岸
商品备案
准入
知识产权
高速通关
无纸通关
识别
应急管理
通关与监管方式

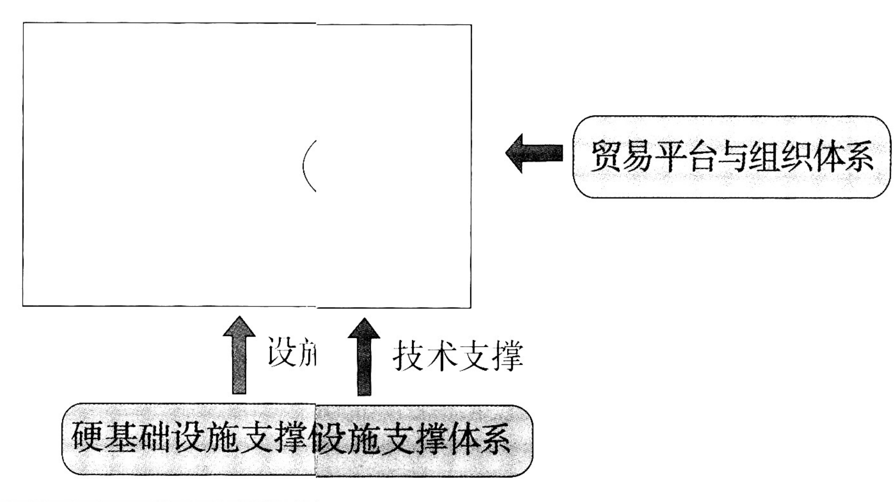
贸易平台与组织体系
设施
技术支撑
硬基础设施支撑
设施支撑体系
物联网
保税区
物流园区
云计算
云服务
公路网
港口网
航运网
下代通讯
人工智能
基础支撑体系